Warum Poona?

Sylvia Frank

Warum Poona?

oder

Der lange Brief an meine Mutter

Rainer Wunderlich Verlag Hermann Leins

ISBN 3 805203462

Printed in Germany.
Gesetzt aus der 10/11 Punkt Garamond.
Satz und Druck: studiodruck Brändle, Raidwangen
Einband: Heinr. Koch, Tübingen.

Für Joachim-Christian

1

»Mein Schreiben handelte von Dir, ich klagte dort ja nur,
was ich an Deiner Brust nicht klagen konnte.«
Franz Kafka, *Brief an den Vater*

Die Geschichte dieses Buches beginnt im Frühjahr 1979, aber zu jenem Zeitpunkt weiß ich das noch nicht. Nichts existiert. Weder der Wunsch noch die Idee des Schreibens. Dafür gibt es aber etwas anderes: Unbehagen. Unbehagen an mir, an meinem Leben, da stimmt doch was nicht. Und was tut man, wenn die Seele krank ist? Nun, man läßt sich therapieren.

Ich habe bereits einige Therapieerfahrungen, aber die Erfolge kann ich mit der Lupe suchen. Kaum zu sehen. Ich suche weiter.

Ein Lehrerkollege gibt den Tip: Indien. Poona. Poona??? Jetzt fällt mir etwas ein. Bhagwan. Die Sekte.

»Jaja, aber in Poona gibt es noch mehr. Es ist das größte Therapiezentrum der Welt, und wenn dir dort nicht geholfen wird, dann nirgends.«

Donnerwetter! Das hört sich gut an. Und weil ich schon einige ergebnislose Aktionen hinter mir habe, soll es mir nun darauf auch nicht mehr ankommen.

In den Osterferien fliegen wir also nach Poona... und die Geschichte beginnt.

Ein Jahr später erlebe ich sie schreibend nach, aber während dieses Prozesses wird immer deutlicher: Vor allem meiner Mutter gilt das Aufschreiben. Ich will ihr etwas sagen über all das, worüber wir nie miteinander reden konnten.

Und so ist dieses Buch letztlich ein langer Brief an meine Mutter, in der Hoffnung, daß er sie erreicht.

Wir kommen an in Poona und sind enttäuscht. Was haben wir erwartet? Lauter orange-rot gekleidete Leute, die auf uns zustürzen? »Wie schön, daß ihr endlich da seid!« Die uns an die Hand nehmen, behutsam durch den Ashram führen. Zärtliche Liebe über uns schütten, von der wir schon soviel gehört haben? Vielleicht haben wir das erwartet. Es passiert nicht. Im Gegenteil. Scheinbar kalt und arrogant sitzen die orange-roten Leute herum. Sie beachten uns gar nicht. Oder mustern uns in unseren engen Jeans abfällig.

»So ein elitärer Haufen...« Wir ärgern uns. Am liebsten würden wir wieder abfahren. Nein, so ein Platz, das ist nichts für uns. Wir bleiben dennoch. Schließlich hat das Unternehmen Geld gekostet, nicht wahr?

Wir haben Glück. Eine Gruppe beginnt. So ein Moloch, der achtzig Leute auf einmal schluckt. In der Hochsaison verkraftet er auch das Doppelte. »Centering«. Die Ashram-Grund-Gruppe, welcher wohl kaum jemand entging, der je den Fuß auf diesen Boden setzte. Aber es macht Spaß: die Scheu verlieren, aufeinander zugehen, locker werden, lachen... und wie in einem Riesenkindergarten toben wir mit den anderen herum. Jetzt gehören wir dazu, tragen auch die weiten Kleider, orange natürlich, und mustern die engen Jeans der Neuen abfällig...

Zwei Wochen, dann haben wir genug von Poona. Ein bißchen nervt uns das Ganze doch, und wir verbringen die letzte Ferienwoche in Goa. Das Hippie-Paradies am Ufer des Indischen Ozeans. Ein Traum, herrlich, und trotzdem... irgendwas fehlt. Poona... der Ashram... da war doch was...?

Vor allem diese Gruppe. Sie hat Gunter, das ist mein Lehrerkollege, und mir bereits sehr gut getan. Wir beschließen darum, die kommenden Sommerferien wieder in Poona zu verbringen. Viele Gruppen wollen wir machen, soviel wie möglich. Gebucht wird bereits von Berlin aus, und als wir dann Ende Juli ankommen, geht es auch gleich los.

Meine erste Gruppe hat einen vielversprechenden Namen: »Enlightenment Intensive« heißt sie. Nehme ich das wörtlich, so werde ich in dieser Gruppe intensiv erleuchtet werden. Also schön wär's schon! Manchmal blicke ich nämlich gar nicht durch, was da so alles läuft bei mir.

Über drei Tage erstreckt sich die Gruppe und beginnt schon in der Nacht zuvor. Mit Sack und Pack treffen wir uns um zehn vor dem Haupttor und gehen gemeinsam auf das Dach des »Krishna-Hauses«. Unten ist das Main-Office, oben sind wir. Siebzig Leute etwa. Über das Flachdach ist noch ein Holzdach gestülpt, ein paar Säulen tragen es, und die Seiten sind offen. Da pfeift der Wind nun mächtig durch. Monsunzeit! Und um dem nächtlichen Regen zu entgehen, werden die Seiten mit Segeltuch verhängt. Die Enden der Dachfläche sind abgeteilt. Dort bringen wir in Regalen unsere Sachen unter, greifen uns eine Matratze und legen sie hin, wo grad Platz ist. Bevor wir das durften, gab's noch eine Ansprache. Die

Gruppenleiterin fegte mit dem Mikrofon vor uns auf und ab und erklärte mit vielen Worten ein paar einfache Strukturen:

1. Es geht um die Kernfrage: »Wer bin ich?«
2. Ein Partner fordert dich deshalb auf: »Sag mir, wer du bist.« Fünf Minuten lang reflektierst du über dich, wobei der Partner nur zuhört. Wie eine Wand. Nicht ihm gelten deine Ausführungen, nur dir selbst.
3. Die Partner bleiben zwanzig Minuten lang zusammen. Zweimal redest du, zweimal hörst du dem Partner zu.
4. Dann stehen alle auf, und suchen sich einen neuen Partner. Jeder Wechsel wird durch Gong-Zeichen bekanntgegeben.
5. Außerhalb dieser Struktur ist Kontakt, selbst überflüssiger Blickkontakt, verboten.

Das ist das Wesentliche der Gruppe. Teilnahme an zwei Meditationen in der Buddhahall sowie meditative Spaziergänge, Pausen und Verpflegung sind Nebensachen.

Nachdem uns die Dame wortreich aufgeklärt hat, dürfen wir schweigend das Bettzeug über die Matten legen und einschlafen. – Was gar nicht so einfach ist. Der Wind pfeift auch kalt durchs Segeltuch. Er weht die Mücken rein, und die machen sich jetzt gierig über frische, weiße West-Haut her. Zart und saftig. Kaum hast du dich mit den Mücken arrangiert und bist eingeschlafen, dröhnt ein ekliger Gong übers Dach. Aufstehen! Runter in die Buddhahall, die »Dynamische« machen.

Wir räumen die Matten weg und traben mißmutig ins Dunkle. Um sechs Uhr morgens geht die Meditation los. Ein ganz schöner Hammer ist die. Sie knallt dir auf den Kopf, dröhnt in deinem Gehör und ist richtig anstrengend. Springen mußt du und wild atmen und dich schütteln, und wenn du sportlich nicht in Hochform bist, bleibst du erschöpft auf der Strecke.

Auf dem Dach geht's dann weiter. Zuerst ganz harmlos. Richtig Spaß macht das. Reden über mich? Bitteschön, das habe ich schon immer gerne gemacht. Ich soll dem Partner sagen, wer ich bin, und tu das auch mit Vergnügen. Tausend Sachen fallen mir ein. Aus der Kindheit. Meine Mutter, die Scheidung der Eltern, dies und das. Dann höre ich zu, erfahre tausend Sachen. Aus der Kindheit. Die Mutter, die Eltern, dies und das.

Hin und her geht es. »Tell me who you are.« Mal reden, mal zuhören. Alle fünf Minuten dröhnt der Gong. Wechseln, reden, zuhören. Reden, zuhören, reden…

Langsam tut der Rücken weh. Wir sitzen auf dem Steinfußboden. Nur ein Kissen mildert den Druck. Es nützt nicht viel. Nach und nach geht mir auch die Luft aus.

»Sag mir, wer du bist.« Himmel, wer bin ich eigentlich? Ich weiß nicht. Was bin ich? Ich weiß auch nicht. Ich weiß nur, was da war... was war da noch gleich... meine Einsamkeit, meine Freßanfälle... was noch?... Männer, Sex... was noch?... Depressionen... Selbsthaß... Komplexe... ja, ja... was noch? Ängste... was noch... ja, aber ich will jetzt nicht mehr reden. »Sag mir, wer du bist.« Monoton, immer wieder. »Sag mir...« Stundenlang. Ich quetsche die Erinnerung aus. Reden. Weiter. Was war da noch? Ich weiß nicht. Ich weiß gar nichts. Schmerzen im Rücken. Wut. Empörung. Dieser Mist hier! Aufhören!!

Gegen elf Uhr nachts kann ich wirklich nicht mehr. »Aaaah... diese Scheiße hier!!!« Ich brülle über das Dach. Niemand nimmt Notiz. Die anderen, wie geht es denen? Gut, wie's scheint. Brav reden sie weiter. Ungerührt durch meinen Tobsuchtsanfall. Was ist los? Ich platze fast vor Haß. Das Dach könnte ich in die Luft sprengen. Dieser Laden hier! Folter... Qual... Aufhören! Irgendwann ist dann wirklich Schluß. Ich falle auf die Matte. »So eine überflüssige Anordnung«, ärgere ich mich. »Keinen Kontakt aufnehmen... lächerlich.« Daß nach so einem Tag noch jemand Lust auf Kontakt haben sollte... ich kann es mir einfach nicht vorstellen.

Am nächsten Morgen, nach der »Dynamischen«, ist mein erster Partner ein Japaner. Er spricht in seiner Sprache. Seltsam. Wie kleine platzende Blasen über sprudelndem Quellwasser hört sich das an. Was mag er sich gerade erzählen? Ich denke an japanische Sozialisationsprozesse. Hartes Schulsystem, Zucht, Ordnung, Intelligenz... lauter Schablonen. Wer er ist, werde ich nie erfahren.

Schön empfinde ich diesen Morgen. Der gestrige Ausbruch hat mir wohl gut getan. Sanftheit ist in mir, und mit aufmerksamer Zärtlichkeit betrachte ich den Mund des Japaners. Wie schön der Mund ist... Weich, voll, sinnlich... Die Lippen bewegen sich, und ich hänge meinen eigenen Gedanken nach...

Die Stimmung auf dem Dach hat sich verändert. Jedenfalls empfinde ich das so. Gestern nacht war ich die einzige, die laut losgebrüllt hat. Jetzt passiert auch bei den anderen etwas. Chaos breitet sich aus. Eine flirrige Verzweiflung scheint über allem zu liegen. Jetzt wird's ernst. Diese Aufforderung »Sag mir, wer du bist«, so harmlos, so unscheinbar... zunächst pflügte sie sich durch das lokkere Geröll der Erinnerungen. Machte viel Staub, die Brocken wendeten sich, neue Aspekte wurden sichtbar... ach ja?... interessant... Sie pflügte tiefer, mehr Erinnerungen... Aber jetzt. Jetzt ist aus dem harmlosen Pflug eine Art Torpedo geworden. Mit gewaltiger Schubkraft treibt er sich in die verhärteten Schichten der Verdrängungen. Schön tief liegen die. Damit bloß keiner rankommt. Der Torpedo kommt ran. Er haut rein und sprengt mit Wucht die Verdrängungen auf.

Oh Mann, jetzt ist alles wieder da. Alles, vor dem du dich gefürchtet hast, alles, was du verstecken wolltest, weg für immer... Irrtum! Alles noch da... Die Zusammenbrüche häufen sich. Schreien, Schluchzen, Tränen... nein... doch, weitermachen! »Sag mir, wer du bist.« Neeiiin!!! Doch! Weitermachen!!! »Sag mir, wer du bist!« »Sag mir, wer...«

Ooooh, wer bin ich bloß, in diesem ganzen Durcheinander?

Gestern habe ich mich gut gehalten. Tapfer bin ich durch die aufgebrochenen Verdrängungen marschiert. Aber gegen Mittag des dritten Tags knallt wieder die Sicherung durch.

Die kalte Zugigkeit des Daches hat meine leichte Erkältung prächtig aufblühen lassen. Ich kann nicht mehr reden, ich kann nicht mehr sitzen. Nicht mal mehr denken. Ich kann gar nichts mehr. Ich will nicht mehr, mir reicht's wieder mal. Ich will abbrechen. Werde von der Gruppenleiterin zusammengestaucht, brülle ihr was Unfreundliches nach. Und bleibe. Bis fünf, dann ist endlich Schluß. Ein Riesenseufzer der allgemeinen Erleichterung, Lachen, viele umarmen sich. Ich stehe da, garstig, finster, verschlossen. Niemand mag mich in den Arm nehmen, ich möchte keine Berührung, stopfe hastig meine paar Sachen zusammen und mache, daß ich fortkomme.

Es ist gut, daß ich nicht abgebrochen habe. Aus Schuldbewußtsein darüber hätte ich sonst die Gruppe total verdrängt. Und damit auch die Ergebnisse des gewalttätigen Torpedoangriffs.

Auf seltsame Weise hat sich der Name der Gruppe bestätigt. Erleuchtung. In der Tat. Wie ein elektrisches Schaltbrett liegt mein Leben nun vor mir. Bunte Lichter flackerten hier und da. Aha, dies und das läuft gerade... Aber jetzt flackern nicht nur die Lichter, jetzt sehe ich auch die Drähte. Ich sehe die Zusammenhänge, sehe die Stromkreise, und das ist wirklich eine Erleuchtung ganz besonderer Art.

Ich setze mich hin und schreibe meiner Mutter einen Brief.

Sechsundzwanzig Seiten. Kleingeschrieben. Sie soll teilhaben an meiner Erleuchtung, aber irgendwie fühle ich genau: Sie will das alles gar nicht wissen. Es macht ihr Angst.

2

Poona ist eine weitläufige Industriestadt mit vielen Gesichtern. Das schönste Gesicht, das sanfteste Lächeln zeigt diese Stadt im Koregaon-Park. Dort wohnen die Reichen, die Vornehmen, in Häusern, die keinen Zweifel an der Wohlhabenheit ihrer Besitzer lassen. So wie sich der wahre Reichtum meist dezent zurückhält, verbergen sich diese Paläste hinter üppigem Grün. Blütenverschleiert stehen sie da, wie orientalische Bauchtänzerinnen. Raffiniert heben sie die bunt-grünen Schleier an einigen Stellen, und was dann sichtbar wird, treibt zu bewundernder Ekstase. Wie schön die Häuser sind! Wie schön der Koregaon-Park ist!

Er liegt an der westlichen Peripherie der Stadt, dahinter dehnen sich Felder. Hier verläßt auch der Poona-River die Stadt, um sonstwohin zu fließen. Ich weiß nicht, aber sein Fort-Gang ist beeindruckend. Er schlängelt sich durch schwarzes Gestein, zu beiden Seiten felsartig aufgetürmt. Sogar einen kleinen Wasserfall gibt es. Seitwärts herkommend, verbindet er sich mit dem Flußwasser – und an der Stelle riecht es aufdringlich. Abwasser des kleinen Nachbarortes ist es. In langer Leitung zum Fluß geführt. Aber egal. Abwasser hin oder her. Es ist letztlich ein Wasserfall, der da runterstürzt. Und wer die Romantik nicht kaputtmachen will, hält sich einfach die Nase zu. Seitwärts des Flusses dehnen sich Wiesen, die von Bächen zerschnitten werden. Am Horizont zeichnet sich, zart im Dunst verschwimmend, eine flachkuppige Bergreihe ab. Also wirklich, schön ist das alles.

Parallel zum Fluß verläuft eine Asphaltstraße, und sie führt den Naturträumer wieder zurück in den Koregaon-Park. Zurück zu den schönen Häusern. Wie es sich für ordentliche Grundstücke gehört, sind sie umzäunt. Eine Umzäunung ist besonders weitläufig. Ein paar Häuser stehen zwischen üppigen, liebevoll gepflegten Parkanlagen. Eigentlich sieht man sie gar nicht. Und dennoch... das ist der Ashram.

In einem dieser Häuser bewohnt Bhagwan zwei Räume. Und um Bhagwan leben all die Leute, die schon vor Jahren zu ihm gekommen sind. Etwa dreihundert sind es. Seine Mannschaft, sozusagen, der innere Kern. Die Ashram-Elite? Das Wort möchte einem im Munde ersterben. Sowas hat es – nach Bhagwans eigener Auffassung – gar nicht zu geben. Trotzdem drängt sich dem unbefangenen Betrachter der Eindruck einer Hierarchie auf. Je länger bei Bhagwan, je besser der Mensch. Oder nicht? Ich weiß es nicht. Vielleicht ist es auch nur neidvolles Erschauern, wenn ich vor dem schmiedeeisernen Tor stehe, dem sogenannten Lao-Tzu-Gate. Für mich ist das Tor verschlossen, und ich schaue bewundernd den rotgekleideten Menschen nach, die hindurchschweben dürfen. Sind das wirklich schon andere Wesen? Verklärt, ego-los, voller Liebe und Zartheit? Leben sie bereits in einer anderen Dimension, diese dreihundert Leute um Bhagwan? Manchmal kommt es mir so vor. Aber vielleicht will ich sie auch so sehen, wenn ich ihnen klein und sehnsüchtig nachschaue. Sie verschwinden im inneren Teil des Ashrams, der von den Nichtbewohnern nur unter bestimmten Bedingungen betreten werden darf.

Der äußere Teil des Ashram ist dann aber für alle da. Sein Zentrum ist die Buddhahall. Ein weites Oval ist das, schätzungsweise 200 Meter lang und 50 Meter breit. Über dem polierten Betonfußboden erhebt sich ein Dach, das von vielen schmalen, weißlackierten Holzsäulen getragen wird. Die Seiten sind offen. Das Oval ist von herrlichen Pflanzen umgeben. Wie von einer kostbaren Fassung, welche den Edelstein erst so recht zur Geltung kommen läßt. Die Buddhahall ist leer – bis auf ein Podest. Dieses Podest steht am Rande des Ovals, dort, wo es seine maximale Breite hat. Aus weißem Marmor scheint es zu bestehen. Vier Stufen führen auf eine rechteckige Plattform. Hinter dem Podest erhebt sich eine polierte Holzwand, und auf der Plattform steht ein Sessel. Und auf dem sitzt Bhagwan, wenn er jeden Morgen zwischen acht und zehn seine »Lecture« hält. Neben den täglichen Lectures läuft ein gleichbleibendes Meditationsprogramm in der Buddhahall. Sie ist, wie gesagt, das pulsierende Zentrum des äußeren Ashramteils.

Weiterhin gehört ein Selbstbedienungsrestaurant dazu. Drinnen im Raum kaufst du die leckeren Dinge und sitzt dann im »Garten«, um sie aufzuessen. Das ist aber kein richtiger Garten, die Tische stehen halt nur im Freien. Der richtige Garten liegt gegenüber. Klein, gepflegt, mit einem Brunnen in der Mitte. Weiterhin gibt es eine Boutique, das Ashram-Einkaufszentrum sozusagen, eine kleine Post, die Büros für die Gruppenbuchungen, dies und das gibt es.

Und vor allem gibt es das Haupt-Büro. Das Main-Office. Dorthin bewegen sich die eintreffenden Menschenströme und werden kanalisiert. Dort ist das Verwaltungszentrum, dort sitzt das Management. Frauen, die alle organisatorischen Angelegenheiten in ihren Händen halten.

Der äußere Teil des Ashrams ist nicht groß. Ein paar hundert Quadratmeter sind das bloß, und es geht dort zu, wie in einem Bienenstock. Der Ashram als Ganzes ist nochmals umzäunt. Allgemeines Flugloch fürs rot-orange Bienenvolk ist das Haupttor. Fantasievoll »The Gateless Gate« genannt – und davor tut sich was. Rein und raus geht es. Man steht davor, man redet, man trifft sich. Und rauchst du aus Versehen ein Bidi, dann scheuchen dich die Guards zornig weg. Geraucht wird nur nebenan. Im »Smoking Temple«, an der Außenmauer des Ashramgeländes.

Überhaupt passen die Guards gut auf. Unerwünschte Personen »wittern« sie förmlich. Unerwünscht sind zum Beispiel neugierige Inder, die hinter den Mauern Obszönes vermuten. Sie haben schon soviel gehört. In angemeldeten Gruppen dürfen sie allerdings rein, werden durch die Ashramanlagen geführt und sind dann wahrscheinlich enttäuscht, daß da alles gesittet und normal zugeht. Ein bißchen seltsam das Ganze, zugegeben, aber unsittlich? So wie es in den Zeitungen steht... Sie gucken sich die Augen aus, aber es will sich einfach nichts Empörendes zeigen. Schade...

Na, wo ist denn nun die Unsittlichkeit, von der man schon so viel gehört hat? Es kommt auf die persönliche Definition des Begriffes an. Wer will, der kann die Unsittlichkeit in den Gruppen finden. Steckt man dann aber selber in den Gruppen, sieht das Ganze völlig anders aus. Bhagwan gibt den Hinweis: »Durch die Meditationen begegnest du dir selbst. In Gruppen begegnest du den anderen und lernst, mit ihnen zurechtzukommen.«

Wirklich? Ich bin gespannt.

Und es geht auch gleich weiter.

3

Meine nächste Gruppe heißt »Body Awareness«, was in diesem Fall »Körpererfahrung« meint. An diese Gruppe kann ich mich kaum noch erinnern. Nur, daß ich dabei eine wichtige Entscheidung treffe. Und dann die Sache mit dem Busen...

Seit Jahren bin ich in wütender Haßliebe mit meinem Körper beschäftigt. Ständig zu- und abnehmen, runter mit dem Gewicht, rauf mit dem Gewicht. Mein Busen hat da nicht mehr mitgemacht, die Haut ist überdehnt, er hängt ein bißchen. Ich schäme mich manchmal deswegen, hätte es gern höher und denke gelegentlich an Lifting. Nun bin ich kein Teenager mehr, bin schon vierunddreißig. Trotzdem. Etwas schöner könnte er schon noch sein. Und ich schaue neidisch auf all die straffen Mädchenbusen, welche sich aufregend deutlich durch dünne T-Shirts drücken.

Die Gruppe beginnt. Achtzehn Leute gehen langsam aneinander vorbei, schauen sich an. Dann kommt die Order: »Ausziehen!« Leichtes Erschrecken, Zögern, wir ziehen uns aus. Natürlich schaue ich mir sofort die Busen der anderen an – und bin überrascht. Vier Frauen sehen obenrum ähnlich aus oder sogar schlimmer... Voll heimlicher Freude betrachte ich das »Schlimmere« und streiche dabei Balsam auf den eitlen Seelenschmerz. Auf der Schönheitsskala bisher ganz unten hängend, rutscht mein Busen plötzlich auf Mittelwert. Beim nächsten Blick in den Spiegel finde ich ihn schon ganz passabel. Nicht schön, aber auch nicht besonders häßlich. Ohne Lifting habe ich auf diese Weise meinen Busen ein Stückchen gehoben – nur indem ich ihn realistisch und vor allem etwas liebevoller anschaue.

Ja, und dann die Entscheidung... jeder, der eine Beziehung zu Bhagwan aufnimmt, muß sie irgendwann treffen: Sannyas nehmen oder nicht.

Sannyas nehmen? Was ist das eigentlich? Bhagwan legt dir die Kette mit seinem Bild um den Hals. Und von nun an darfst du nur noch in roten Kleidern herumlaufen. Von hellem Rosa über Orange bis zum dunklen Violett. Das ist alles. Zunächst. Was Sannyasnehmen wirklich ist, wissen die wenigsten zu jenem Zeitpunkt.

Bhagwan... die Emotionen branden an ihm hoch, und wenn du ihn nicht gerade haßt, dann bist du von ihm angezogen. Du vertraust ihm. Du hast vielleicht einen neuen Pappi gefunden.

Gekommen bin ich vor allem, um Gruppen zu machen, aber mehr und mehr fühle ich mich zu Bhagwan hingezogen. Er »trifft« mich, ohne daß ich das begründen könnte. Nun will ich also auch Sannyas nehmen. Weil alle es tun? Vielleicht...

Hier in Poona ist das kein Problem. Hier bedeutet das dazugehören, und auffallen tun nur die, welche nicht so angezogen sind. Aber zu Hause! Ich denke an die Schule und spüre dabei die Angst in der Magengegend wie einen schweren Stein. Ich bin erst in der Ausbildungsphase und empfinde meine Situation als katastrophal. Zu den üblichen Schwierigkeiten eines jeden Lehrer-Lehrlings kommen fachliche! Ich unterrichte in wissenschaftlichen Fächern, die ich nicht studiert habe. Und was an echtem Wissen fehlt, versuche ich durch Lockerheit zu überspielen. Bei mir wird viel gelacht. Ich albere mit den Schülern herum, verteile Traumnoten – und lege über viele Unterrichtsstunden ganz schnell das Mäntelchen des Vergessens. Ich reite täglich über den Bodensee, das Eis ist dünn, und manche Nacht kann ich vor Angst nicht schlafen. Mich kleinzumachen, irgendwie durchzukommen, ist so eine Art Überlebenstechnik. Das Letzte, was ich mir in dieser Situation wünschen könnte, ist aufzufallen. Als Sannyasin in den Brennpunkt der allgemeinen Ablehnung zu geraten. Und genau darauf steuere ich jetzt zu. Diese Zeit in Poona ist voller Bedenken, Ängste und Zweifel, bis sich schließlich in der Gruppe die Entscheidung sozusagen selber trifft.

Wir stehen im Kreis. Unser Groupleader läßt uns auf bestimmte Weise atmen, und nach einer Weile spüre ich ein Kribbeln in den Handflächen, das immer stärker wird.

Na sowas! Ich bin fasziniert, mir fallen die Wunderheiler ein, Energien in den Händen... ob ich wohl auch?...

Ich weiß nicht mehr genau, wie's weitergeht, nur daß wir inzwischen auf den Bodenmatten sitzen. Wir sollen die rechte Hand auf den Solarplexus legen, dorthin, wo so viele Muskeln und Nervenstränge zusammenlaufen. Die Gruppenleiterin sagt, daß das unser Angstzentrum sei, daß dort die Ängste säßen... wir könnten sie fühlen... auflösen... daß es nichts gäbe, wovor wir uns fürchten müßten...

Ich folge ihr in Gedanken, sehe meine großen Angstmacher vor mir, den Schulrat, den Direktor, die Fachkollegen. Und ich finde plötzlich auch, daß es nichts gibt, wovor ich mich fürchten müßte. Die Figuren schrumpfen. Ich sehe ihre kleinen, vertrockneten Beamtenseelen, sie tun mir fast leid. Die haben nicht so tolle Energien in den Händen, sowas werden die nie erleben... »Jawohl, von jetzt ab werde ich ganz stark sein, ganz toll und groß und mutig und überhaupt...«

Die Begeisterung über meine eigene Kühnheit reißt mich von der Matte. Zwei, drei Schritte, ich stehe vor dem riesigen Bhagwanfoto, drehe ihm meine Handflächen zu – und die fangen plötzlich an zu zittern. Sowas Verrücktes! Hände und Arme verselbständigen sich und zittern in seine Richtung, ohne daß ich etwas dazu tue.

So stehe ich also vor dem Bild, schaue in die weiten, großen Augen – die Arme zittern immer noch – und sage in Gedanken »hallo«. »Hallo, Bhagwan.« Und dann sage ich ihm noch, daß ich Sannyas nehmen werde.

Inzwischen habe ich erfahren, daß diese Energie in den Händen gar nichts Besonderes ist. Durch eine bestimmte Atmung wird das Energieniveau im Körper erhöht, und es gibt eine Gruppe, die ausschließlich mit dieser Technik arbeitet. Die Gruppe heißt »Rebirthing« (Wiedergeburt). Dort lernt man, den Atem bewußt zu steuern. Einatmen: ganz konzentriert und so stark wie möglich in den oberen Brustraum. Ausatmen: ganz sacht und zart, wobei in Gedanken der Luftstrom abwärts in den Bauchraum gleitet. Von dort wird wieder eingeatmet und die Luft ganz hoch in den Brustraum geschickt. Zwischen Ein- und Ausatmen soll keine Unterbrechung sein. Beides soll ineinander übergehen, als ständiger Kreislauf zwischen Bauch und Brust zirkulieren. Das ist alles. Was sich physiologisch durch diese Art der Atmung verändert, weiß ich nicht. Nur, daß dadurch Spannungen entstehen, die sich schließlich in Schreien entladen. Dieses Schreien ist möglicherweise die Wiederholung des Geburtsschreis, und damit verbundene Traumata lösen sich auf. Ich habe im Ashram noch niemanden getroffen, der glaubt, auf diese Weise seine Geburt nacherlebt zu haben. Trotzdem. Ich liege da und gebe mich den seltsamen Veränderungen meines Körpers hin.

Mit den Händen fängt es wieder an. Intensive Energie, die fast schmerzt. Lila Karomuster hab ich vor geschlossenen Augen, Schwindelgefühle, ich kann nicht schreien, gleite dann aber in einen Zustand allgemein erhöhter Energie. Mit den Händen »taste« ich meinen Körper ab und empfinde jede Wölbung und alle Formen –

obwohl ich ihn gar nicht berühre. Zwischen Körper und Handfläche ist jedoch ein dichtes Energiefeld, so daß ich im Abstand von einigen Zentimetern darauf entlanggleiten kann. Ich finde das lustig und spiele mit mir. Rutsche auf dieser Energiehülle hin und her, den Konturen meines Körpers folgend. Das Feld läßt sich noch verdichten oder verdünnen, wenn ich mit den Handflächen den Abstand zum Körper verändere. Die Fingerspitzen scheinen sehen zu können. Bei gegenseitiger Berührung »glühen« sie auf. Nach etwa einer Stunde gleite ich dann mit Bedauern wieder dorthin, wo »alles so wie sonst« ist.

Am zweiten Gruppentag erlebe ich eine Wiedergeburt, allerdings nicht meine eigene. Aber Geburtstag habe ich trotzdem, obwohl der eigentlich gar nicht im Kalender steht. Also alles in allem ein verrückter Tag. Wir beginnen wieder mit dem üblichen Atmen. Diesmal habe ich starke Schmerzen in Bauch- und Brustraum. Mir ist elend, als müßte ich erbrechen. Der Assistent hilft, drückt auf dem Brustbein herum und flüstert in mein Ohr »breathe«. Ich atme wie wild weiter, und plötzlich »platzt« irgendwas, die Schmerzen kippen um, und ich schreie. Das Schreien spült die Schmerzen weg, im Kopf ist Klarheit. Den Unterkörper empfinde ich durchsichtig schimmernd wie Milchglas, und trotz der geschlossenen Augen sehe ich farbige Blüten aus dem Geburtskanal quellen, nebelzart, silbrig, leuchtend. Zwischen meinen weit geöffneten Beinen dehnt sich der kleine Ashramgarten, und plötzlich spüre ich deutlich, wie sich etwas durch all die Blüten schiebt und im Garten steht. – Meine Mutter. Ich glaube, ich habe sie gerufen, und nun bin ich sehr glücklich. Nehme sie an der Hand und führe sie durch das Ashramleben. Ebne ihr alle Wege, übersetze für sie, bin in den Gruppen an ihrer Seite, bin immer für sie da. Sie wehrt sich, will nicht, ich zwinge sie ein bißchen zu ihrem Glück. Am Ende wird sie schon sehen, sie wird ein ganz neuer Mensch werden, wird lieben können, sie wird ... ich schwinge, ich schwebe in rosazarten Wölkchen mit ihr ... Die Wölkchen zerfließen langsam ins Nichts, und ich liege da. Du liebes bißchen, was war denn das? Ich bin wie betäubt. Statt rosa Wölkchen ziehen jetzt dunkle Wolken auf, breiten sich im Körper aus, legen sich schwer auf mein Herz und verwandeln sich dort in Trauer.

Wir haben zwei Stunden Mittagspause und die Aufgabe, mit einem Partner aus der Gruppe das Erlebte zu bereden. Wir gehen langsam die schmalen Asphaltstraßen entlang, die den Koregaon-park in große Rechtecke und Quadrate zerschneiden. An den herrlichen Häusern kann ich mich sonst nicht satt sehen. Auch unsere Gruppe findet in so einem alten Haus statt, das vom Ashram angemietet wurde. Aber jetzt interessiert mich das alles gar nicht. Auch nicht das besonders üppig quellende Monsungrün, die schwüle Luft und der leichte Nieselregen. Ich bin sicher, daß mir mein Partner seine Wiedergeburtsgeschichte erzählt hat, aber ich kann mich an nichts erinnern.

Mein merkwürdiges Erlebnis beschäftigt mich, und ich versuche zu deuten: statt mich neu zu gebären und von der Mutter zu befreien, habe ich sie wieder in mein Leben hier hineingezogen. Sie soll endlich glücklich werden, um mir dann das geben zu können, was ich als Kind am meisten vermißt habe... Sie ist da, in meinem Körper, im Kopf, mit all ihren Forderungen, Erwartungen, sie lastet schwer auf mir, ich schleppe sie mit mir herum... und ich fange an zu heulen. Ganz laut, irgendwo auf der Straße. Es schüttelt mich. Und der arme Junge an meiner Seite muß sich jetzt einen Teil dieser Geschichte anhören.

Ich erzähle ihm, daß meine Mutter als Kind herumgeschubst wurde, daß keine Liebe für sie da war, daß sie Minderwertigkeitskomplexe hatte, die mein Vater später, während der Ehe, noch verstärkte. Daß sie sich sehr mit mir identifizierte, erzähle ich ihm. Daß ich mich prima eignete, ihr lädiertes Selbstbewußtsein aufzupolieren, daß alle meine kleinen Talentchen von ihr auf Wunderkindniveau gehoben wurden. Und dann erzähle ich ihm, daß sie nach dem Krieg in die Breite ging. Aus Nachhol- und Psychohunger wahrscheinlich, denn die Ehe ist nicht gut. Sie entwickelt zusätzlich einen starken Körperkomplex und traut sich im Restaurant nicht aufs Klo, weil die Leute gucken. Am Strand traut sie sich nicht den Bademantel, und wenn alle Leute schwitzen, nicht den Sommermantel abzulegen. Die Leute gucken nun erst richtig. Dabei ist das noch gar nicht so schlimm. Für meinen Vater schon. Er sagt ihr das auch. Die Ehe geht kaputt.

Das Dicksein, die Verzweiflung darüber und der Kampf dagegen werden zu einem Teil ihres Lebens. Sie betrachtet mich mit Argusaugen, und als ich mit zehn Jahren auch anfange dick zu werden, flippt sie aus. Für mich fängt die Welt an sich zu teilen. In das, was schlank, und das, was dick macht. In schön und häßlich, in gut und böse. Schlanksein ist strahlend und liebenswert, Dicksein ist Sünde, Versagen, Scham. Und ich krieg' das zu spüren, denn ohne daß sie's merkt, kann sie mich nur akzeptieren, wenn ich ihren Vorstellungen entspreche. Ich kämpfe um sie, werde listig, berechnend, »politisch«, wie Bhagwan sagt. Mir fällt eine kleine Geschichte ein: Durch Krankheit habe ich ein bißchen abgenommen. Ich klettere aus dem Bett, ziehe den Bauch ein, halte den Atem an, würge die Schlafanzugjacke um mich, stelle mich in vorteilhafte Positur, ganz zufällig in ihre Richtung natürlich, und es kommt prompt, was ich erwartet habe. Daß ich ja so schön schlank geworden sei, sagt sie, und in der Stimme schwingt die Aufforderung zum Weitermachen. Eine andere Geschichte: Nach einem langen, heißen, anstrengenden Marsch von der Bahnstation ins Ferienlager lasse ich mich erst mal auf mein neues Bett im Schlafsaal plumpsen. Die anderen richten sich wohl schon ein. Ich weiß nicht, jedenfalls erscheint nach kurzer Zeit das haßverzerrte Gesicht einer »Tante« über mir und spuckt mit tiefer Verachtung in der Stimme nur drei Worte aus: »Dick, faul und gefräßig.« Die Worte durchbohren mich wie ein glühender Pfeil. Ich springe sofort auf, voller Scham, Verwirrung und tiefem Schuldbewußtsein. Sie sieht meine Betroffenheit, das Gesicht wird weich, nun, so hat sie's ja auch nicht gemeint. Dort höre ich zum erstenmal »fette Sau«, und bei sowas krümmt sich die Seele und wird ganz klein vor Scham.

Ich habe bereits gelernt, worauf es im Leben als Wichtigstes ankommt. Schlank sein. Ich nasche heimlich von ihrem Schlankheitsmittel, kremple mir die bauschigen Turnhosen ein, weil das vielleicht »schlanker macht«. All die Kindervergnügen verlieren ihre Harmlosigkeit. Rollschuhlaufen macht schlank und Radfahren macht schlank und Schwimmen und dies und das. Alles Mögliche macht schlank, nur: ich bin immer noch dick.

So sitze ich schon mit elf Jahren auf dem Rand eines Kreisels, der sich um das eine Zentrum dreht – den Körper. Aber es dreht sich nicht nur um den Körper, um den Kopf dreht sich's auch. Ich muß obendrein genial sein, weil mein Vater das angeblich auch war. Ich muß meine Zeichnungen vorzeigen, dem Besuch was vorsingen, mein Ausgedachtes vorlesen – und wenn's den Besuchern vielleicht auch nicht gefällt. Sie findet alles außerordentlich bemerkenswert, hervorragend. Ihre Tochter ist überhaupt die Größte.

Und so eiert der Kreisel mächtig, schlägt aus, von einem Zentrum zum anderen. Von intellektuellem Hochmut zu Körper-Selbsthaß, von Vergötterung zur emotionalen Vernachlässigung, von Verwöhnung zu Ablehnung. Und zwischen diesen Zentren fühle ich nichts. Da ist niemand, der mich einfach akzeptiert, wie ich bin. Der mir zu Selbstrespekt verhilft, der mir sagt, worauf es in diesem Leben wirklich ankommt. Ich habe kein Zentrum, keine Mitte, keine Wurzeln.

Der Kreisel schlägt aus, und mit jeder Drehung löst sich ein feiner Spinnweb, der mitbaut an einem luftigen Gebilde aus Überheblichkeit, Komplexen, Angst, Unsicherheit, Angeberei, Zweifel und Selbsthaß.

Ein luftiges Gebilde, bei jedem Windstoß von außen hin und her schwankend. Instabil, empfindlich und sehr gefährdet.

4

Wir gehen zur Gruppe zurück und sollen zeichnen, was wir am Vormittag während der Rebirthing-Phase erlebt haben. Mir ist nicht nach rosa Wölkchen und Blüten im Geburtskanal. Ich zeichne, was ich empfinde: ein kleines Mädchen mit vor Entsetzen aufgerissenen Augen, weit geöffnetem Mund und abwehrenden Armen. Hinter ihm, nur in Umrissen, eine Frau. Aber ganz deutlich große, gierige Hände, die sich um den Hals des Mädchens legen und es würgen.

Die Gruppe geht weiter. Die anderen spielen Kindsein. Auf allen Vieren rumkrabbeln, Babygeplapper. Ich mag nicht mitmachen, sitze in einer Ecke und heule nur. Schließlich nimmt mich unser Groupleader in den Arm. Sie schlägt vor, doch bitteschön ins Hier und Jetzt zurückzukommen, und erinnert, daß das Rumheulen gar nicht zu dem paßt, was ich heute noch erleben werde.

Sie hat recht, ich werde heute abend Sannyas nehmen. Ich verlasse die Gruppe vorzeitig und laufe langsam zum Ashram. Oh Mann, wie ich aussehe... so ganz verheult, und gut ist mir auch nicht, und überhaupt... vielleicht sollte ich besser verschieben? Aber irgendwie spüre ich ein seltsames Zusammentreffen der Ereignisse.

Ich habe sozusagen meine Mutter geboren und damit einen Teil der Geschichten wieder ans Licht gesetzt, die mich am wirklichen Lebendigsein hindern. In ihrer Bewältigung liegt die Chance einer Neugeburt. Und so ähnlich sieht Bhagwan auch das Sannyasnehmen. Ein Sprung, eine Entscheidung gegen das Alte. Ein Neuwerden, ein Geburtstag ganz besonderer Art.

Ich dusche lange, wasche mich sorgfältig, Körper, Haare, alles muß ganz clean, ganz geruchsfrei sein. Bhagwan ist extrem sensibel gegen künstliche Düfte, die wir aus dem Westen mitbringen. Und es gibt hier spezielle geruchlose Seifen und Shampoos, um uns von den Düften zu befreien.

Mehr als hundert Leute haben sich vor dem schmiedeeisernen Tor zum »Allerheiligsten« zusammengefunden, dem Lao-Tzu-Gate, das zu Bhagwans Haus führt. Sie werden am Darshan teilnehmen, aber nur wenige – so wie ich heute abend – kommen dabei mit ihm in Kontakt. Für die anderen ist es eine Möglichkeit, Bhagwan ein bißchen näher zu sein. Nach den Gruppen, zum Beispiel, gibt es zur Belohnung den »Gruppendarshan«.

Der Name jedes Teilnehmers wurde im Main-Office registriert und wird jetzt einzeln aufgerufen. Das dauert... jeder wird sorgfältig abgeschnüffelt, und es ist wie ein Lotteriespiel. Komm ich rein, komm ich nicht?... Es sieht schlecht aus für mich. Die Haare riechen, ob ich ein Kopftuch hätte? Nein, habe ich nicht, aber einen riesigen Lungi. Ich biete an, ihn zu zerreißen. Sie findet das zu schade, es würde schon gehen. Mit viel Geschick verwandelt sie den Lungi in einen Turban, der schon durch seine Ausmaße die Geruchslosigkeit garantiert. Ich komme jetzt durch, sitze hinter dem Tor auf einer Bank, warte, das dauert immer noch, aber mir ist das nun egal.

Ich schließe die Augen, gehe nach innen und schwinge mich ein.

Ich sitze da, die Augen ungeschminkt. Nackt sozusagen, und mit einem enormen Kopftuch. Ich möchte gerne wissen, wie ich aussehe, aber es geht nicht. Es ist verboten, etwas in den Taschen zu haben. Hat da niemand eine Brille, in der ich mich spiegeln könnte? Ich schau' mich um. Alle können offenbar prima sehen. Nun denn... Ich tröste meine unbefriedigte Eitelkeit und denke was Biblisches: »Magd Gottes« oder so... und schicke mich drein.

Inzwischen ist es schon dunkel. Fast eine Stunde hat das Eingangszeremoniell gedauert, bis wir jetzt im Gänsemarsch zum »Allerheiligsten« dürfen. Von der Außenwand seiner Wohnung schwingt sich ein weites halbrund-ovales Dach, Säulen, offene Seiten und ein polierter Steinfußboden. Wir setzen uns, schweigend, einer neben den andern. Reihen bilden sich, wir warten. Ich kann seitwärts in den Garten sehen, diffus ausgeleuchtet, dicht, dschungelartig, exotisch. Unser Schweigen scheint sich den Bäumen mitzuteilen. Die riesigen Bananenblätter sind ganz still, kein Windhauch bewegt die Zweige, alles scheint den Atem anzuhalten beim Warten auf den Meister.

Lautlos tritt er aus der Tür, nicht sehr groß, zart, ganz in Weiß, und hebt die aneinandergelegten Hände zum indischen Gruß. Wir grüßen wieder, drei Schritte, er setzt sich in seinen Sessel, tippt das Mikrofon ein bißchen zurecht und ist da für uns.

Ich werde als zweite aufgerufen.

»Close your eyes«, sagt Bhagwan. Ich schließe die Augen. Stille. Während ich dasitze, mit geschlossenen Augen, den Po auf den Fersen und die Hände in den Schoß gelegt, »sieht« er mich. Er fühlt meine energy, meine früheren Leben, das, was ich bin. Bhagwan sieht, wohin ich mich entwickeln könnte, und findet einen Namen für mich. – Einen, der zu mir paßt, der etwas aussagt über mich, der einen Hinweis geben könnte für später. »Open your eyes.« Ich öffne sie – und mich trifft ein breiter Strom von Liebe, von Wärme, von Akzeptiertwerden. Er lächelt mich an. Ich solle mich etwas vorbeugen. Er legt mir die Holzkette um den Nacken und drückt mir, während er die Mala[1] mit der einen Hand noch umschließt, den Daumen der anderen Hand auf die Stirn.

Ich beuge mich wieder zurück, er gibt mir eine Art Urkunde und erklärt mir meinen Namen, den er darauf geschrieben hat. Er nennt mich »Ma« – so werden alle weiblichen Sannyasins angeredet – und dann noch »Namenlose Glückseligkeit«.

Oh, das klingt sehr schön – und ich lächle ihn an. Dann redet Bhagwan zu mir. Viele schöne Dinge. Ich verstehe alles – und behalte nichts. Ich bin wie ein offenes Gefäß ohne Boden. Die Worte fallen durch, doch das macht nichts. Ich verliere mich in seine weiten, gütigen Augen, schmiege mich an seine Nähe, es ist gut, so dazusitzen. Es schwingt ein zärtlicher Strom von Liebe zwischen uns. Alles was ich habe, werfe ich auf ihn. Er schickt es mir vielfach verstärkt zurück. Ich bade in einem Meer von schönen Gefühlen.

Plötzlich passiert etwas Unerwartetes. Für Sekunden wird sein Blick ganz genau. Scharf, prüfend, durchdringend. Ich erschrecke, mein Herz stolpert, zwei, drei Schläge lang, dann ist alles wie vorher. Der Blick ist wieder weit, er redet, sanft und zärtlich. Ich schwinge mit und fühle, daß das der schönste Moment meines Lebens ist, ich fühle mich geborgen und erwünscht. Er fragt mich, ob ich noch Gruppen machen werde. »Ja, Encounter«, sage ich ihm, und er lächelt fein. Sicher findet er, daß ich die härteste Ashramgruppe nötig habe. Wie lange ich noch bliebe, erkundigte er sich. »Drei Wochen.« Daraufhin nickt er, beugt sich etwas vor und sagt lächelnd: »Wenn du das nächstemal kommst, bleib für länger.« Damit bin ich entlassen. Etwa sechs, sieben Minuten hat das Ganze gedauert, und ich gehe zurück auf meinen Platz. Jetzt bin ich Sannyasin.

Der Darshan geht weiter, und außer mir nehmen noch fünf jun-

[1] Sein Bild in einem runden Holzrahmen.

ge Leute Sannyas. Zu allen ist Bhagwan so liebevoll und so zärtlich wie zu mir.

Eine neue Phase beginnt. Weich und melodisch spielt jemand in der Dunkelheit des hinteren Raumes Sitar. In rascher Folge werden jetzt Sannyasin aufgerufen, die kürzlich angekommen sind oder Poona bald wieder verlassen werden. Sie bilden eine lange Reihe und bewegen sich langsam an Bhagwan vorbei. Er berührt diese Sannyasins dabei an der Stirn und gibt ihnen auf diese Weise seinen Willkommens- oder Abschiedsgruß.

Jetzt kommt die dritte Phase. Sie wird »black out« genannt, und einige Sannyasins erfahren ihren »Energy-Darshan« mit Bhagwan. Energy-Darshan können jene beantragen, die bereits sechs Monate in Poona leben oder drei Monate im Ashram gearbeitet haben. So bekommen also jeden Abend etwa zwanzig Sannyasins Energy-Darshan, heiß beneidet von den anderen. So nahe mit Bhagwans energy in Kontakt zu kommen, ist etwas ganz Besonderes. Indirekt nimmt der ganze Ashram daran teil. Während dieser Phase verlöschen alle Lichter, das Tor bleibt geschlossen, niemand darf rumlaufen, viele sitzen vor dem schmiedeeisernen Tor. Mit geschlossenen Augen und in Meditationshaltung wollen sie die Energie auf sich wirken lassen, die Bhagwan Abend für Abend einigen von ihnen gibt.

Dabei helfen ihm junge Frauen, sogenannte Medien, durch die seine energy störungslos läuft. Sie setzen ihm keine Widerstände, nicht mal unbewußte, entgegen. Während der ersten beiden Phasen haben sie dicht um Bhagwan gesessen. Sie stehen jetzt auf, stellen sich neben ihn, und die »Energy-Leute« werden aufgerufen. Meist vier auf einmal. Bhagwan weist ihnen mit der Hand einen Platz zu, sie setzen sich, die Medien stellen sich hinter sie, und es entsteht eine Formation.

Die zarten Sitarklänge verändern sich jetzt, andere Instrumente kommen dazu, die Musik wird schrill, rhythmisch, aufregend. Das Licht geht überall aus, der »black out« beginnt. Wir anderen heben die Arme, und mit einem langgezogenen Aaah-Laut schwingen wir mit in diesem Energieorkan, der jetzt lostobt. Diesmal wird die Stirn nicht nur angetippt. Bhagwan drückt kräftig in kreisenden, vibrierenden Bewegungen, lange, konzentriert und geht von einem zum andern. Die Medien halten die Sannyasins vor sich, schwingen mit, leiten die Energie weiter, und es entsteht ein Zirkel. Da vorn ist jetzt mächtig was los. Man sieht es nicht, aber man kann es hören. Die »Energy-Leute« flippen aus, schreien, schluchzen hysterisch, kommen offenbar mit Kräften in Berührung, die sie tief in ihren Zentren treffen. Ein paar Minuten lang haben sie die Erfahrung, dann geht das Licht an, ein Wechsel vollzieht sich. Die wenigsten von denen, die eben so nahe mit Bhagwan in Berührung gekommen sind, können selber laufen. Sie werden von den Guards vorsichtig geführt und sogar getragen.

Nur während des Wechsels ist vorne Licht. Der Ashram bleibt dunkel. Noch drei-, viermal bricht dieses Toben los. Die Energie verstärkt sich noch, die Musik wird immer lauter, und am Ende schreien wir alle mit. Wild, verrückt und ekstatisch.

Der Darshan ist vorbei, die Lichter gehen jetzt wieder alle an. Bhagwan steht auf. Er sieht ein bißchen erschöpft aus, hebt die Hände, grüßt, geht langsam zurück in seine Wohnung, und die Tür schließt sich hinter ihm.

Die Atmosphäre in der kleinen Halle hat sich sehr verdichtet, sie scheint zu knistern. Die Energie-Leute schluchzen noch oder lachen einfach. Ein irres, befreiendes Lachen. Andere liegen nur so da, unfähig, sich zu rühren, oder sie starren wie betäubt auf die Tür, durch die Bhagwan fortgegangen ist.

Ich lasse das Ganze noch ein Weilchen auf mich wirken. Die ersten gehen, ganz langsam gehe ich hinterher und spüre dabei den leichten Druck der Mala.

Ich kann's nicht lassen. Kaum bin ich wieder im offenen Teil des Ashrams, flitze ich erst mal aufs Klo. Ich will in den Spiegel schauen. Wenn ich's vorher schon nicht konnte, will ich jetzt wenigstens sehen, wie Bhagwan mich gesehen hat.

Ich bin überrascht. Der Turban sieht königlich aus. Die Augen glänzen, und um mich ist etwas sehr Zartes, fast Ätherisches. Ich genieße meinen Anblick ein bißchen. Er entschädigt mich für so viele Spiegelbilder der letzten Wochen, und im übrigen wird diese flüchtige Schönheit sowieso bald vorbei sein. Der Turban entzaubert sich wieder zu einem großen Tuch. Ich schüttle die kurzen Haare zurecht und finde, daß jetzt noch etwas passieren sollte.

Auf der Ashramstraße lasse ich mir ein paarmal gratulieren, mich in den Arm nehmen. Ich gehöre nun dazu. Ich treffe zwei Swamis[1], die ich zum Essen einlade. Mein Freund ist nicht da. Er macht gerade die Enlightenment-Gruppe, und so ziehen wir zu dritt los.

In der Stadt gibt es ausgezeichnete Eßlokale. Wir lassen kräftig auftischen, und ich funkle und strahle mit dem Kronleuchter um

[1] Swami = Bezeichnung für einen männlichen Sannyasin.

die Wette. Vielfach gebrochen und verstärkt reflektiert er, was ich fühle: Namenlose Glückseligkeit.

5

Wir wohnen in einem großen Hotel neben dem Bahnhof. Der Standort gibt Hinweis auf die Lautstärke um uns. Aber nicht nur von außen kommt's, von innen auch. Mit altmodischen, schrillen Klingeln an jeder Tür wird der Etagenkellner gerufen. Der hört oft nicht, dafür hören's aber immer alle anderen. Ich bewundere die Inder. Sie arbeiten oft schwer und lange. Bis in die tiefe Nacht geht die lärmende Geschäftigkeit – und setzt sehr früh schon wieder ein.

Um sieben wird an der Tür geklingelt. Ein Cleaner will saubermachen. Wir protestieren verschlafen und ärgerlich. Er kann gar nicht verstehen, daß wir diesen nützlichen Dienst ablehnen. Und am nächsten Morgen klingelt's wieder um sieben. Er will saubermachen.

Heute ist mir das frühe Wecken gerade recht. Ich gehe zum erstenmal als Sannyasin in die Lecture. Kurz nach sieben haben sich vor dem Durchgang zur Buddhahall bereits zwei lange rot-orange Schlangen gebildet. Eine ist in diesem Falle privilegiert. Das sind die Ashram-Worker, die nach einem Monat Arbeit den sogenannten »Lecture-Pass« bekommen. Sie dürfen dann als erste und vor allem umsonst in die Buddhahall. Wir andern müssen zahlen und können erst nach ihnen hineingehen. Aber alle werden abgeschnüffelt. Die Schnüffelmädchen haben an mir nichts auszusetzen. Ich muß bloß noch meine Tasche abgeben, aus den Sandalen schlüpfen und darf hinein.

Die Halle ist durch Schnüre aufgeteilt und abgegrenzt. In Front zu Bhagwan und zu seiner Linken sitzen die Sannyasins auf dem Steinfußboden. Ein Kissen dürfen sie sich mitbringen. Ein bißchen weiter weg und zu seiner Rechten sitzen die Nichtsannyasins. Weit weg, am äußersten Bogen der ovalen Halle, ist die »stinker corner«. Dort sitzen meist die Neuen aus dem Westen und jene Leute, die auch mit Kopftuch irgendeinen künstlichen Geruch nicht verbergen können. Sie müssen sich in der zugigen Ecke auslüften lassen.

Schätzungsweise tausend Leute nehmen an den täglichen Lectures teil. Bhagwan spricht abwechselnd einen Monat lang in Englisch oder in Hindi. So schwankt auch die Teilnehmerzahl etwas. Als ich komme, ist die Halle schon ziemlich voll. Ich versuche noch einen dieser Holzpfähle zu erwischen, die das Dach tragen. Ich möchte mich anlehnen, der Rücken tut sonst weh, aber alle sind bereits »belehnt« – sozusagen. Nun ist es egal, wo ich sitze. Von überall kann man ihn gleich schlecht sehen. Sehen tu' ich aber gerade noch, wie zwei Swamis, die wahrscheinlich zu Bhagwans Leibgarde gehören, mit verklärtem Gesicht und ganz vorsichtig den Schonbezug des Sessels abziehen, auf dem Bhagwan sitzen wird.

Es ist etwa zehn vor acht. Der Hörer-Fluß versiegt langsam. Fast alle sitzen. Eine erwartungsvolle Stille breitet sich aus. Stehen tun nur noch die Guards am Rande der Halle und vor allem zwischen den Sannyasins. Sie schauen wie Habichte auf die kleinen roten Mäuschen herab, stets bereit zuzustoßen, wenn das zentimetergenaue Reglement übertreten oder wenn gehustet wird. Das wäre das Allerschlimmste. Beim ersten Räuspern gibt's vielleicht noch einen bösen Habichtblick. Spätestens beim zweiten spreizt er die Krallen und befördert dich raus. Draußen sitzt du dann vielleicht auf einer kleinen Mauer, und für dich sind Lautsprecher aufgestellt worden. In aller Ruhe darfst du jetzt husten. Oder, falls es im Bauch kneift, die Amöben streicheln und auf die Toilette rennen. Jeder hat hier mal irgendwann Amöben, durch Wasser, durch die Nahrung, und so mußt du dich vorher genau prüfen, ob du die kommenden hundert Minuten auch durchhältst. Es ist verboten, die Buddhahall während der Lecture zu verlassen.

Die Halle ist jetzt geschlossen, die Stille wird immer gedrängter. Nur ein Schwarm Mädchen huscht noch zuletzt durch einen schmalen Eingang und verteilt sich auf die allerersten Reihen. Ich habe nie herausbekommen können, wer sie sind. Vielleicht seine Medien. Auf alle Fälle aber welche aus dem inneren Kreis. Aus Bhagwans »Mannschaft«, die immer vorn sitzt, immer ganz nahe bei ihm.

Wie die kleine Halle vor seinem Haus, ist auch die Buddhahall von vielen Büschen, Blumen und Bäumen eingefaßt. Die Morgensonne spiegelt sich auf den großen Blättern, der Wind rauscht, und die Vögel machen einen Riesenlärm. Das scheint das einzig Lebendige zu sein. Ansonsten sind die Menschen in der Halle in tiefer, schweigender Bewegungslosigkeit erstarrt. Wir warten. Ganz sacht nähert sich ein Geräusch. Das Knirschen von Autoreifen auf Kies. Nun setzen sich auch die Guards. Das Geräusch wird lauter, stoppt, Türschlagen, zwei, drei Stufen, und er steht in der Halle. Bhagwan grüßt, senkt die Hände wieder, dreht sich zum Podium und steigt die paar Stufen hinauf. Hochaufgerichtet macht er mit dem Oberkörper eine volle Drehung, und seine grüßenden Hände vor dem Gesicht werden jetzt zu Sendern, die seine Energie langsam und gleichmäßig über alle Anwesenden gleiten lassen.

Er setzt sich. Er beginnt zu reden. Über Buddha vielleicht oder Jesus, über Religion, Mystik, die Sufis oder Gott. Oder er beantwortet unsere Frage: Weint ein Buddha? Was ist Liebe? Was ist Unschuld? Gibt es den Zufall?

Und es ist erstaunlich, ihm zuzuhören. Er beginnt leise, fast zögernd, mit leicht versagender Stimme. Nach und nach wird er lauter, fest, kraftvoll. Aus der zarten weißen Gestalt, dem sanft bullernden Öfchen, wird ein gewaltiger Vulkan. Heiße Worte fließen, und er schleudert Steine. Ab und zu trifft uns so ein schwerer Brokken auf die Nase: »Ihr schlaft ganz fest, ihr schnarcht und träumt vor euch hin! Ihr lebt überhaupt nicht, wacht endlich auf!«

Das geht durch und durch. Man nimmt sich vor, ab jetzt immer wach und aufmerksam zu sein, sich seiner selbst ganz bewußt und so... aber zum Glück meint er nur den spirituellen Schlaf. Gegen den physiologischen hat er nichts. Und so passiert es nicht nur einmal, daß ich mich während der Lecture auf den Rücken lege – er tut vom Sitzen weh... nur so ein bißchen ausstrecken... die Augen fallen zu, es ist noch so früh – und einschlafe. Das ist ganz okay so. Immer holen ein paar Leute auf diese Weise ihren verlorenen Morgenschlaf nach – und werden von dröhnendem Gelächter wach.

Er hat einen Witz erzählt, schade, ich habe ihn versäumt. Aber er erzählt noch mehr. Witze, die illustrieren, was er eben erzählt hat. Die manchmal gar nicht komisch sind, manchmal zum Totlachen und manchmal, und das sind die besten, ganz schön unanständig.

Dann lieben wir ihn, er ist so menschlich, kein abgehobener Heiliger. Wie Goldkörner funkelt der Humor durch sein Dasein, und ich glaube, er nimmt nichts, nicht mal sich selbst, so recht ernst. Für ihn ist das Leben, das ganze Universum ein einziges Lachen, und er unterscheidet sich damit für mich wohltuend von einigen seiner Disciples[1], die ihn todernst zu einem fernen Gott stilisieren, weil sie seine Verkündigung des Lachens nicht verstanden haben. Er ist ein Gott, aber in ganz anderem Sinne, als wir kleinen Christenkinder gewohnt sind, darüber zu denken.

»Enough for today.« Jede Lecture endet mit diesen Worten. Er erhebt sich, grüßt. Wir grüßen wieder, und mit den aneinandergelegten Händen vor dem Gesicht spürt jetzt wohl jeder seiner ganz

[1] Jünger, Nachfolger.

persönlichen Beziehung zu Bhagwan nach. Gefühle wellen durch den Körper: Zärtlichkeit, Liebe, Wärme, Dankbarkeit. Gleichgültigkeit, Ablehnung oder sonstwas.

Im Schrittempo knirscht der Wagen über den Kies, umrundet die Buddhahall. Und die letzten Reihen, die ihn sowieso kaum gesehen haben, dürfen jetzt zum Trost sein Gesicht noch mal durch die Autofenster begucken. Langsam verliert sich das Knirschgeräusch, er ist weg, und viele stürzen zum Frühstück.

Die Encounter-Gruppe ist erst in einer Woche, und ich habe Zeit, einfach nur so im Ashramleben mitzuschwingen. Das ist wie ein rot-oranges Glasperlenspiel ganz besonderer Art. Die Kugeln rollen bunt durcheinander. Treffen sich, berühren sich, kleben manchmal ein bißchen fest, aber nicht lange. Rollen weiter, als breiter Strom zum Meditieren, rütteln und schütteln sich, liegen nur so da, stieben wieder auseinander, prallen zusammen, rollen ein bißchen erschöpft in eine Ecke, still für einen Moment, lassen sich von anderen Kugeln wieder anstoßen und rollen erneut herum. Getrieben vom Austausch der Kräfte. Im zarten Sog einer feinen energy. Fein genug, um für immer weit wegzurollen, stark genug, um einige Kugeln festzuhalten und ständig um ein pulsierendes Zentrum kreisen zu lassen.

Irgendwas passiert in jener Zeit mit mir, ich kann es mir nicht erklären. Ich spüre nur, wie sich haarfeine Risse durch mein Gebäude von Pflichtgefühl und trotziger Dennoch-Durchhalte-Moral ziehen. Vor kleinen Dingen bin ich oft weggerannt, habe mich aus der Verantwortung geschlichen, mich ein bißchen totgestellt. Bei Beziehungen vor allem, bei Behördensachen und anderen unangenehmen Dingen. Kurse angefangen und abgebrochen, Wünsche, Träume, Pläne... viele Ruinen stehen herum in meinem Leben, ohne Dach und Treppen.

Vor großen Dingen bin ich nicht weggerannt, die hab' ich durchgehalten und zu Ende geführt. Die Lehre zum Beispiel.

6

In Ostberlin war alles ganz anders. Ich bin durch die Schulzeit geglitten wie durch süße Sahne, verhätscheltes Lieblingskind der Lehrer. Mit dreizehn, vierzehn bin ich auch gar nicht mehr dick. Im Gegenteil. Da fehlt schon wieder was. Obenrum. Auf dem Zensurenspiegel führend und im Klassengeschehen auch. Also richtig toll bin ich.

Dann kommt die Flucht nach Westberlin. Kurz vor dem Mauerbau liegt so etwas in der Luft. Gerüchte, Panik, viele gehen in den Westen ohne ernsthaften Grund. Meine Mutter auch. Nun ja, da gibt's schon Schwierigkeiten. Sie hat ein kleines Restaurant, ist somit Privatunternehmerin und dadurch auf die staatliche Abschußliste geraten. Schikanen gibt es, absurde Geldstrafen, und sie verliert die Nerven. Ich behalte sie und schleppe mehrere Tage lang die dicksten Taschen nach Westberlin zur Oma. Es macht mir Spaß, zu organisieren, etwas für meine Mutter zu tun und stark zu sein, während sie fast zusammenbricht.

Der Schul-Schock in Westberlin ist tiefgreifend. Die Zensuren purzeln nach unten, und zum erstenmal kraucht die Schulangst durch mein Leben. Autoritäre Lehrer verbreiten Furcht und Schrecken. Es gibt Gerüchte und Heimlichkeiten hinter der Klassentür. Ich erinnere mich an ein ältliches, sehr vornehmes Fräulein Sowieso. Sie gibt Englisch. Ich habe Russisch gelernt und lediglich ein paar englische Laute im Ohr, vorgesungen von Elvis Presley und Bill Haley. Diese Platten kursierten damals auch in Ostberlin.

Im Unterricht wird die »Declaration of Independence« besprochen. Ein sehr schwieriger Text. Diesem Fräulein fällt plötzlich ein, doch mich das Ganze mal vorlesen zu lassen. Sie will wissen, wie sich »sowas« anhört. Es muß sich schrecklich anhören. Ich stolpere von Wort zu Wort, habe keine blasse Ahnung von der Aussprache. Sie geilt sich daran auf, die Klasse feixt hinter vorgehaltenen Händen, und ich schäme mich entsetzlich. Mein berliner Dialekt ruft fassungsloses Staunen hervor, und wie ich angezogen bin – wir haben wenig Geld – ist Grund genug, mich zu meiden. Die Vorbereitung der Flucht und das Ereignis selbst waren eher ein Sport für mich gewesen. Aufregend war das, eine Herausforderung. Jetzt bin ich wie gelähmt. In meiner Isolation schaue ich rückwärts nach Ostberlin. Alles was da war, die Schule, meine Freunde, meine Freiheiten... Ich sehne mich zurück wie verrückt und verkläre alles, obwohl diese Zeit in Wirklichkeit ein ganz dunkles Kapitel darstellt.

Ja, und ein bißchen dicker bin ich in Westberlin auch schon wieder geworden.

Neunte, zehnte Klasse: Ich kriege die westliche Kurve noch. Den Dialekt habe ich mir abgewöhnt, verdiene nach der Schule Geld durch Putzen und kann mir ein paar hübsche Sachen kaufen. Das Abschlußzeugnis ist dann schließlich mittelmäßig. Was soll denn das Kind nun werden? Auch das war in Ostberlin ganz klar. Diese strahlende Begabung sollte natürlich das Abitur machen und studieren und vielleicht sogar den Doktor bauen.

Mein Vater findet das auch. Ich habe lockeren Kontakt zu ihm und kann beim monatlichen Geldabholen sein neues Familienglück bewundern. Der Junge ist endlich angekommen, der ich eigentlich hätte werden sollen.

Im Westen sieht das alles anders aus. Das Abitur hängt zu jener Zeit als strahlender Stern und nur für wenige erreichbar am Bildungshimmel. So richtig Lust zum Hinlangen habe ich auch gar nicht. Ich kann gut zeichnen. Ungezählte Modepuppen mit wunderschönen Gesichtern, dicken Busen und schmalen Hüften, auf Zeitungsrändern, Heftdeckeln und losen Blättern, begleiten mich durch die Jahre. Am liebsten ritze ich sie in angefrorene S-Bahn-Fensterscheiben. Ich lege meine gekonnten Schwünge hin. Die S-Bahn wird voller, alle staunen, und meine Mutter ist sehr stolz auf mich. Ich kann gut abzeichnen, sehr kreativ ist das allerdings nicht. Trotzdem zieht sich das Märchen von der großen künstlerischen Begabung wie zähe Kaugummifäden über alle meine Werke.

Mein Vater hat eine Schwester. Offenbar eine tolle Frau. Gertenschlank, mit einem dicken Busen, wallendem Blondhaar und strahlenden Veilchenaugen. Sie ist obendrein auch noch lustig, verrückt und exzentrisch. Meine Mutter ist sehr beeindruckt von ihr und ganz begeistert, daß ich als Kleinkind auch blonde Haare und strahlende Veilchenaugen habe. »Wie die Tante Eva!« Leider hält sich die Pracht nicht lange. Mit elf sind die Augen eher grau, und strahlen tun sie auch nicht mehr. Die Haare sind dunkel geworden, »dreckigblond«, wie meine Mutter das nennt, und sie findet, daß ich dieser Katastrophe mit kräftigen Kamillespülungen begegnen sollte. Was die Augen angeht, nun, da sei wohl leider nichts mehr zu machen. Aber irgendwie erinnere ich meine Mutter öfter an diese Frau, die ich nie kennenlerne. Die Schulterhaltung... wie ich manchmal rede... und so geistert meine Tante Eva als schönes Phantom durch die Kindheit.

Sie konnte auch nähen, diese Tante, und meine Mutter weiß Anekdoten über ihre unbekümmerte Schlampigkeit zu erzählen. So liegt zum Beispiel während des Nähens neben ihr der kleine Taschenspiegel. Alle drei Minuten hält sie die Maschine an, schaut hastig in den Spiegel und zieht sich mit schnellen, nervösen Handbewegungen das Lippenrot nach. Kommt jemand zur Anprobe, fliegt der ganze unordentliche Schneiderkram hinter einen Vorhang. Also, in dieser Schlampigkeit erkenne ich mich mühelos wieder. Aber was den Spiegel angeht, ich glaube, da übertreffe ich sie trotz meiner elf Jahre noch. Wenn ich allein in der Wohnung bin, und ich bin oft allein, küsse ich sanft, hingebungsvoll und zärtlich mein Spiegelbild. Ich liebe meinen Mund. Ich bin überhaupt voll inniger Leidenschaft für mich, und meine Oma beschwert sich immer über die Fettflecke.

Also nähen kann diese Tante, und mit sechzehn lerne ich das in einem Hausfrauenkursus auch. Es macht Spaß, und zeichnen kann ich, und Talente habe ich angeblich... In einem Zeitungsroman beeindruckt mich die modeengagierte Heldin. Mit der Zeichenmappe unter dem Arm eilt sie zu den Warenhauskonzernen. Sie ist ganz wichtig und wird bewundert und so. Was die eigentlich wirklich macht, krieg' ich nicht raus, aber mir gefällt das. Sowas will ich auch werden. Schneidern können ist der Grundstein meiner künftigen Karriere, und ich starte in einer Modefachschule.

Wir haben an dieser Schule einige theoretische Fächer, wozu auch die sogenannte Kostümkunde gehört. Das ist das Wissen von der Mode vergangener Epochen. Ein buntes Bild erscheint an der Wand des dunklen Klassenraumes... und bleibt da auch eine Weile. Wir lassen es ganz in Ruhe auf uns wirken, und nach einiger Zeit fallen mir ein paar Dinge auf.

Da ist zum Beispiel der Hintergrund schon perspektivisch. Wann wurden die Gesetze der Perspektive entdeckt? Orientalische Ornamentik auf Kissen und Wandteppichen läßt auf entsprechenden

Einfluß schließen. Durch die Kreuzzüge? Oder Handel? Elegante, feingliedrige Damen tragen ein Überkleid, dessen Armausschnitte sehr tief, bis fast zur Taille reichen. Das Unterkleid ist zu sehen. Und bei entsprechender Bewegung sogar die Konturen der Brüste! Geradezu gewagt ist das, und darum heißen diese Ausschnitte auch anzüglich »Höllenfenster«.

So eine zarte Frauengestalt sagt also nicht nur etwas über das weibliche Schönheitsideal aus, sondern der Zuschnitt ihres Gewandes läßt sogar Rückschlüsse auf die Machtverteilung zwischen Kirche und weltlicher Herrschaft zu. Der Adel muß stark sein, um sich solch eine Mode leisten zu können. Dagegen trägt er in einer bestimmten Epoche nur Schwarz. Warum? Um sich von dem ganzen papageienfarbenen Hofstaat abzuheben, dessen verrückte Prächtigkeit Hinweis auf sein Lebensgefühl gibt. Zügellos, ausschweifend, sinnlich... warum? Hat das vielleicht was mit der Angst vor dem Tod zu tun? Mit der Pest?

Zu anderen Zeiten erläßt der Adel Kleidervorschriften. Die Bürger sind durch Handel zu Geld und damit zu Macht gekommen. Das beeinflußt das bürgerliche Selbstvertrauen. Die Macht des Adels scheint zu schwinden. Tragen Bürger uniforme Einheitstrachten, läßt das auf einen inneren Zusammenhalt schließen. Sie grenzen sich ab. Gegen wen und weshalb? Die spanische Mode ist äußerst reich. Südamerika wird offensichtlich gerade geplündert. Welchen Einfluß hat das auf die spanische Wirtschaft und auf ganz Europa?...

Ich bin fasziniert, mein Herz klopft schnell vor Aufregung. Wie durch ein riesiges, unsichtbares Netz scheinen alle Ereignisse miteinander in Beziehung zu stehen. Kein Phänomen dieser Welt ist isoliert zu betrachten, alle haben Ursache und Wirkung. Aus der Wirkung wird wieder Ursache, die Geschehnisse beeinflussen sich gegenseitig, und aus einem winzigen Detail lassen sich Rückschlüsse auf das Ganze ziehen. Das ist alles unglaublich spannend, und ich liebe dieses Fach sehr.

Das Schwergewicht des Unterrichts liegt allerdings auf dem Handwerklichen. Wir lernen richtig gründlich nähen. Betulich und sorgfältig. Ich muß mich mit zahllosen raffinierten oder altmodischen Techniken herumplagen, die damals schon niemanden mehr interessieren. Im Unterricht nähen wir für uns selbst, und die Luft vibriert vor Sich-Mühe-Geben. Zuschneiden, abstecken, heften – vor allem aber messen, wieder und immer wieder. Die Rundungen unserer Körper strecken sich aus zu ganz bestimmten Markierungen auf dem Zentimetermaß. Wir vergleichen. Meine machen das Rennen. Sie sind immer ein bißchen vorneweg. Und wenn sich die Streifen wieder zu Rundungen fügen, sieht man es genau: Ich bin dicker als die anderen.

Bei einer Größe von einsachtundsechzig wiege ich zweiundsechzig Kilo. Das ist nicht fett, aber für eine Siebzehnjährige doch viel zuviel. Ich finde das jedenfalls. Während die anderen sich süße Frühstücksbrötchen schmecken lassen, erschrecke ich sie mit harten Eiern und Senf. Dann gibt es ein paar Tage nur Sauerkraut oder saure Milch mit Schwarzbrot oder faden Gelbrei.

Ich habe einen Kostümrock zusammengeheftet. Die Lehrerin findet ihn zu eng, ich soll ihn weiter machen, ich will nicht, ich schwöre ihr, daß ich zwei Kilo abnehmen werde. Ich nehme ab, der Rock paßt, aber nicht lange, dann paßt er nicht mehr, dann doch wieder. So geht das rauf und runter. Ich kenne alle Kalorientabellen auswendig, viele Diäten, Tricks, Tips und sonstwas. Und an Abführmitteln habe ich mich auch schon vergriffen. Statt vorm Schlafengehen den Tee nur ein paar Minuten ziehen zu lassen und dann zu trinken, steht er bei mir die ganze Nacht. Morgens ist die Brühe pechschwarz, schmeckt ekelhaft, und ich zwinge sie mit zugehaltener Nase runter. Die Wirkung ist durchschlagend. Ich habe Bauchkrämpfe, und die anderen lästern schon, weil ich so oft rausrennen muß. – Aber schlanker werde ich dadurch auch nicht. Ich nähe viel für mich selbst, der ganze Schrank hängt voller Sachen. Gut gearbeitet. Aber wenn ich genau hinschaue, schick… also schick ist das nicht gerade. Alles ganz nett, bieder, brav, wie man's halt so trägt, damals.

In meiner Erinnerung sind diese zwei Jahre aber schön. Ich verstehe mich gut mit den anderen Mädchen und fühle mich in diesem Kreis geborgen.

Zum Ausbildungslehrgang gehört noch ein Lehrjahr in einem Atelier. Eine Lehrerin empfiehlt mir eines, und ich fange dort an. Mein neuer Chef ist lang, mager, hat ein eingefallenes, verlebtes Gesicht und wirkt unruhig wie ein alter Tiger, der hinter Gittern auf und ab läuft. Er ist schwul, das macht weiter nichts, aber ich glaube doch, daß diese Tatsache die Stimmung im Atelier beeinflußt.

Jeder hat sich auf seine Weise mit dem Altern auseinanderzusetzen. Das geht nicht ohne innere Kämpfe ab. Ich habe gehört, daß das aus vielen Gründen gerade für Schwule ein besonderes Problem sein soll. Er steckt offenbar mittendrin in diesem Kampf, ist zickig, launisch, intrigant und klatschsüchtig wie ein altes Marktweib. Fehlt eine seiner Arbeiterinnen, macht er zynische Bemerkungen. Frühere Unzulänglichkeiten werden hervorgekramt und von allen Seiten genüßlich durchgehechelt. Die anderen machen mit, froh, daß sie selbst nicht dran sind. Wenn die Abwesende wiederkommt, sind alle honigsüß. Die kleine Arbeitswelt scheint in Ordnung zu sein, doch die bösen Gedanken von gestern wabern wie Giftgas durch die Räume und krauchen in jeden Winkel. Das ganze Atelier ist verpestet durch Klatsch, Hinterhältigkeit und Heuchelei. Einer kämpft gegen den andern. Die Nadeln werden zu tödlichen Lanzen, das Visier bleibt geschlossen. Und eigentlich kämpfen sie um seine Gunst. Er hat die Faszination einer Schlange, funkelnd, schillernd, unberechenbar, doch man kann sich ihm nicht entziehen.

Im Atelier herrscht eine genaue Hackordnung. Erst kommen die fünf Näherinnen, junge Frauen um dreiundzwanzig, dann eine alte Handnäherin und ganz zuletzt die vier Lehrlinge. In allerkürzester Zeit rutsche ich auf Platz zehn dieser Hierarchie, und das kommt so:

Meine Mutter ist wieder in ihrem Metier. Wie in Ostberlin hat sie auch hier ein Restaurant, eine kleine, nette, gutbürgerliche Eckkneipe. Zusätzlich arbeite ich an den Wochenenden dort noch mit, freitags nachts und sonntags beim Frühschoppen. Und dann habe ich noch einen Freund, einen hübschen, schlichten Jungen, der aus seinem trüben Maler-, das heißt Anstreicherdasein von einem älteren Herrn ans Licht gezogen wurde. Dieser Herr handelt en gros mit Rüschen, Spitzen und sonstigen durchbrochenen Textilien. Mein Freund handelt mit, fährt ein großes Auto und verdient viel Geld. Zwischen jenem Herrn und meinem Freund besteht ein merkwürdiges Verhältnis. Während er in dem Herrn so eine Art Vater sieht, der ihm ein bißchen Kultur, Sinn für Kunst und Ästhetik beibringt, scheint für den Herrn die Sache etwas anders zu liegen. Der Herr ist schwul, und obwohl er noch nie sexuelle Anträge vorgebracht hat, liebt er meinen Freund offensichtlich. Und haßt mich mit Leib und Seele, als ich in diese zärtliche Beziehung einbreche. Aber er ist immer sehr höflich zu mir, sehr charmant, galant und liebenswürdig. Ich finde ihn eigentlich ganz toll.

Ich muß morgens kurz nach fünf aufstehen, bin abends gegen sechs wieder zu Hause. Dazwischen langes Sitzen in kleinen, staubigen Räumen, kilometerlange Nähte, ein Kleid nach dem anderen. Dazu kommt die Wochenendarbeit, dann mein Freund, es wird oft spät, ich bin todmüde. Ich liebe die Arbeit in der kleinen Kneipe, genieße die Zuneigung der älteren Herren, die sich in mein Sparschwein ergießt... Aber insgesamt ist das alles ein bißchen zuviel. Ich fange an, Fehler beim Nähen zu machen. Einer kommt zum andern, ich werde immer verkrampfter.

Wie kleine Monster sitzen die Fehler in den Knopflöchern, Ärmeln und Taschen. Sie hängen sich an Ausschnitte, Abnäher und klemmen zwischen den Reißverschlüssen. Es ist zum Verzweifeln, und wenn ich ihnen mit der Schere die Köpfe abschneiden will, dann wachsen sie einfach wieder nach.

Und jetzt geht das Theater los. Die Schlange erhebt zischelnd ihr Haupt und entblößt zwei riesige Giftzähne.

Die anderen wittern was. Sie stehen selbst in der ständigen Bedrohung, gebissen zu werden, und nun ist da jemand, der sich geradezu anbietet. Das macht sie frei, und sie schauen hämisch zu, wie sich die Schlange langsam um das Mäuschen würgt. Als wäre das Ganze nicht schon genug, wird meine Situation noch dazu von außen verschlimmert. Mein Chef und der Bekannte meines Freundes haben, über die Schwulenszene vermutlich, irgendwelche gemeinsamen Drähte. Die laufen jetzt heiß. Der Haß des Herrn glüht, und mein Chef wärmt sich daran genüßlich sein Giftsüppchen. Ich kann mir gut vorstellen, was sich immer dienstags abspielt, wenn ich in der Berufsschule bin. Dabei gibt's da gar nicht so viel zu tratschen. Ich habe mit meinem Freund eine ganz normale Beziehung. Alles ist so durchschnittlich in meinem Leben. Aber der Herr hört sicher gut hin, wenn ihm mein Freund irgendwas erzählt. Die beiden sind ständig zusammen. Harmlose Informationen werden verdreht, verzerrt, entstellt und fließen über die heißen Drähte ins Atelier.

Und da sitze ich dann, ganz geduckt und klein vor so viel Unrat. Ich kann mich nicht wehren, ich muß das einfach irgendwie durchstehen. Und wenn ich ganz tief in mich reinschaue, dann muß ich feststellen, daß ich auch nur das von ihm will, was die anderen wollen: seine Zuneigung. Für ein freundliches Wort, für einen Tag voller Wärme, würde ich gern zwanzig Überstunden machen.

Die verstaubten Pausen neben der Maschine – mit dem Blick auf Stoffballen und auf Berge von altem Zeug – fülle ich mit Kuchen. Kuchen auch vor der Pause, wenn ich für alle einkaufen gehen muß. Ich stehe dann in irgendeinem Hausflur hinter der Tür und stopfe Süß-Cremiges in mich rein. Mir ist alles egal, das Gewicht steigt, ich bin ganz apathisch. Oder habe ein trotziges Nun-gerade-Gefühl und stopfe noch extra. Als könnte ich jemanden damit bestrafen, daß ich wieder dick werde. Von sechzig auf achtundsechzig. Und ich schaue mir zu, dumpf, leer, wie erstarrt.

Aber es ist nicht nur die Situation in der Werkstatt. Auch mein Freund geht mir auf die Nerven mit seiner ewigen Eifersucht, seinen kleinlichen, nichtigen Zänkereien. Der winzige Anlaß verschwindet dabei unter den Worten. Es geht um den Streit an sich. Um das oberflächliche Abreagieren von Spannungen, deren Ursachen viel tiefer liegen.

Diese ganze mittelmäßige Welt um mich herum, seine Freunde, Klatsch und Tratsch. Wie kleine Wirbel im See drehen sie sich um ihr eigenes Leben wieder und immer wieder, und sind stolz auf die paar Wellen, die sie machen, und Wellen von Freunden werden mit eingesogen in den eigenen Wirbel, und so bleibt alles beim alten. Keiner von ihnen sieht je den See. Ich sehe ihn zwar auch nicht, aber ich spüre ihn. Ich spüre, daß da noch was anderes sein muß. Das kann doch nicht das Leben sein. Und in der Werkstatt, gekrümmt und kreuzlahm vom fünfzigsten Reißverschluß, starre ich auf den Wecker. Er bewegt sich mit gehässiger Langsamkeit. Ich bin glücklich über jede vergangene Minute – und ich schwöre mir was. Ich schwöre mir, daß ich so lange suchen werde, bis mein Leben aus kostbaren Minuten besteht. Bis ich jede einzelne zärtlich in die Hand nehme, sie liebevoll betrachte und dankbar dahin zurückgebe, wo sie hergekommen ist.

Ich mache die Prüfung, Theorie und Zeichnen eins, praktischer Teil drei. Ich habe durchgehalten, bin frei, gottseidank, tschüß, aus, auf Nimmerwiedersehen. Trotzdem muß diese Zeit tiefe Schrammen in meine Seele geritzt haben. Noch viele Jahre später sehe ich mich träumend immer wieder in der Werkstatt sitzen. Als wertgeschätzte Näherin, und er ist sehr lieb zu mir.

Was nun? An die luftigen Träume von der Zeichenmappe und den Warenhauskonzernen hat die Realität Bleikugeln gehängt. Alles ist jetzt ein bißchen erdnäher. Ich will lernen, wie man Schnittmuster erstellt, und dann Modellmacherin werden. Das ist eine wichtige Persönlichkeit, so ein Modellmacher. Ganze Produktionen hängen von einem guten Schnittmuster ab. Daran liegt's, ob gut verkauft wird oder nicht.

Also, ich will auch endlich wichtig werden, und darum gehe ich für drei Monate nach München. Dort gibt es eine Schule, wo man sowas alles lernt: die Konstruktion von Schnitten und ihre Veränderung, den Konfektionsgrößen entsprechend. Aber wie sich später herausstellt, ist die Schule gar nicht das Entscheidende. Entscheidend wird etwas anderes, nämlich die Begegnung mit Menschen.

Durch Zufall komme ich in Kontakt mit einem alten Freund meines Vaters. Sie sind gemeinsam durch die kommunistische Untergrundbewegung gegangen. Er ist auch Ingenieur, seine Frau schreibt politische Bücher. Ich lerne ein Malerehepaar kennen, lauter Leute, die so ganz anders sind. Weiter, offener, so, als hätten sie eine Dimension mehr als die Menschen, denen ich bisher begegnet bin.

Ich laufe stundenlang durch Münchens Straßen, die Sinne so weit gespreizt wie ein Pfauenrad. Kirchen, Museen, Kunst, Malerei... ich sauge alles ein, wie frische Morgenluft. Aufgeregt und dankbar. Mir ist, als käme ich aus dem Keller und schaute zum erstenmal in den Nachthimmel. Beides ist dunkel, aber was für ein Unterschied!

Wieder zurück in Berlin, will ich meine neuen Fähigkeiten unter Beweis stellen. Ich sage ihnen in der Firma, was ich kann, was ich will, sie sagen jaja, und ich stehe am Ende da und zerschneide Stoffberge zu Mantelfutter. Eigentlich haben sie nur eine Arbeiterin gesucht, und die bin ich jetzt auch. Die einzige Herausforderung an meine Intelligenz ist, die vorgefertigten Pappmuster mit Kreide nachzuziehen, den Linien mit der Maschine zu folgen und aufzupassen, daß das Ganze nicht verrutscht. Trotzdem macht mir das Spaß. Die Stimmung unter den Kollegen ist locker, freundlich, ich gehöre dazu. In diese Zeit fällt meine Abtreibung. Qualvolles Warten, Hoffen – umsonst, ich bin schwanger.

Mein Freund freut sich, heiraten will er mich schon lange. Ich wehre mich wie verrückt. Ich spüre genau, wenn ich dieses Kind kriege, dann hat er mich. Dann komme ich nie mehr raus aus dieser verspießten, düsteren Kleinbürgerwelt, dann ist mein Leben vorbei, noch ehe es richtig angefangen hat. Mit Händen und Füßen wehre ich mich. Eines Nachts im Auto kriege ich den ersten großen Heulkrampf. Verzweiflung, Wut, Aufbegehren. Schreien, Schluchzen, Tränen, Tränen... Ich weine um mein Leben.

7

Aus der Distanz der Jahre betrachtet – ich war damals einundzwanzig – wird deutlich, wieviel Glück ich hatte. Wäre diese Geschichte mit dem Kind nur ein paar Monate früher, noch vor München passiert, ich hätte mich gefügt. Ich war so apathisch damals, so gleichgültig. Dann hätte ich es hingenommen, es hätte dann wohl so sein sollen... Nach München war das nicht mehr möglich. Ich habe dort in den Himmel geschaut und die Sterne gesehen, und ich kann nicht mehr zurück. Ich gehe weiter und mache endlich wahr, was sich schon lange, immer wieder bedacht, verworfen und heiß ersehnt, in meinem Kopf herumquält.

Ich gehe den zweiten Bildungsweg, ich werde das Abitur nachmachen.

Damals war es noch leicht, einen Platz zu bekommen, die große Bildungsflut sammelte sich erst. Es ist die Zeit des Aufbruchs, der »Morgenröte«, irgendwas passiert, wir wissen es nicht genau, wir spüren es. Da sind die Blumenkinder, Studenten halten ihre Wut über das Alte der ganzen Welt unter die Nase, Schulreformen, Universitätsreformen... und ich bin mittendrin. Ich bin selig. Erst jetzt merke ich so richtig, wie sehr ich in den vergangenen Jahren unter intellektuellen Minderwertigkeitskomplexen gelitten habe. In der U-Bahn, im Bus, auf der Straße, überall bin ich mit dem SPIEGEL rumgerannt. Deutlich sichtbar, als rotes Signal: »Ach, guck mal an, sowas liest die Kleine...« Und im Café habe ich den SPIEGEL ausgelegt als Angelhaken. Und wenn sich jemand dran verfing, war er verloren. Er wurde in Grund und Boden geredet, Politik, Wirtschaft, Religion, das Leben an sich und überhaupt. Und wenn er sich schließlich mit gequältem Gesicht vom Stuhl hochzog und vor dem Davonwanken etwas ähnliches wie »Meingott, Fräulein, Sie sind aber intelligent« stöhnte, dann hatte ich's geschafft. Dann konnte ich glücklich nach Hause gehen. Diese besondere Form des Angelsports habe ich jahrelang getrieben, ausdauernd, leidenschaftlich. Und mit dem fassungslosen Staunen der gefangenen Fischlein meinen Hunger nach intellektueller Anerkennung gestillt.

Jetzt wird das alles ein bißchen fundierter. Die krausen Wogen glätten sich, Zusammenhänge tun sich auf, das Verständnis wird tiefer. Auch zu Hause kriege ich Unterstützung. Meiner Mutter gefällt ganz gut, was ich tue. Ich brauche nichts abzugeben, und das winzige Stipendium, 90 Mark im Monat, reicht fürs Taschengeld. Ich gehe sehr gern in dieses Kolleg. Einmal, als ich nach den Winterferien morgens wieder vor dem großen Gebäude stehe, durchflutet mich intensiv ein warmes Glücksgefühl. Lieblingsfächer schälen sich heraus, Geschichte, Bio, Deutsch, Englisch... nur: auf dem Boden dieses fülligen Blumenkorbes hockt stachlig und schwer ein dicker Kaktus. Mathematik. Ich bin tief beeindruckt, wenn der Lehrer an der Tafel wie ein Zauberer seine mathematischen Kaninchen aus dem Hut zieht. Die Beweise sind so logisch, so schön, richtig ästhetisch. Ich kann gerade noch folgen, aber dann hoppeln mir die Kaninchen weg. Aus, vorbei. Ich muß resigniert feststellen, daß mir da offenbar ein paar Gehirnwindungen fehlen, und akzeptiere zähneknirschend die Fünf.

Ansonsten ist es toll, das Abitur nachzuholen. In allen Gesprächen kommt immer der Punkt, wo man sich nach dem Beruf des anderen erkundigt. Wenn ich dann gefragt werde, sage ich es leichthin: »Ich mache gerade das Abitur nach«... und registriere eitel die bewundernden Reaktionen. Das tut gut, und wie ein linderndes Pflaster klebe ich meinen neuen sozialen Status auf die alten Wunden.

In dieser Zeit lerne ich Carlos kennen. Er ist groß, ein bißchen fett, hat dunkle Haare, eine starkrandige Brille, und unter der Nase klebt ein Franzosenbärtchen. Er hat studiert: Mittelaltergeschichte, Romanistik, Philosophie, aber nichts zu Ende geführt. Im Grunde fühlt er sich schlauer als alle Professoren zusammen. Er läßt das auch fühlen. Nur wenige finden seine intellektuelle Gnade. Ist da mal so ein seltenes Exemplar am Tisch, dann lehnt er sich befriedigt zurück: »Na bitte, der sagt's euch auch.« Ansonsten redet er. Schnell, präzise und mit der Wucht eines Kleinkalibergewehrs. Aber es ist gut. Was er sagt, ist wirklich sehr klug, umfassend und zeigt seine tiefe Einsicht. Das müssen auch die zugeben, die sich schließlich mit eingeklemmtem Schwanz und hängenden Ohren davonschleichen.

Er ist Regieassistent an einem kleinen, progressiven Theater. Dort werden vor allem politische Stücke gezeigt, die meist kein Mensch versteht. Trotzdem ist das Theater voll. Sowas gehört dazu damals. Da ist Leben, Auseinandersetzung, das vibriert, pulsiert, das schwingt mit, im heißen Rhythmus einer neuen, verrückten Musik.

Und ich bin plötzlich dabei. Ich hole Carlos nach der Vorstellung vom Theater ab. Er macht oft ein Gesicht, als wüßte er nicht, ob er die Nacht mit mir verbringen wolle. Dann will er doch, und wir ziehen los. Kneipen, Discotheken und Bars, wo man nur mit Klingeln reinkommt. Früher hab' ich nur geträumt von sowas und stand neidisch draußen. Mit ihm öffnen sich mir alle Türen. Das ist vielleicht toll!

Ich bin richtig schlank geworden, bin ganz furchtbar lustig, tanze wie verrückt. Schaut alle her, ich bin da! Ich genieße mich. Ich sauge dieses verrückte Leben gierig ein wie jemand, der zu lange gedürstet hat. Und ich will schön sein für ihn, schwitze jedesmal, bevor ich Carlos treffe, in der Sauna noch schnell zwei Kilo runter und hab dann ein schmales Gesicht. Die langen dunklen Haare glänzen, und die Augen sind besonders groß. Die Augen sind eigentlich das Schönste an mir. Ich schminke sie sorgfältig und klebe Wimpern an. Die Wimpern nehme ich erst ab, wenn er im Bett eingeschlafen ist, er schläft immer zuerst ein. Und morgens, bevor er aufwacht, klebe ich sie wieder an. Auch im Bett will ich schön sein, denn das ist mir besonders wichtig mit ihm. Dem Carlos ist das auch wichtig, und so haben wir für drei, vier Monate eine richtige intensive sexuelle Beziehung. Verrückt, ausgeflippt und sehr schön.

Ich mach' das Abitur und muß mich jetzt entscheiden. Seit meiner tiefgehenden Münchenerfahrung vor vier Jahren ist das zu einer fixen Idee geworden. Ich will zurück, ich will in München studieren.

Die Beziehung zu Carlos ist schwierig. Ich bin fasziniert, er ist der Allergrößte für mich, ich bete ihn geradezu an, aber er ist so weit weg. Oft arrogant ist er. Ironisch und ungeduldig. Dann bin ich wie gelähmt vor Angst und fühle mich ganz klein. Ich gehe nach München.

Das Wichtigste in dieser eben beschriebenen Zeit ist, neben dem Abi, zweifellos die Bekanntschaft mit Carlos. Vor allem, weil sie noch eine bedeutende Rolle in meinem Leben spielen wird. Aber in meiner Erinnerung ist auch der Schlankheitstrip noch sehr lebendig.

Carlos hat wie ein Blitz in mein Leben eingeschlagen. Was für ein Mann! Und ich will ihm gefallen und nehme rapide ab. Vor allem durch strenges Hungern werde ich ganz schnell 20 Pfund los. Herrlich! Die Eitelkeit schlägt Purzelbäume. Ich kann mich gar nicht oft genug im Spiegel bewundern. Der Busen hat die Roßkur übelgenommen. Er ist der Gewichtsskala ein bißchen nachgerutscht, nun ja, das ist jetzt egal. Alles andere ist aber sehr schön geworden. Ich bin geradezu verliebt in mich, ich finde mich wunderschön, ich bin schlank, endlich schlank, und der Kreisel dreht sich wie rasend um das Körperzentrum. Aber ich muß wahnsinnig aufpassen. Ein kleiner Schritt vom Wege, ein Keks, ein Stück Brot, bereits ein Schluck Brause, und ich spüre, wie sich das anlegt. Das ist wörtlich gemeint. Ich spüre tatsächlich, wie bereits wenige Kohlehydrate in meinem Körper zu einer Fettschicht werden. An den Innenseiten der Oberschenkel fängt es an. Das ist wie ein feines Kribbeln, ein hauchzarter Druck. Wenn ich einen Freßanfall kriege, gehe ich auseinander wie ein Hefekuchen. Da kann ich zuschauen. Angeblich sollen die in der Kindheit erworbenen Fettzellen irreversibel sein. Nimmt man ab, ist das lediglich so, als würde aus unzähligen kleinen Ballons die Luft entweichen. Sie liegen aber auf der Lauer, gierig, auch das laueste Lüftchen wieder einzusaugen.

Vielleicht ist dieses Auseinanderfalten der Ballons mein Kribbelgefühl?

Ich gebe mich den langersehnten Wonnen des Schlankseins in einer geradezu verrückt-narzißtischen Karnevalsstimmung hin. Heute bin ich toll, heute ist das Leben wunderbar, heute bin ich glücklich. Mein Körper ist endlich schön, schaut ihn euch an, heute, ganz genau... Und dahinter lauert die Angst, das tiefe Wissen, daß morgen alles wieder vorbei sein wird. Morgen ist Aschermittwoch. Die schlanke Pracht wird sich wieder aufblähen. Morgen werde ich wieder häßlich sein.

8

In Poona gehen inzwischen die Dinge weiter. Die Haarrisse in meiner Pflicht- und Durchhalte-Trutzburg haben sich vertieft. Oft sind es die kleinen Dinge, die Entwicklungen weitertreiben. Zuerst war es eigentlich nur ein schönes Bild: vor dem großen Ashramtor lauter Sannyasins, sie stehen einfach nur da, unterhalten sich, alle sind gelöst und haben die übliche Kleidung an. Beide Geschlechter stecken meist in langen, lockeren roten Kleidern, haben offene Haare, Tücher einfach nur so umgebunden, fantasievoll, lustig, leicht, unbekümmert wie lachende, fröhliche Späthippies. Ein Zauber liegt über diesem Bild – und schlägt eine neue Bresche in mein Gemäuer: Ich will hier nie mehr weg, hier möcht' ich bleiben!

Es wird mir immer klarer: ich werde die zweite Lehrerprüfung machen, und dann ist Schluß mit diesem Job. Dieses enge Korsett der Schulinstitution ist einfach nichts für mich. Das drückt mir die Luft ab, und ich spüre dem Gefühl nach, das ich morgens beim Anblick des riesigen, fabrikartigen Gebäudes so oft hatte: Ein Strick um den Hals, der sich langsam zuzieht. Mehr tot als lebendig stolpere ich dann in den Schulvormittag. Über Lehrerkreise bin ich überhaupt nach Poona gekommen, und mit Lehrern rede ich auch darüber. Einige sind schon ausgestiegen. Andere wollen sich für zwei Jahre beurlauben lassen. Alle haben ihre Gründe, und es ist sicher kein Zufall, daß von den Berufen, die hier im Ashram zusammenlaufen, der des Lehrers am weitesten über dem Durchschnitt vertreten ist. Wenn man nach dem Studium in die achtzehnmonatige Praxis steigt, braucht man eine starke Psyche. Eine kräftige, hemdsärmlige Unbekümmertheit, um die vielen Stolpersteine einfach zu überspringen. Oder um mit ungebrochenem Selbstvertrauen eine Art Kraftfeld zu produzieren, an dem die Steine einfach abprallen. Sie treffen dann nicht. Mich treffen diese Steine aber. Sicher ist mein Unterricht nicht schlechter als der der anderen Anfänger. Sicher sind die Kollegen, der Direktor gar nicht feindlich. All diese Einschätzungen passieren nur in meinem Kopf. Ich fühle mich als Versager. Ich habe Riesenansprüche der Perfektion an mich. Ich bin mein eigener Feind und projiziere diese Einschätzung auf meine Umwelt.

Mein bißchen Selbstvertrauen ist durch die letzten Jahre fadenscheinig und löcherig geworden wie alte Lumpen. Statt mit einem Kraftfeld laufe ich mit Antennen herum, die jeden Fehler, jedes kleine Versagen auffangen und vielfach verstärken. Geduckt schleiche ich einher, die letzten Jahre haben ganz schön an mir rumgeknabbert.

Dabei fängt alles so vielversprechend an. Neben der Beziehung zu Carlos habe ich noch eine andere. Jede dieser Beziehungen repräsentiert eine eigene Welt, die nichts mit der anderen zu tun hat. Wie Pole stehen sie sich gegenüber. Der eine Pol ist die Welt der Kunst, Politik, der geistigen Auseinandersetzung, der verrückten Musik, Spontaneität, Kreativität, des ehrlichen Suchens nach sich selbst. Der Herausforderung, des Kampfes. Das ist die Welt der materiellen Unsicherheit, fast Armut. Was aber nichts macht. Das Leben wird dadurch noch ein bißchen tiefer, reicher, spannender. – Der andere Pol ist die Welt des Reichtums, der materiellen Sicherheit, der eitlen Schönheit, des ästhetischen Kunstgenusses. Die Welt der unverbindlichen Konversationen, der wechselnden Beziehungen, des lächelnden Lebens, das man sich auf prächtiger Bühne gegenseitig vorspielt.

Ich finde beide Welten toll und springe von einer zur anderen. Durch meine fixe Münchenidee verschiebt sich zur Zeit des Abiturs das Schwergewicht mehr und mehr auf den reichen Pol.

Und er ist wirklich sehr reich, dieser Herr Doktor. Herrliche Autos, Häuser, eine Jacht, ein Privatflugzeug und sicher noch viel mehr. Bankier ist er, sieht blendend aus, ist charmant, großzügig, klug und weltmännisch. Und schöne Sachen erzählt er. Daß er da in München eine Wohnung für mich hätte, und daß er mir das Betriebswirtschaftsstudium bezahlen würde. Ich sollte dann später in einer seiner Banken arbeiten, das wäre dann schon ganz okay so. Ich glaube das alles natürlich nicht, und als er nicht nachläßt, mir das immer wieder zu erzählen, glaube ich es am Ende doch. Meine Zweifel waren berechtigt. Als die Zeit da ist, führt er mich zunächst in die feine Gesellschaft ein. Ich wohne bei seinem Freund, viele Mädchen wohnen da immer mal, und der Herr Doktor ist weg. Mein Gott, die vielen Besprechungen und Geschäftsreisen, die Verpflichtungen des großen Geldes. Wer hätte da kein Verständnis?

Nun wohne ich also in dem Haus. Die feinste Gegend Münchens ist das, und innen ist auch alles ganz fein, ganz edel. Hochkarätiges

Gold an der Klo-Spülung, überall weißer Marmor und Gobelins an den Wänden. Wie in Trance laufe ich durch die Räume, kneife mich ein bißchen, die Pracht ist immer noch da... oh Mann, ist das toll, ich bin oben, ich hab's geschafft. Was eigentlich? Ich weiß nicht genau, ist auch egal, ich hab's jedenfalls geschafft. Ich bin dabei, ich gehöre dazu, und neben dem Innenswimmingpool dieses prächtigen Hauses aale ich mich mit den schönsten Mädchen Münchens. Und das will was heißen. Jedenfalls für mich. Eine Party jagt die andere. Manchmal ganz vornehm, mit Kellnern und so, und in dem Haus ist immer was los. Ab und zu schaue ich auch mal in die Uni und gehe ehrfürchtig erschaudernd durch die hohen Hallen. Mächtige Säulen zeigen mir, wie klein ich bin. Aber auch hier gehöre ich dazu. Wenigstens formal. Ich bin richtig eingeschrieben, habe einen Studienplatz, und gelegentlich sitze ich ihn auch ab. Bei Mathe zum Beispiel. In einem riesigen, gefüllten Auditorium. Hier werden keine niedlichen Kaninchen mehr aus dem Hut geholt, die dann auf der Tafel nach geheimnisvollen Gesetzen herumhoppeln. Hier geht es ernst zu. Auf das Lichtepiskop malt der Herr Professor seine bedeutungsschweren Zeichen. Und die werden dann an eine riesige Leinwand geworfen. Für alle weithin sichtbar. Infinitesimalrechnung und Geometrische Reihen. Wie magere, dürre Giraffen marschieren die Zeichen jetzt auf und strecken den Studenten ihre langen Zungen raus. Niemand versteht etwas. Aber während die anderen zu Hause sitzen werden und brüten und grübeln, um etwas Licht ins mathematische Dunkel zu bringen, habe ich jetzt was Besseres zu tun.

Das Leben ist so aufregend hier, so bunt verrückt. Ich kann so schön auffallen. Ich bin wieder ganz furchtbar lustig, herrlich frech und kurbele die träge anlaufenden Parties mit Witzen aller Art an. Ein bißchen unanständig, ein bißchen ironisch, ein bißchen links. Wie man's haben will. Bitteschön, ich hab' alles drauf. Meinen politischen Standort trage ich wie ein schönes Ornament um den Hals. Vom Strahl des geschliffenen Kristalls getroffen, blitzt es gelegentlich weithin leuchtend in prächtigem Rot auf. Alle amüsieren und freuen sich. Ich freu' mich auch. Mein Gott, was bin ich wieder gut.

Ich sammle Männer wie Orden. Doktoren, Bankiers, Barone und sogar einen Grafen kann ich mir anstecken. Das funkelt und blinkt nur so, und geblendet muß ich nach zwei, drei Monaten die Augen zukneifen. Soviel Glanz ist nicht zum Aushalten!

Der Glanz hatte meine innere Optik verstellt. Ich sehe plötzlich schärfer. Die hohlen Gespräche um mich, Beziehungen auf unverbindlichster Ebene. Mädchen, die als »frisches Obst« in den gesellschaftlichen Mixer geraten, ein bißchen durchgeschüttelt werden und ausgeknautscht unten wieder rausfallen. Die nächste Ladung wartet schon.

Am meisten geht mir meine finanzielle Situation auf die Nerven. Der schöne Herr Doktor aus Berlin hat mich vergessen, der Garten ist so groß. Etwas Geld habe ich noch, aber wie soll's weitergehen? Für das Studium müßte meine Mutter jetzt eigentlich zahlen. Ihr Einkommen ist zu hoch, als daß ich ein Stipendium beantragen könnte. Aber ich will nicht. Bis zum Abi hat sie mich unterstützt, ich danke ihr dafür, aber nun will ich selbst sehen, daß die finanziellen Mäuschen in meine Taschen hopsen. Ich lebe in diesem prachtvollen Haus als Gast sozusagen. Der Hausherr mag mich sehr. Ob ich nicht bleiben wolle? Für immer, nur für ihn. Er ist sechsundfünfzig, ich vierundzwanzig. Er ist sehr lieb, ich schätze ihn hoch, aber ich will nicht. Ich will frei sein, ich will, ich will, ich weiß eigentlich gar nicht, was ich will. Ich fange an, sehr unglücklich in diesem Haus zu werden. Da nützen auch alle Vergoldungen nichts. Das Studium ist es wohl auch nicht. Ich will mein eigenes Geld verdienen. Ich will nicht abhängig sein. Ich will raus hier. Ich fühle mich wie ein hübsches Insekt, das sich auf dem Rand einer dieser Freßblüten niedergelassen hat. Sie sehen so wunderschön aus und duften so betäubend, doch von ganz tief unten kommt Zersetzungsgeruch. Der Rand ist aalglatt, und wenn ich nicht aufpasse, rutsche ich rein. Und die Hinterbeinchen rudern schon haltsuchend hin und her.

Ich sage dem Traumhaus ade, wohne bei Freunden, mal hier, mal da und versuche einiges. Zum Beispiel bin ich flotte Agentin eines großen Heiratsvermittlungsinstituts. Das inseriert vielfarbig, die Einsamen melden sich, und ich muß ihnen jetzt ihr Glück verkaufen. Aber irgendwie glauben die mir wohl nicht, daß ich das Verheiratetsein so toll finde. Wahrscheinlich signalisiere ich unbewußt, was ich davon halte: »Junge, laß bloß die Finger davon.« Und sicher signalisiere ich auch, daß das ganze Institut ein überteuerter Neppladen ist. Also, bei so einer Haltung wird man nicht reich als Vertreter. Die Erfolge sind kümmerlich, mir reicht's, ich fahre zurück nach Berlin. Aus München, der Stadt, in die ich mit Glanz und Gloria eingeflogen bin, flüchte ich mich zurück in die Arme meiner Mutter. Sie nimmt das Ganze gelassen hin. Es wird schon weitergehen.

Und Carlos treffe ich auch wieder. Er unterscheidet sich so wohltuend von all den Männern, denen ich in letzter Zeit begegnet bin. Es ist nicht nur sein intellektueller Strahlenglanz, der mich so fasziniert. Es ist die Kraft, mit der er im Leben steht. Seine umfassende Zusammenschau der Phänomene dieser Welt. Und nach den Konsequenzen, die sich für ihn daraus ergeben, lebt er auch. Ehrlich, sich selber immer treu. Er scheint hart zu sein, arrogant und überheblich. Aber nur für die, die vor so viel Aufrichtigkeit zurückschrecken. Wie ein Fels steht er in der Landschaft, zwischen Hügeln und lauter lockerem Geröll. Die Münchner Zeit hat ihn mir nicht entfremdet, ganz im Gegenteil, nach all diesen Erfahrungen fange ich an, ihn richtig zu sehen.

Wieder mal in meinem Leben stehe ich vor der Frage, wie's denn nun weitergehen soll. Eine Freundin gibt den Tip. Sie will schon immer Stewardeß werden, weil's die Schwester ist, und ich finde das gar nicht schlecht. Ich habe so alles, was man dafür braucht. Englisch kann ich inzwischen gut – ich würde dieser Lehrerin jetzt gerne noch mal die »Declaration of Independence« vorlesen –, aber Französisch... Das war auch nicht so beeindruckend auf dem Kolleg. Die Freundin ebnet mir alle Wege. Ich übernehme ihren Job als Au-pair-Mädchen und gehe nach Paris.

Meine Oma hat mir eine kleine Erbschaft hinterlassen. Das reicht zum Leben. Die Miete für ein winziges Zimmerchen unterm Dach bezahlt Madame. Dafür arbeite ich bei ihr. Der übliche Haushaltskram. Das macht mir Spaß und ist auch nur dreimal in der Woche für ein paar Stunden.

Mein Zimmerchen ist wirklich erstaunlich klein. Nachdem ich meinen riesigen Koffer die schmale Dienstbotentreppe hinaufgewuchtet habe, schau ich fassungslos durch die Tür. Der Koffer paßt gar nicht rein! Ich muß mich entscheiden, wer ins Zimmer darf, der Koffer oder ich. Der Koffer zieht den Kürzeren, er landet irgendwo, und ich mach's mir gemütlich. Durchs Fenster sehe ich auf andere Dächer, und wenn ich den Hals verrenke, gelingt mir auch ein Blick auf den Himmel von Paris. Dieses Zimmer wird mein Nestchen, mein Zuhause, mein Paradies. Ich denke an die vergoldete Villa in München und weine ihr keine Träne nach. In all der Pracht war ich am Ende todunglücklich. Hier bin ich bei mir, ich habe mich, ich bin glücklich, und zum erstenmal spüre ich ganz tief, daß das Glück mit Reichtum und Glanz nichts zu tun hat.

Und ich liebe Paris. Wie verrückt. Mit jeder Faser meines Körpers. Besonders morgens, wenn die Stadt aufwacht und ich vielleicht irgendwoanders geschlafen habe. Dann bin ich voller verliebter Zärtlichkeit, und wir schwingen beide, Paris und ich, in einem vibrierenden, intensiven Lebensgefühl. Was für eine Stadt! Die Geschichte schaut mit tausend Gesichtern aus den alten Gebäuden auf die Menschen herab. Und wenn ich zurückschaue, dann lächelt die Geschichte liebevoll, traurig, und ich spüre sie am ganzen Körper. Da war doch was? So unendlich viel ist hier passiert, und mir ist, als könnte ich mich einschwingen in den Kreis von Menschen, die je hier gelebt haben. Durch ihre Kunst, Poesie oder einfach durch ihr Dasein scheinen sie ihre Gedanken hinterlassen zu haben. Die mischen sich jetzt mit denen der Lebenden, sie werden von den alten Häusern zurückgeworfen und verdichten sich zu einer dunklen Melodie. Nicht immer kann ich sie hören, aber wenn, dann schwingt sie sich durch die Hautporen in jede Körperzelle, und ich bin wie betrunken. Als vernebelte alter, schwerer Wein meine Sinne, und ich fühle mich glücklich und traurig zugleich. Diese Stadt hat Wurzeln, die tief in die Geschichte zurückreichen. Sie ist weise, und ich vertraue ihr.

Ich lerne Französisch. Mit einem schwarzen, breitrandigen Filzhut laufe ich durch die Räume der »Alliance Française«, und viele junge Männer rufen dem Hut »hallo, chapeau« nach. Und meinen mich! Ich freue mich. Das klappt also. In Paris muß man sich schon was ausdenken, um aufzufallen. Diese Zeit ist wie Musik in meiner Erinnerung. Ein fröhliches Lied, das vom Charme der Franzosen erzählt. Von ihrer fröhlichen Unbekümmertheit und ihren ausdauernd-höflichen Entschuldigungen, wenn sie sich in der Metro gegenseitig auf den Zeh getreten sind. Ich habe das Ende des Winters in Paris erlebt, den zauberhaften Frühling, den Sommeranfang, und nun wird's ernst. Die Lufthansa bittet zum Gespräch. Ich verlasse Paris und fliege nach Frankfurt. Ich mache so eine Art Prüfung, bei der man acht Stunden lang intensiv abgeklopft wird: Sprachen, Aufmerksamkeits- und Erinnerungsvermögen, Psychotests und sonstwas. Das klappt alles. In zwei Monaten soll ich in Frankfurt anfangen, und ich fliege erst mal zurück nach Berlin.

Die Sache mit Carlos nimmt jetzt intensivere Formen an. Wir wollen zusammenbleiben, und ich ziehe in seine winzige Wohnung. Wenn ich schon sowas Doofes wie Fliegen machen wolle, könne ich das genausogut auch in Berlin tun, findet Carlos. Und da ich meistens finde, was er findet, bewerbe ich mich dort ebenfalls bei einer Fluggesellschaft. Auch das klappt, und ich fliege jetzt also im Berlinverkehr. Das ist zwar nicht die große, weite Welt, die ich mir so vorgestellt habe. Aber in den Flugplan ist viel Freizeit eingebaut. Jeder Monat hat mindestens eine freie Woche. Die kann man durch Tauschen noch verlängern, kriegt meistens zehn oder zwölf Tage zusammen, und die verbringe ich immer irgendwo in Europa: Ibiza, Kreta, Korsika, London, Rom oder sonstwo.

Auf meine erste große Reise nehme ich meine Mutter mit. Bombay, Sri Lanka, Bangkok, Hongkong. Es ist ein Traum für uns beide. Vor allem aber für sie, und später bin ich erstaunt, wie sehr sie sich noch an winzige Einzelheiten erinnert. Es ist selbstverständlich, daß ich alle Formalitäten dieser Reise erledige. Zimmer, Bestellungen, Trinkgelder, Gepäck, Vorausplanungen... All die notwendigen Kleinigkeiten und unumgänglichen Schwierigkeiten hängen an mir. Mit Wucht stürze ich mich in die chaotischen Menschenansammlungen vor den Schaltern, kämpfe um einen Fensterplatz. Und wenn ich ihn bekommen habe, wenn alles erledigt ist und wenn meine Mutter sitzt und lächelt... dann bin ich glücklich. Ich erledige alles und bin aufmerksam wie ein Liebhaber zu ihr. Ich mache das auch wirklich gern. Ihre Dankbarkeit ist mir schönster Lohn. Und ich bin lieb und nett und hübsch und strahle alle Leute an und flirte mit den Kellnern. Die Herzen fliegen mir zu, und meine Mutter wärmt sich an dem Lächeln, das eigentlich mir gilt. Mein Glück ist auch ihr Glück. Und wenn mir mal nicht so ist, wenn ich keine Lust habe zum Rumflirten, dann zieht sie ein Gesicht. Warum ich denn heute so sei, erkundigt sie sich. Heute guckte gar keiner und im übrigen solle ich mir was anderes anziehen. Das von gestern wäre viel hübscher gewesen. Da hätten mir viel mehr Männer nachgeschaut. Ich schlucke meinen Unmut runter. Ziehe mir das Hübsche von gestern an, bin furchtbar nett zu allen Leuten, und die Welt ist wieder in Ordnung.

Es gibt ein paarmal Momente auf dieser Reise, da sind wir uns sehr nahe, dann hat sich die hauchfeine Glaswand zwischen uns aufgelöst. Dann sitzen wir da und tratschen und lachen und sind albern wie Schulmädchen. Dann krauchen wir ganz tief ineinander. Dann klopfen unsere Herzen im gleichen Rhythmus, dann könnten wir beide heulen vor Glück.

Ich habe eine Freundin. Wir fliegen meist zusammen und trennen uns auch nicht auf Reisen. Wir beide haben so einen Hippie-Flippie-Stil drauf. Wir lachen uns über das Gehabe einiger Kolleginnen halbtot, und auf unseren Privattrips gehen wir den Konventionen möglichst aus dem Wege. Ganz billige Zimmer, oder wir schlafen am Strand oder in einer Höhle auf Ibiza.

Indien ist meine große Liebe. Vom ersten Augenblick an fühle ich mich hier heimisch. Eigentlich verkehren sich die Dinge sogar. Es ist nicht, als reiste ich nach Indien, sondern als käme ich von einer langen Reise zurück nach Haus. Mir ist alles so vertraut. Ich bewege mich hier wie ein Fisch im Wasser. So, als kennte ich das alles schon. Delhi, Agra, Varanasi. Ein Abstecher nach Nepal und wieder Delhi. Ich habe dort eine Beziehung zu einem Inder, der auch Inder heißt. Wie der indische Regengott. Es ist eine intensive Liebesbeziehung, und ich lerne durch seine Schilderung die Traditionen der indischen Familie kennen. Wir leben zusammen auf einer Farm, und diese Beziehung zu ihm vertieft zusätzlich meine Gefühle für dieses herrlich verrückte, faszinierende und pulsierende Land.

Die Fliegerei macht mir Spaß, aber da ist immer noch ein Stachel. Neben Carlos krieg' ich wieder meine intellektuellen Minderwertigkeitskomplexe, und langsam keimt erneut die Sehnsucht nach den höheren Weihen des Geistes. Das Studium, in München so lokker verschmäht, wird wieder ins Blickfeld geholt. Mal sehen, vielleicht ein Lehrerstudium. Das ist nicht so schwer. Die haben so viel Ferien. Und die Welt verbessern will ich sowieso schon immer, und da muß man mit Kindern anfangen, und ewig fliegen kann ich auch nicht.

Gedacht, getan, ich schreib' mich an der PH ein und habe jetzt beides. Vormittags ein paar Seminare, nachmittags fliegen. Das geht ganz gut so, und ich bin auf dem Gipfel aller erfüllten Sehnsüchte meines Lebens. Ich verdiene viel Geld, habe ein Auto, und die große, weite Welt liegt mir zu Füßen – sozusagen. Ich könnte mal eben schnell nach Amerika fliegen und nach London zum Teetrinken und ans Mittelmeer, um den Zeh reinzuhalten. Ich könnte, ich könnte... ich tu's nicht. Allein die Tatsache, daß ich's wirklich könnte, wenn ich wollte, hebt mich weit über die Möglichkeiten der Gesellschaftsschicht, aus der ich komme. Das können eigentlich nur die Großen dieser Welt, nur der Jet-Set... und ich bin dabei. Obendrein studiere ich auch noch. Das heißt, ich bin anwesend und mache auch ein paar Scheine. Vor allem hört es sich mal wieder gut an, wenn ich das im Gespräch leichthin einflechten kann. Nun habe ich alles, was ich je wollte. Ich bin mächtig aktiv, die beiden Zentren halten mich auf Trab, und glücklich springe ich für eineinhalb Jahre von einem zum andern.

9

Aber das Glück ist trügerisch. Die strahlende Münze liegt auf Moor, und so ist die Unterseite dunkel angelaufen. Ein bißchen stockig hier und da.

Es kommt oft vor, daß Menschen sich bewußt oder unbewußt Herausforderungen suchen, an denen sie scheitern müssen. Oder mit zähem Willen sich selbst besiegen. Mir fallen dazu Versehrte ein. Einbeinige Skiläufer oder Turmspringer. Menschen im Rollstuhl, die Leistungssport treiben, um der ganzen Welt zu beweisen, daß sie nicht minderwertig sind. Und ihre Erfolge sind in der Tat erstaunlich. – Und dann gibt es noch die Psycho-Geschädigten, die gegen irgendeine Macke, eine Verzerrung, eine Sucht anrennen, und je nach ihrer seelischen Gesamtkonstitution siegen sie in dem Kampf gegen sich selbst – oder verlieren eben. Je nachdem.

Die Gefahr dick zu werden, die panische Angst davor und der Kampf dagegen, ist zum Zentralthema meines Lebens geworden. Wie ein unsichtbarer Begleiter marschiert dieser Kampf immer mit mir einher. Beim Essen muß ich stets und ständig aufpassen, weiß ganz genau, was ich essen darf und was nicht. Eiweiß und Gemüse darf ich, jedes kleine Kohlehydrat ist verboten. Und das Verbotene schmollt, ist beleidigt, es möchte auch mal – und meldet sich immer wieder. Dann holt die Angst die Zuchtrute raus und prügelt das Verbotene und sagt ihm, daß es weggehen soll. Und das Verbotene rächt sich. Es sammelt alle seine Helfer, marschiert in breiter Front auf und setzt sich im Kopf fest. Da sitzt es dann, und die Angst umkreist es verzweifelt. Und bittet und fleht, daß das Verbotene doch weggehen möge. Aber das denkt gar nicht daran. Es wittert den Sieg. Bald… gleich darf es auch mal. Und die Angst kraucht zusammen, gelähmt von sich selbst – und das Verbotene schlägt zu. In wilder Wut, in gieriger Verzweiflung schlingt es jetzt all das, was ihm die Angst so lange vorenthalten hat. Es holt nach und sorgt vor, suhlt sich im süßen, klebrigen Tümpel, denn es weiß genau: die Angst wird sich wieder aus der eigenen Erstarrung lösen und mächtig werden. Und das Verbotene schrecklich strafen, bis es klein und gedemütigt in einer Ecke hockt. Dann sitzt das Verbotene finster da, sinnt erneut auf Rache, wartet ein bißchen, lauert, und irgendwann kommt wieder seine Stunde.

Dieser Kampf tobt hin und her, und wie bei jeder richtigen Kriegführung beeinflußt auch hier das strategische Umfeld Sieg oder Niederlage der Parteien. Kommen starke Impulse von außen, echte Motivationen fürs Schlanksein, siegt die Angst. Das Verbotene, die Süßigkeitsgier, wird andauernd unterdrückt. Zum Beispiel war das mit Carlos damals so. Dann die Schöne-Mädchen-Konkurrenzsituation in München und auch in Paris. Ich wollte schließlich Stewardeß werden. Es kommt in solchen Situationen der totalen Kontrolle doch immer wieder mal zu Heckenschützenaktionen des Verbotenen. Es schießt hier und da quer. Es meldet sich. Kleinere Auseinandersetzungen finden statt. Im ganzen aber hat die Angst das Heft fest in der Hand. Das Verbotene fristet ein kümmerliches Dasein. Ändert sich die äußere Situation, kommen Enttäuschungen, Kummer, fallen starke Motivationen weg, dann verändert sich auch die Kriegslage. Die Angst wird apathisch, die Kontrolle entgleitet ihr. Jetzt triumphiert das Verbotene. Es tröstet sich und holt kräftig nach, was ihm die Angst so lange vorenthalten hat. Ich werde wieder dick. In rasantem Tempo.

Das ist meine Psycho-Struktur, die sitzt im Rollstuhl und will den Kampf aufnehmen, gegen lauter psycho-gesunde Mitstreiterinnen. Gesund wenigstens in dieser Hinsicht.

Nun fliege ich also, aber bevor ich das konnte, hat mir der Flugarzt Fasten verordnet. In kurzer Zeit habe ich drei Kilo runter, und mit siebenundfünfzig fange ich an. Das geht nicht lange gut.

Nach dem Fliegen, abends so gegen elf, hole ich Carlos vom Theater ab. Wir ziehen durch die Kneipen. Er ist ein barocker Genußmensch. Es wird kräftig ins Glas geschaut – und gegessen. Das heißt, er ißt. Viele gute, leckere Sachen. Ich schaue zu. Aber nicht immer, und weil ich ja eigentlich gar nichts essen darf, nasche ich. Hier ein bißchen, da ein bißchen, nur mal eben kosten... Diese Rumnascherei ist der kritischste Punkt der inneren Kriegführung. Ich betrüge die Angst, es ist ja nicht viel, nicht wahr? Sie nickt für einen Augenblick. Es ist wirklich nicht viel, aber das Verbotene wittert jetzt was, und als die Angst gerade zustimmend nickt, schnappt es sich ein Stückchen. Weißbrotrinde in köstliche Sauce getunkt, eine Mirabelle, ein Löffelchen Eis... Die Angst schlägt ihm sofort wieder auf die Finger. Das Verbotene flitzt zurück in seine Ecke, schiebt sich dann aber heimlich wieder ein Stückchen vor... und äugt dem Carlos ständig auf den Teller.

Dieses Naschen, nur ein ganz kleines bißchen, läßt die Waage schnell von sieben- auf neunundfünfzig klettern. Es gibt die erste Rüge aus der Chefetage. Ganz offiziell. Schriftlich, und sie kommt in den Berichtsbogen, der über jedes Mädchen angelegt ist. »Watch your weight!« Ich passe auf. Wie verrückt passe ich auf, und je mehr ich aufpasse, je öfter rutsche ich aus. Und jeder Ausrutscher verstärkt das Bewußtsein, mal wieder versagt zu haben. Es ist, als fielen lauter kleine Versagthabetröpfchen in einen Krug. Eins nach dem anderen. Mit Mühe und ständigen Schwankungen halte ich das Gewicht auf neunundfünfzig Kilo. Das ist eigentlich schon zuviel, aber naja... knirsch... es geht gerade noch so. Aber weil ich weiß, daß das zuviel ist, und die Blicke der anderen Mädchen es mir sagen, laufe ich wieder mit einem permanenten Schuldgefühl herum. Ich vergleiche mich ständig mit ihnen, beneide sie heiß um ihre schmaleren Hüften, entschuldige mich andauernd für irgendwas. Und es ist insgesamt eine Kleinheit um mich, die sie eigentlich gar nicht mögen.

Und ich greife wieder zu Schlankheitsmitteln. Abführtabletten sind im Laufe der Jahre schon zur Gewohnheit geworden. Dazu kommen jetzt noch Appetitzügler. So ein Teufelszeug, das den Kreislauf enorm strapaziert und das Herz rasen läßt. Wie eine Rakete zische ich dann durch die Kabine, bin total überdreht und möchte am liebsten den ganzen Service alleine machen. Das Herz schlägt bis zum Hals. Ich kann wirklich nichts essen, aber wenn die Wirkung nachläßt, schüttelt sich das Verbotene aus der Betäubung und meldet sich wieder.

Dann ist da noch so ein rabiates Mittel. Entwässerungstabletten. Zögernd gibt sie mir mein Hausarzt, mit dem dringenden Hinweis: »Bitte nicht mehr als zwei in der Woche.« Ich sage ja, ja und nehme drei in einer Nacht. Natürlich schlafe ich keine Sekunde. Bin andauernd auf dem Klo, es kommt nur noch Wasser, aber morgens bin ich zwei Kilo leichter. Herrlich! Hohlwangig, mit Ringen unter den Augen trabe ich zum Dienst. Die Uniform schlottert. Alles ist zu weit – sogar die Schuhe. Im Laufe des Tages holt sich der Körper das verlorene Wasser natürlich zurück. Und das Spiel geht von vorn los. Wichtige Mineralsalze werden ausgeschwemmt, ich kriege Wadenkrämpfe und brülle morgens vor Schmerzen.

Ständig besteht die Gefahr des Überprüftwerdens. Dann fliegen die Chefstewardessen mit und schauen sich an, was man da oben so treibt. Und sie schauen sich vor allem an, wie man aussieht. Der Arzt kontrolliert nicht nur häufig die Gesundheit, er kontrolliert ganz besonders das Gewicht. Schon Tage davor bin ich völlig zerrüttet, erfinde absurde Diäten, schlucke kräftig Abführmittel und komme jedesmal wieder mit einem blauen Auge davon. Wenn dem Arzt nämlich was nicht paßt, gibt's Flugverbot. Und das ist was Schlimmes.

Wenn ich mal nicht gerade mit meinem Gewicht beschäftigt bin, renne ich zum Spiegel. Die kleine Flugzeugtoilette wird mein Narzißmus-Tempel. Immer und immer wieder korrigiere ich im Gesicht, wo's gar nichts mehr zu korrigieren gibt. Alles ist perfekt. In diesem Licht sehe ich besonders schön aus. Ich starre auf mein Spiegelbild und tröste mich damit über den nicht so perfekten Rest.

Zu Hause stehe ich andauernd auf der Waage. Der Zeiger wird mein Intimfeind, und wenn morgens die Uniform zu stramm sitzt, hasse ich nicht nur ihn. Ich hasse mich und die ganze Welt dazu. Meine gute Laune, meine positive Ausstrahlung, mein freundliches Lächeln hängen vom Stand dieses Zeigers ab. Rutscht er nach unten, bin ich das Glück in Person. Ich strahle und bin offen und lieb und lustig. Ich mag mich dann. Hebt er sich in gefürchtete Höhe, bin ich verschlossen, verklemmt, voller Komplexe und abwehrender Kälte. Die Vibrationen um mich signalisieren ganz deutlich: Komm mir bloß nicht zu nahe, berühre mich nicht, fasse nicht diesen Körper an. Ich hasse ihn!

Wie gesagt, das Glück auf der Maschine hat zwei Seiten. Die dunkle und die strahlende. Und weil die strahlende so schön ist und meinem Ego so guttut, halte ich die dunkle aus. Ich arrangiere mich mit ihr und lebe total gespalten.

Der Krug steht in all dieser Zeit bereit und fängt eins nach dem andern dieser Versagt-habe-Tröpfchen auf. Und nach knapp drei Jahren ist es soweit. Er ist randvoll. Da nützt auch der ganze Glanz nichts mehr und die schöne, weite Welt. Ich kann meine permanente Selbstdemütigung nicht mehr ertragen. Drei Semester habe ich bereits neben dem Fliegen her studiert. Im Studiengang ist jetzt eine praktische Zeit vorgesehen. Didaktikum heißt das, und man spielt an zwei Schulstufen unter Aufsicht Lehrer. Ein paar Wochen dauert das, zwei, drei Monate, ich weiß nicht mehr, und ich muß mich wieder mal entscheiden. Hätte ich wirklich noch fliegen wollen, es wäre irgendwie gegangen. Die Didaktikumsphase läßt sich aufspalten. Zwei Urlaube hätte ich dafür hergeben können. Die vielen freien Tage im Monat... Aber ich will nicht mehr, das heißt, ich kann nicht mehr. Der ewige Kampf gegen mich selber hat mich total erschöpft. Und weil ich mein Versagen vor mir selber nicht zugeben will, hänge ich ihm das Mäntelchen des höheren Bildungswillens um. Man muß das Didaktikum in einem Zuge machen, rede ich mir ein. Das ist gut fürs eigene Lernniveau. Überhaupt will ich jetzt richtig loslegen, rede ich mir weiter ein. Mit dem Studium, das waren bis jetzt nur halbe Sachen. Ich bin schon achtundzwanzig. Jetzt wird's aber Zeit... Ich kündige mit bildungsgeschwellter Brust und habe das Gefühl, alle sind ein bißchen erleichtert. Oder bilde ich mir das auch nur wieder ein?

Kurz vor der Kündigung passiert noch etwas, und ich glaube, daß die kommende Katastrophe davon zumindest mit ausgelöst wurde. Ich kann mich nicht mehr erinnern, wie es dazu kommt, daß ich in den letzten Wochen anfange, wirklich dick zu werden. Vielleicht aus dem Gefühl heraus, daß jetzt doch alles vorbei ist. Andere Ursachen, – ich weiß nicht mehr. Jedenfalls habe ich eine leichte Grippe, kann nicht fliegen, und bevor man dann wieder auf die Maschine darf, muß der Flugarzt sein Okay geben. Mit schlotternder, lähmender Angst komme ich an. Ich ahne schon was. Als er mich sieht, erstarrt er zu Eis. Die Waage zeigt etwas um dreiundsechzig. Das ist ganz entschieden zuviel. Wir haben noch ein Gespräch, und ganz freundlich sagt er, daß aus mir eine dicke, graue Maus geworden sei. Und daß er mich so natürlich nicht auf die Maschine ließe. Ich bekomme Flugverbot. Zack, wumm!!! Das, wovor ich mich in all den Jahren so gefürchtet habe, was wie ein Damoklesschwert ständig über mir hing, jetzt ist es runtergesaust. Diese Schande! Ich bin wie gelähmt, schleiche später noch um das Büro herum der Papiere wegen – daß mich bloß keiner sieht – und flüchte zurück in die kleine Wohnung auf einem Berliner Hinterhof.

Als wäre mein eigenes Versager-Gefühl nicht schon genug gewesen, zischt sich dieses vernichtende Urteil des Arztes wie ein glühendes Brandzeichen in die Seele. Das riesige V – für Versagen – brennt sich durch die Träume, durch meinen Tag, durch alles, was ich tue

Und jetzt beginnt der Affentanz, das makabre Schauspiel, das ich beliebe ein paar Jahre lang mit mir aufzuführen. Ungefähr während der münchner Zeit habe ich einen verhängnisvollen Mechanismus entdeckt. Nach einem dieser Freßanfälle bin ich auf die Idee gekommen, das ganze Zeug einfach wieder zu erbrechen. Mit Finger in den Hals geht das bei mir nicht. Ich rolle Papiertaschentücher zu einem festen Gebilde und würge es mir runter. Schön tief, dann geht es. Prima! Ich war ganz glücklich und habe diese Pferdekur von Zeit zu Zeit immer mal wieder angewandt. Das strengt nämlich an. Sich die Papierrolle reinzuwürgen, kostet Überwindung. Und wenn man sie den Hals rauf und runter bewegt, tut das nach einer Weile weh. Der Magen verkrampft sich. Das Blut fließt aus dem Kopf in den Bauch, und hinterher ist man ganz schön erschossen. Aber es ist auch ein angenehmes Gefühl der Erleichterung. Ich habe mich von den Eßsünden befreit. Das ist so eine Art sakrale Handlung. Ein bißchen pervertiert zwar, aber immerhin. Und langsam wird daraus eine schwarze Messe. Das fing schon während des Fliegens an.

Meine Mutter wohnt zufällig in Uni-Nähe. Zwischen meinen Seminaren und dem Dienstbeginn ist oft noch Zeit. Dann rutsche ich schnell mal rauf. Sie ist nicht da. Ich will gemütlich lesen oder so... doch dazu kommt es meistens nicht. Ich fange an zu naschen. Dies und das. Bei ihr liegt oft etwas Süßes herum. Dann wird das Ganze schon konkreter. Ich »koste« die Marmelade. Das Glas ist auf einmal ziemlich leer. Oder Honig oder was gerade im Kühlschrank liegt. Ich stehe da, verkrampft und fahrig, laufe unruhig hin und her, mir fällt ein, was ich noch essen könnte, und dann brechen alle Dämme. Ich weiß jetzt, daß ich sowieso in die unangenehme Kotztour gehen werde, und nun ist alles egal. Jetzt fange ich an zu stopfen. War es vorher wirklich noch Kosten, Schmecken mit der Zungenspitze, Süßes im Mund zergehen Lassen, ist daraus jetzt Schlingen und Gieren geworden. In diesem Zustand bin ich wie betäubt, bin ich nur noch ein Roboter, der sich Ladung für Ladung mechanisch in den Mund schiebt. Es könnten jetzt auch Kartoffelschalen sein oder Sägespäne. Es geht in diesem Stadium nur noch ums Vollstopfen. Und dann ist der Magen kugelrund. Es paßt einfach nichts mehr rein. Ich kann kaum aufrecht laufen, da spannt etwas schmerzhaft, und gebückt schleiche ich zum Klo. Es bedarf einiger würgender Anstrengung, bis der Magen bereit ist mitzumachen. Und wenn er gar nicht will, das heißt, gar nicht kann, weil ich ihn so vollgestopft habe, dann trinke ich ganz stark übersalztes Wasser. Das schmeckt so ekelhaft, vor Schreck zieht sich der Magen dann doch noch zusammen, und es geht los. Ich würge und würge, bis nichts mehr kommt und mir schwindlig wird. Gewöhnlich gehe ich dann noch schnell einkaufen, ersetze sorgfältig das Weggegessene, beseitige alle Spuren dieser Orgie und gehe zum Fliegen, als sei nichts geschehen.

Nachdem es die strengen Strukturen meines Jobs nicht mehr gibt, nach der Geschichte mit dem Arzt, falle ich wie eine Wahnsinnige über mich her. Stopfen, stopfen, alles, was so lange verboten war, nun gerade, stopfen, bis ich nicht mehr kann. Und dann natürlich kotzen. Zwei-, dreimal am Tag. Und ich werde dick, fünfundsechzig, achtundsechzig... siebzig. Wie eine blasse, aufgequollene Nudel liege ich auf dem weißen Wollteppich rum. Oder ich liege im Bett und stopfe dann Bücher in mich rein. Ich schleppe mich durch die Didaktikumsvorbereitungen, zu lesen ist immer etwas. Ich bewege mich kaum noch. Nur im apathischen Kreis von Küche, Klo, Küche, Klo... Rumsitzen, rumliegen, rumhängen. Eigentlich bin ich schon tot.

Und ich schäme mich. Soweit wie möglich habe ich alle alten Kontakte abgebrochen. Niemand, der mich von früher her kennt, soll mich jetzt sehen. Natürlich kann ich nicht alle Zusammentreffen vermeiden, und dann suche ich in den Augen der anderen das Erschrecken. Suche, ob sie denken, was ich denke: Mein Gott, was ist denn mit der passiert? Die sieht ja furchtbar aus. Ganz aufgequollen, widerlich! Und dann schäme ich mich besonders. Stehe noch verklemmter rum, krieg den Mund kaum auf und bin froh, wenn ich mich dieser Begegnung möglichst schnell wieder entziehen kann. Beim nächstenmal, wenn ich wieder über dem Klo hänge, schwöre ich mir, es nie wieder zu machen. Es ist so demütigend. Und mache es doch wieder. Weil der Magen schon ganz erschöpft ist, helfe ich in der Fantasie mit besonders ekelhaften Bildern nach. Nekrophilie und so. Als auch das nicht mehr richtig hilft, halte ich mir noch zusätzlich Lebertran unter die Nase. Dieser widerwärtige Geruch, zusammen mit entsprechenden Vorstellungen, ist dem Magen dann doch zuviel. Empört und angeekelt verkrampft er sich erneut.

Dieses Schauspiel läuft mit einigen Unterbrechungen im Dauerprogramm. Jahrelang. Es ist eine Orgie von Haß und Selbstzerstörung, und ich verzehre mich vor Sehnsucht nach dem Stewardessendasein. Ich träume jede Nacht vom Fliegen. Ich bin dann auf der Maschine, bin schön und schlank, und alles ist wieder gut. Erst in dieser Situation wird mir klar, wieviel mir diese Welt wirklich bedeutet hat. Diesen Verlust können Ego und Eitelkeit nicht verkraften. Ich spüre eine große Leere in mir, und da ist keine starke Mitte, auf die ich mich jetzt stützen könnte. Statt aus mir selbst heraus zu leben, habe ich durch das Äußere gelebt. Das heißt, ich spiegelte mich in der Umwelt, und sie mußte mir bestätigen, daß ich überhaupt existiere, daß ich da bin. Je strahlender diese Spiegelwelt war, desto toller konnte ich auch mich erfahren. Nun habe ich den glänzendsten aller Spiegel zerschlagen. Sehr dunkel ist es um mich geworden. Meine Mitte ähnelt eher einem Schwarzen Loch. Ein tiefer Abgrund ist das, der Ego und Eitelkeit verschlungen hat. Und tödlich verletzt signalisieren sie Selbstzerstörung. Dieser Kampf gegen mich selbst, gegen die verrückte Angst vor dem Dickwerden, war auf der Maschine schon schlimm genug. Aber nun habe ich diesen Kampf verloren. Ich verachte mich dafür. Ich hasse mich, und ich bestrafe mich sehr, sehr hart dafür. Ich schleppe mich durch die Jahre, ich schleppe mich durchs Studium und mache mit drei Semestern Verspätung auch tatsächlich noch Examen.

10

In Poona regnet es. Jetzt, Mitte August, beglückt uns der Monsun in vollendeter Dichte. Vierzehn Tage Regen. Ununterbrochen. Von morgens bis abends. Nicht mal richtig hell wird es. Ich wundere mich, wo all die Inder geblieben sind, die sonst auf der Straße schlafen. Wie kommen sie überhaupt durch den Monsun? Wir haben es gut, Gunter und ich. Das Hotelzimmer ist trocken, wir duschen warm und machen es uns dann im Bett gemütlich. Gemütlich? Manchmal habe ich ein ganz schlechtes Gewissen dabei. Zur Selbstbestrafung ob meines trockenen Plätzchens werde ich mir dann aber Gruppen-Qualen zuziehen. Die Encounter-Gruppe droht. Berühmt, berüchtigt, die härteste Ashram-Gruppe.

Viele Sannyasins aus Bhagwans innerem Kreis arbeiten als Therapeuten. Sie leiten Gruppen. Den inneren Kreis hat jemand, der selber dazugehört, mit einem Opernensemble verglichen. Ein gut eingespieltes Team. Die Aufführungen sind meisterhaft. Wie in jedem richtigen Opernensemble gibt es auch hier »Stars«. Leute, die ganz besonders schön »singen« können. Die Starsänger um Bhagwan sind hochsensible Männer, die selber kurz vor der Erleuchtung zu stehen scheinen. Mit ihnen in Berührung zu kommen, ist beinahe so, als wäre es Bhagwan persönlich. Aber eben nur beinahe. Einer dieser Männer ist Teertha. Nein, eigentlich ist Teertha »der« Mann. Der Mann mit der größtmöglichen Nähe zu Bhagwan. Jedenfalls hat es den Anschein. Teertha leitet die Encounter-Gruppe.

Grundsätzlich kannst du nie wissen, was diese oder jene Gruppe bringen wird. Es hängt nicht nur vom Leader ab. Vor allem liegt es an der Gruppenzusammensetzung. Kommen Leute zusammen mit Mut zur »Begegnung« (Encounter), dann passiert was. Dann toben sich die Leidenschaften aneinander aus. Aber auch das mußt du richtig sehen. Du bist eigentlich nicht gemeint. Du bist ein Symbol, weil du vielleicht dem Vater so ähnlich siehst. Oder deine Stimme macht den andern halb wahnsinnig. Du sprichst wie seine Mutter. Die anderen fallen über dich her, weil du ihre »Knöpfe« drückst. Sie hassen an dir, was sie an sich selber nicht leiden können. Wenn du dem begegnen kannst, dich mutig stellst, dann geschieht etwas mit dir. Jetzt kommt ein Punkt, da bist du doch gemeint, aber das geht schon die anderen nichts mehr an. Sie mögen sich an dir austoben, wie sie wollen. Gekränkt ist nur dein Ego. Aber du selbst befindest dich auf einsamer Reise. Du bist allein mit dir. Und wenn dir dein Ego nicht die Ohren zuhält, wenn du wirklich zuhörst, veränderst du dich. So ein schmerzhafter Gruppenprozeß kann dann die wichtigste Reise deines Lebens werden.

Aber wer ist schon so mutig? Mein Gott, mit weichen Knien kommen wir angeschlottert. Achtzehn Leute sitzen im Kreis und warten beklommen auf Teertha. Er kommt rein, den Kopf leicht gesenkt und setzt sich auf einen vorbereiteten Platz. So, als ginge ihn das alles gar nichts an. Sein Alter ist schwer zu schätzen. Irgendwas um fünfzig. Lange graue Haare, noch längerer Bart, groß, schlank, und um ihn ist eine seltsame Zartheit, die im Kontrast zum kräftigen Körper steht. Er schaut einfach nur so vor sich hin, und seine Assistentin schaut auch einfach nur so vor sich hin. Die Spannung steigt. Wir rutschen unbehaglich auf unseren Kissen hin und her. Keiner sagt etwas... alle schauen vor sich hin... Einer hält jetzt das qualvolle Warten nicht mehr aus. Ein junger Holländer. Hastig schiebt er sich auf Knien zu einem anderen, macht den Oberkörper breit und sagt mit riesigen, weitaufgerissenen Augen: »I don't like you.« Das sieht witzig aus. Er schüttelt nämlich dabei vor innerer Spannung ständig den Kopf, wie ein uralter Greis. Sein aufgeregtes Babygesicht und die runden Kulleraugen bilden dazu einen seltsamen Kontrast. Na, das scheint ja gut loszugehen. Tut es aber doch nicht. Der Frontalangriff war ein Rohrkrepierer. Der andere reagiert nicht, und das aufgepustete Babygesicht fällt in sich zusammen. Wieder ist Schweigen.

Plötzlich heult jemand schrill und durchdringend los. Das ist Viola, wie wir später erfahren. Ein deutsches Mädchen. Groß, etwas stämmig, mit dunklen, halblangen Haaren und harten Gesichtszügen. Die verschwimmen aber jetzt in Tränen. Nach einer ganzen Weile, unter beständigem Schluchzen, erklärt sie dann: »Teertha, also wie er zur Tür reingekommen ist, wie ein himmlisches Wesen. Das hat mich so berührt.« Das himmlische Wesen schaut noch immer ungerührt vor sich hin. Violas Schluchzen verebbt. Wieder ist Schweigen. Ich sage plötzlich laut – ich will schließlich auch mal was sagen – zu Viola: »Du brauchst dich doch nicht zu entschuldigen.« Eigentlich habe ich nur gemeint, daß doch hier im Ashram jeder weinen könne, wie er wolle, und alle das verstehen. Aber in dieser angespannten Stille klingen meine Worte wie ein Pistolenschuß. Die anderen zucken zusammen. Hach, so habe ich das doch gar nicht gemeint! Trotzdem gefällt mir die Rolle der harten Frau, in die ich nun aus Versehen gerutscht bin. Ich kann meine Angst, mein flatterndes Herz so gut dahinter verstecken. Später durchquere ich den Kreis und setze mich vor Viola. Ich nehme ihre Hände, schaue ihr in die Augen und rede mit ihr. Sie solle doch bitte keine Angst vor mir haben… und dabei habe ich sicher viel mehr Angst vor ihr als umgekehrt.

Mit tiefer, ein bißchen hämischer Erleichterung registriere ich die zwei ganz dicken Frauen in der Gruppe. »Also sowas habe ich auch in meinen allerschlimmsten Zeiten nicht mit mir rumgeschleppt«, lobe ich mich heimlich. Die eine Dicke ist Ende dreißig, hat üppige, kurze dunkle Locken. Dazu einen Püppchenmund und runde, staunende Augen. Ich glaube, sie ist Amerikanerin. Die andere ist auch Amerikanerin, heißt Dorothy und ist noch ganz jung. Neunzehn vielleicht. Nervös schiebt sie sich andauernd ihre Brille zurecht und spielt mit ihrem langen Pferdeschwanz. Der ist auch dick. Blond und prächtig. Herrliche Haare, darum beneide ich sie. Aber den Rest finde ich sehr unästhetisch. Wie ein fettes, aufgequollenes Baby sitzt sie da.

Ein Italiener fällt mir auf. Klein und zierlich von Statur. Und er ähnelt einem Chamäleon in dem Ausdruck seiner Gefühle. Seine Farben schillern ständig zwischen Weinen, abruptem Lachen, Theatralik, ein bißchen Witz, wieder Weinen, Lachen… aber so, als hätte keiner dieser Gefühlsausbrüche etwas mit ihm zu tun.

Der erste Tag schleppt sich irgendwie dahin. Es passiert nichts Richtiges. Ein bißchen beschnuppern, leichter Schlagabtausch, alle haben Angst. Wie eine Horde verschreckter Riesenschildkröten hocken wir da. »Bloß nicht den Kopf zu weit aus dem Panzer schieben! Es könnte ja was passieren.« Nachts schlafen wir auch in dem Raum. Jeder liegt auf seiner Matte und versucht, dem anderen um Himmelswillen nicht zu nahe zu kommen.

Der zweite Tag fängt ähnlich an. Ein bißchen giftiges Wortgeplänkel, das Chamäleon schillert in allen Farben, nichts läuft eigentlich… Und da schlägt Teertha zu!!! Wie vom Wutblitz getroffen springt er plötzlich auf und sprüht Funken. Er tobt. Er droht. Wenn nicht alle ganz schnell aus ihren feigen Ecken kämen, ließe er die Gruppe auffliegen. Und zwei Leute werde er jetzt schon an die Luft setzen. »Du und du!« Er zeigt auf einen Swami, der sofort den Raum verläßt. Dann noch auf ein Mädchen. Die will aber nicht. Sie heult. Sie will in der Gruppe bleiben und wehrt sich heftig, als Teertha sie packt. Er braucht sogar noch die Hilfe seiner Assistentin, ehe sich endlich die Tür hinter dem Mädchen schließt.

Starr vor Schreck sehen wir dem gewalttätigen Rauswurf zu, und bei uns bricht daraufhin die Panik aus. In irrer Geschäftigkeit macht jetzt jeder irgendwas. Sinnlose, verrückte Aktionen: auf ein Kissen einschlagen, den Nachbarn anbrüllen, sich schreiend auf dem Boden wälzen... In Sekundenschnelle ist aus der langweiligen Gruppensitzung ein absurdes Theater geworden.

Irgendwas muß ich ja nun auch tun. Ich rede auf ein englisches Mädchen ein. Filmemacherin sei sie, hat sie uns gestern abend erzählt und sich überhaupt ziemlich zickig benommen. So überzart. So voller außerordentlicher Sensibilität. So voller fassungslosem Schmerz über die Roheit dieser Welt. Sie weinte heiße Tränen, und niemand verstand, worum es eigentlich ging. Ich verstand es auch nicht, aber ich weiß, daß mir solche Frauen immer ganz schön auf die Nerven gehen. Warum eigentlich? Wenn ich ehrlich bin, dann ist das blanker Neid. Ich will auch so zart sein, so supersensibel. Aber das sage ich nicht. Im Gegenteil. Ich werfe ihr das »Getue« vor und bezweifle ihre Ehrlichkeit. Wie der zornige Gottvater steht Teertha da und wacht über unser Tun. Von dem Gespräch mit dem zarten Mädchen kriegt er wohl etwas mit. Und da er natürlich weiß, wer hier unehrlich ist, läßt er mir durch seine Assistentin bestellten: »Das ist alles ›bullshit‹, was du da erzählst. Hör auf damit!« Na gut, dann eben nicht. Ich lasse von dem Mädchen ab und schaue mich im Raum um.

Wie magnetisch bin ich jetzt von der dicken Frau mit den dunklen Locken angezogen. Dunkle Locken... wie meine Mutter... und ich setze mich einfach vor sie hin. Sie liegt halb an die Wand gelehnt und albert mit Viola. Ich schaue sie nur an. Das heißt, vor allem ihren dicken Körper. Wir sind alle halbnackt, nur von einem Lungi knapp bedeckt. Und was bei der Frau vorschaut, studiere ich jetzt in allen Einzelheiten. Häßlich ist dieser Körper... und meine Gedanken wandern viele Jahre zurück... bleiben an einem Bild hängen... Als Achtjährige sehe ich meine Mutter von der Seite. Sie ist nackt. Sehr dick. Der Bauch hängt, und sie muß sich mühen, um in die Perlonstrümpfe zu kommen. Sie stöhnt ein bißchen dabei. Der ganze Körper ist wattig, schlaff, hat kleine Kuhlen... und ich ekle mich. Ich sehe meine Mutter vor mir. Morgens beim Frühstück: »Das muß sein«, sagt sie. »Das Frühstück ist das Wichtigste des Tages.« Der Tisch bricht bald zusammen. Sie beißt genüßlich in ein fettes Leberwurstbrötchen und erklärt, noch ein bißchen kauend: »Das Brötchen macht nicht dick. Das ist aufgebacken. Da ist kein Wasser mehr drin. Wasser macht dick.« Ich staune. Schon durch den nächsten Schluck Kaffee hat sie das verlorene Wasser wieder ersetzt. Ich habe noch keine Ahnung von Kalorien, aber komisch kommt mir das alles schon vor. Ich denke daran, wie meine Mutter mich verrückt gemacht hat, mit dem ewigen Schlankheitsrummel. Und sie selber hat nicht aufgepaßt. Hat sich gehen lassen. Ihre ewigen Seufzer und Tränen, wie schrecklich das Dicksein doch sei. Aber nichts dagegen unternommen. Wut über diese Schizophrenie kommt in mir hoch. Ja, ja, ich weiß wo's herkam, ich weiß, wie unglücklich sie war... trotzdem. Ich starre diese Frau in der Gruppe an. Im Hals würgt etwas. Ich möchte eigentlich schreien, aber die Wut bleibt im Hals stecken. Ich kann nicht. Sie ist ja eigentlich nicht gemeint. Sie tut mir leid. Diese Frau ist sicher genauso unglücklich, wie meine Mutter das war. Und wie ich das bin, wenn ich mich zu dick fühle. Das Schreien schlucke ich runter, meine Tränen bleiben ungeweint.

Der Gruppenprozeß geht weiter. Das dicke Mädchen mit dem herrlichen Pferdeschwanz sitzt in der Kreismitte. Sie erzählt irgendwas... ich kann mich nicht mehr erinnern. Erinnern kann ich mich aber daran, daß sich plötzlich der kleine Italiener an ihr zu schaffen macht. Dorothy war gerade so aufgebrochen, heulte wohl, er kommt sie trösten. Und macht das auf seine Weise. Er vögelt sie, und alle schauen zu. Irritiert, peinlich berührt oder einfach nur neugierig. Wie auf eine botanische Kuriosität. Als würde dort gerade ein dicker Käfer aufgespießt. Und in der Tat, mehr Charme und Erotik hat dieser Vorgang in der Kreismitte auch nicht. Trotzdem scheint es ihr gutgetan zu haben. Nach der Pause hat sie blanke Augen und erzählt uns strahlend, daß sie zwei Schokoladentörtchen weniger gegessen hätte. Statt sechs nur noch vier. Wir gratulieren ihr alle.

So, da ist sie nun also, die Unsittlichkeit in Gruppen. Bhagwan sagt sachlich: »Vielleicht denken einige Leute, daß ich ein Propagandist für Sex wäre. Sie haben nicht hingehört. Es ist sehr schwierig, heutzutage einen größeren Sex-Feind auf Erden zu finden als mich.« Gerade er sagt sowas. Wie meint Bhagwan das eigentlich? Durch die Sexenergie schafft sich das Leben immer wieder selbst. Diese Energie ist die Wurzel des Lebens schlechthin. Sie ist heilig. Sie ist in uns, wir können sie nicht negieren, Jahrtausende hindurch wurde das getan, mit fatalem Ergebnis. 98 Prozent aller Neurosen sind auf sexuelle Unterdrückung zurückzuführen. Und sexuell unterdrückte Menschen sind gefährlich. Sie gleichen einem Vulkan, der jeden Augenblick hochgehen kann. Und der sich durch Haß und Selbsthaß und alle möglichen Perversionen ständig selbst entlädt. So, wie wir Sex heute erfahren, ist er vergiftet. Andererseits ist sexuelle Harmonie der erste Schritt zur Liebe. Es gilt darum, die Verstümmelungen unterdrückter Sexualität zu beseitigen, um zur Klarheit der Liebe zu kommen. Bhagwans Anliegen ist die Transformation des Sex und damit die Befreiung des Menschen vom Sex mit all seinen häßlichen Gesichtern, die er heute hat. Bhagwan sagt weiter: »Die Heiligen (Kirche usw.) werden als Feinde des Sex bezeichnet. Das ist falsch. In Wirklichkeit sind gerade sie seine Propagandisten. Ihre vehemente Opposition hat erst die verrückte Attraktion kreiert.«

Und so wird hier Sex in den Gruppen als etwas sehr Beiläufiges behandelt. Er ist Therapie, genauso wie Schreien oder sonstwas. »Wenn du das Leben in dir erfahren willst, überwinde den Konflikt. Akzeptiere deinen Sex und erkenne dadurch seine Heiligkeit.«

Am Vormittag hat Teertha das Mädchen rausgeworfen, und am Nachmittag ist sie wieder da. »Ich möchte fragen, ob ich wieder zurück in die Gruppe darf?« Bis zum Zeitpunkt des Rauswurfs hatte sie nicht das geringste zur Gruppendynamik beigetragen. Blond, kühl, mürrisch, saß sie nur rum. Teertha sagt gar nichts, schaut nur wieder vor sich hin. Sie schmort. »Bitte, ich möchte fragen, ob ich zurückkommen darf?« Schweigen. Dann hebt Teertha langsam den Kopf. »Du sagst jetzt jedem in der Gruppe, was du von ihm hältst. Aber ehrlich. Und genauso arrogant, wie du ja in Wirklichkeit auch bist. Dann werde ich mich entscheiden.« Diese Ankündigung bringt sie in Hochform. Sie will Teertha die Entscheidung erleichtern und redet jetzt um ihr Gruppenleben. Dazu baut sie sich vor jedem auf und sagt lauter gut beobachtete, böse, giftige Sachen. Eiskalt schaut sie auf mich runter. »Du… also, wer dir diese Gruppe gegeben hat, das wollte ich gestern wirklich wissen. Wie eine deutsche Hausfrau sitzt du da. So… ah… so entsetzlich durchschnittlich. Wie eine Schuhverkäuferin auf dem Ku-Damm siehst du aus…« Ich schreie ihr ins Wort. Lauter dummes Zeug bringe ich bloß raus. Daß Bhagwan mir diese Gruppe gegeben hätte, daß sie eine blöde Ziege sei, daß sie abhauen solle, machen, daß sie aus der Gruppe käme… ich bin tief verletzt. Schuhverkäuferin! Das ist ja nichts Schlimmes. Aber *wie* sie das gesagt hat! Fast bin ich noch erleichtert über den

»Ku-Damm«, das geht ja noch, nicht wahr? Aber diese »Schuhverkäuferin« brennt wie ein heißer Schwerthieb in mir.

Nackt steht sie da. Aufrecht, arrogant, kalt. Die Hände in die Seiten gestützt. Blond, deutsch... und Teertha, dem Engländer, fällt wohl was auf. Sie muß jetzt KZ-Aufseherin spielen. Dem Italiener soll der Schwanz abgeschnitten werden – und sie bewältigt auch das überzeugend. Ilse Koch in Poona. Mit herrischer Stimme bereitet sie das Ritual vor und gibt Anweisungen an ihre Assistenten. Ich habe dem ganzen Spiel wie erstarrt zugeschaut. Jetzt ist Haß in mir. Gegen sie und gegen das, was sie verkörpert. Die Geschichte meines Volkes, all die sexuelle Unterdrückung, die in letzter Konsequenz auch zum Faschismus geführt hat. Ich sehe die Genealogie frustrierter Frauen in meiner Familie, ich sehe mich... und springe auf, als jemand gesucht wird, um das Ritual auszuführen. Ganz bewußt lasse ich mir das gedachte Messer reichen. Prüfe mehrmals seine Schärfe und gehe lustvoll in die grausige Pantomime. Ich habe das Genital in der Hand und trenne es mit sorgfältigen Schnitten vom Körper. Der Italiener spielt mit. Er schreit wie verrückt, und ich schleudere das Stück Fleisch in meiner Hand schließlich angewidert von mir. Ich werfe mich dann über ihn und suhle mich stöhnend in dem gedachten Blut. Mir wird schwarz vor Augen... und da ist sie wieder. Diese Geschichte. Dieses sehr dunkle Kapitel in meinen Erinnerungen.

11

Ich bin dreizehn, als meine Mutter das kleine Restaurant in Ostberlin hat. Unsere Wohnung ist nicht weit weg, aber ich bin doch häufig im Geschäft. Vor allem meine Mutter ist von früh bis spät da. Ich gehe mal einkaufen, mache dies und das, helfe bei Kleinigkeiten in der Küche. Für uns alle ist der Laden Familienmittelpunkt. Und dann habe ich noch einen Bruder. Er ist mein Halbbruder, aber wir sind miteinander aufgewachsen. Jürgen ist knapp fünf Jahre älter als ich. Sosehr wir uns als Kinder auch geprügelt haben, so sehr verstanden wir uns beim Älterwerden. Da ich keinen Vater habe, ist er wohl das Objekt meiner ersten Liebesbemühungen.

Nun war das eine merkwürdige Zeit damals. Die Berliner Grenzen sind offen. Zwischen Ost und West tobt immer noch der kalte Kleinkrieg. In Ostberlin ist es schick, so westlich wie möglich zu sein. Und der Westen gibt sich alle Mühe, seinen Way-of-life auch bei uns zu verbreiten. Für »Ostler« gibt's billige Kino- und sonstige Eintrittskarten. Die Grenztheater in Westberlin sind brechend voll. Der kleine Grenzverkehr wälzt sich hin und her. Ein paar Schritte nur, und wir stehen in anderen Welten. Rock'n'Roll-Musik kommt gerade auf. Elvis, Bill Haley, die ersten Gruppen. Krimis fließen nach Ostberlin und sogar Pornohefte. Wir sind dufte, wir sind dabei, und diese Zeit wird bei uns vielleicht noch intensiver erlebt als im Westen. Denn unsere Haltung hat gleichzeitig etwas Politisches. Westlich zu sein, heißt, gegen den Staat zu sein – und das ist allemal etwas Aufsässiges. Unheimlich stark finden wir uns. Nicht nur »halbstark«, wie uns unsere Eltern sehen. Nein, so richtig »schau«. So werden unsere Jeans ein Protestfanal. Auch die platzenden Kaugummiblasen geben Hinweis: Genau das wünschen wir diesem Staat eigentlich. Wir sind unbewußt so. Wir wollen nur angeben, jung und verrückt sein. Und oft spielen wir das auch. Mit wenigen Singles, drei oder vier heißen Scheiben, feiern wir Feten. Rock'n'Roll mit Überschlag, und ich bin mit meinen dreizehn Jahren kleine Königin. Die Jungs tanzen gern mit mir, ansonsten bin ich ihnen zu jung. Ich hab' noch nicht mal Busen. Das ist ein Riesenkomplex. Die anderen Mädchen in meiner Klasse haben alle schon einen. Und die haben auch ihre Tage. Und meine Mutter zählt mir vorwurfsvoll die Töchter ihrer Freundinnen auf, die auch schon alle ihre Tage haben. Aber ich muß noch beschämt weiterwarten. Im Februar werde ich vierzehn. Im Juni bekomme ich sie dann endlich.

Mein Bruder ist schon groß. Seine Freunde auch. Und bei denen geht's hoch her. Witze über Witze, sie können gar nicht schweinisch genug sein. Und zynische Bemerkungen über Mädchen machen sie. Sie gefallen sich in dem kaputten Männergehabe der Neunzehnjährigen… und ich bin immer mit dabei. Ich will von ihnen ernstgenommen werden. Ich will auch was zu sagen haben, wo ich doch schon alles über die Liebe weiß. Bumsen ist Liebe. Basta. Und ich habe eine Riesenklappe. Es ist erstaunlich, was so ein junges Mädchen alles für unanständige Witze kennt. Und ihre Bemerkungen, na hallo, die könnten gelegentlich auch einen Seemann in Verlegenheit bringen. Und überhaupt hat sie ein Gehabe wie ein ganz abgefeimtes Luder. Sie will die Jungs beeindrucken, will wichtig genommen werden, will ihre Aufmerksamkeit. Aufmerksamkeit! He, hier bin ich!!!

Und wie kriegt man die Aufmerksamkeit von jungen Männern?

Vor allem, nachdem ich endlich meine Periode bekommen habe, geht das los. Sicher hat dieses Ereignis mein Selbstvertrauen gestärkt. In meinem Kampf um die Jungs werde ich nun immer aggressiver. Die Haare liegen locker bis über die Schulter, und im Gesicht hängt ein langer Pony. Ich kann kaum was sehen. »Wie lang willst du den denn noch wachsen lassen«, erkundigt sich meine Oma. »Bis ick dran knabbern kann«, teile ich ihr kurzhin mit. Und kriege eine gelangt. An den Seiten sind die Haare wild verschnitten, und weil ich's nicht besser weiß und weil's gerade so modern ist, lege ich mir einen Filmstar-Touch zu: Mit meinen Zottelhaaren »mach ick uff Brigitte Bardot«, und alle in der Klasse staunen. Ich laufe mit einer weißen Nappa-Lederjacke aus dem Westen herum, natürlich billige Plastikimitation, und unten stecke ich in engen Jeans. Die ziehe ich fast nie mehr aus. Ich liebe sie, ich liege in der Badewanne mit ihnen, und sie sind ein Stück von mir. So, wie ich rumlaufe, lockte das heute niemandem mehr einen müden Blick ab. Aber damals, 1958/59 in Ostberlin, war mein Aufzug eine gewaltige Provokation für eine Menge Leute. In der Schule zum Beispiel und im FDJ-Verband. Die waren auch alle starr vor Staunen. Noch! Noch hatte ich viel Kredit. Noch schützten mich meine glänzenden

Leistungen, aber lange hätten sich die Lehrer wohl mein halbstarkes Gehabe nicht mehr mit angesehen. Die Flucht nach Westberlin schob sich vor mögliche Sanktionen. Aber noch bin ich in Ostberlin. Noch ist mir das alles egal. Wenn da Jungs sind, reagiere ich unruhig wie ein gefangenes Tier.

Es ist bei ihnen Mode, in kleinen Gruppen die Hauptstraße auf und ab zu laufen. Ich schaue aus dem Fenster, und je halbstarker sie aussehen, diese frühen Rocker, desto unruhiger bin ich. Mit dabei sein will ich, meine Sprüche loswerden, akzeptiert werden...

Da ja meine Oma in Westberlin wohnt, pendle ich ständig zwischen diesen beiden Welten. Wie eine streunende Katze streiche ich dabei die S-Bahn-Plattformen ab. Bleibe ganz zufällig in der Nähe junger Männer stehen, die so aussehen, wie ich das gut finde, steige ins gleiche Abteil und warte darauf, daß sie mich ansprechen. Meist tun sie das auch. Und noch andere. Und das ist ein Gejohle und Gepfeife um mich her. Je kräftiger mir die schrillen Geräusche in den Ohren gellen, desto toller komme ich mir vor. Ich besuche meinen Lieblingsonkel. Kunstmaler und Schriftsteller ist er – und ganz entsetzt, als er mich sieht. Hinter vorgehaltener Hand raunt er seiner Frau zu, daß ich verkommen sei. Ich weiß nicht genau, was das ist. Aber meine Mutter hätte es eigentlich wissen müssen. Diese starke Frau, die bis vor kurzem ein stattliches Angestelltenheer dirigierte. Die sich beruflich durchsetzte, die große gastronomische Projekte leitete... In bezug auf mich scheint sie total gelähmt gewesen zu sein. Sie kriegt zwar immer schlechte Laune, wenn sie mich sieht. Es gibt ein paar lautstarke Auseinandersetzungen, aber das sind nur verbale Kraftakte. Die schüttle ich ab und finde, daß meine Mutter mir den Buckel runterrutschen sollte. Ansonsten passiert nichts. Sie kann oder will nicht sehen, was bei mir los ist. Na ja, und dann ist sie natürlich sehr von dem Geschäft vereinnahmt. Geld verdienen muß sie, und Sorgen hat sie... wie das halt nun mal so ist... Ich bin allein mit mir und trudle herum. Das Kneipenmileu, da ist eigentlich niemand, alles ist so kalt, und ich bin so unruhig.

Ich bin vierzehn, und im Spätsommer passiert es dann. Alles fängt so harmlos an. Wie so oft bei diesen Geschichten. Da sind mein Fahrrad, der Waldrand und ich. Spätnachmittag. Einsame Gegend. Sie füllt sich. Zwei Jungs, ganz nett, beide so um achtzehn. Auch auf Fahrrädern. Die treffen aufeinander, bleiben stehen. Die Vorderräder berühren sich. Ich erzähle ihnen sicher wieder tolle Sachen, laß meine Kaugummi- und Elvisbilder spielen... denen gehen Augen und Ohren über. „Na sowas, das ist ja eine...« Und ohne es zu merken, rede ich mich um Kopf und Kragen. Und dann packen sie mich und zerren mich in den Wald. Und ich schreie und wehre mich, so gut das bei zwei kräftigen jungen Männern eben geht. Viel Sinn hat es nicht. Jetzt wollen sie. Und der eine sitzt oben auf meinen umgedrehten Armen, und der andere macht sich unten zu schaffen. Ich liege da und sehe die Sterne und denke »Lieber Gott, ich hab' ja viel geredet, zugegeben, aber das... nein, das wollte ich nicht.«

Und der, der sich unten zu schaffen macht, ruft plötzlich ganz überrascht und angewidert: »Bei der ist ja was nicht in Ordnung!« Ich liege da, aufgebrochen und sensibel wie eine offene Wunde, und erfahre, daß bei mir was nicht in Ordnung ist. Was eigentlich? Viel später erzählt mir jemand, daß es für unerfahrene junge Männer sehr überraschend ist, wenn sie das erste Mal in die Vagina dringen. Das ist kein gerader Tunnel, wie sie so denken, sondern ist halt ein bißchen gebogen. Aber ich weiß das alles nicht. Ich fahre zerschunden und zerkratzt nach Hause. Es hat wahnsinnig wehgetan, und außerdem weiß ich nun, daß bei mir was nicht in Ordnung ist. Der andere hat das auch noch festgestellt.

Ich sage niemandem etwas. Es ist sowieso zu spät. Und irgendwie weiß ich auch, daß ich die beiden erst mal auf die Idee gebracht habe. Und wenn ich ganz ehrlich bin, empfinde ich fast sowas wie Stolz. Nun kann ich endlich mitreden! Und damit ich auch wirklich was zu sagen habe, mache ich es im Lauf des Winters noch dreimal. Unter erbärmlichen Bedingungen. In irgendeinem Keller auf Pappe. Auch mit panischer Angst in der Wohnung. »Wenn jetzt bloß keiner kommt!« Ich bin kein abgefeimtes Luder, und Spaß macht mir das Ganze schon gar nicht. Ich finde es eher ekelhaft, aber es ist in dieser Welt der einzige Weg, sich Anerkennung zu holen und ein bißchen Wärme – denke ich. Mich hinzugeben, ist Liebe. Aber da irre ich mich sehr. Was ich wirklich kriege, ist eher Verachtung.

Durch die Flucht nach Westberlin, im Februar 1960, wird dieser böse Faden abgeschnitten. Jetzt bin ich gerade fünfzehn und gerate wieder unter die moralischen Argusaugen meiner Oma. Die schlägt mich, als sie hört, daß ich mit einem Jungen baden war. Da könnte man ja schließlich im Badeanzug was sehen... auweia!

Diese Vergewaltigung habe ich sorgfältig verdrängt. Aber ich bin jetzt überzeugt, daß sie in all den Jahren mein Verhältnis zur Sexualität vergiftet hat. Noch kurz vor Poona habe ich einen Traum: Ich stehe auf einem Schiff. Ein paar Matrosen umringen mich, und alle schauen sehr unfreundlich. Ich dreh' mich hastig von ihnen weg –

und jetzt steht einer hinter mir, der besonders furchterregend aussieht. Was ihm da fleischfarben aus der offenen Hose steht, sieht nicht nur aus wie ein Ast. Es ist ein Ast! Vorne ist er glatt abgesägt und hat überall kleine Ästchen wie Widerhaken. Ich spüre genau, wer sowas reinkriegt, wird zerrissen! Vor Schreck krampft sich mein Körper zusammen. Ich schreie auf – und werde wach.

Und jetzt liege ich immer noch über dem Italiener und wälze mich in seinem Blut. Ich fühle mich wie eine altgriechische Rachegöttin. Dieses besinnungslose Wälzen in fremdem Blut... auch wenn es nur gedacht ist... es trifft bei mir anscheinend uralte Instinkte. Blutrausch... Blutopfer... Ritualmord... Kindermord...

Ich lasse von ihm ab und sitze erschöpft in einer Ecke.

12

Jetzt lerne ich Naresh näher kennen. Gruppenaufgabe ist es, sich für den Abendspaziergang einen Partner zu suchen, den man eigentlich nicht mag. Naresh ist lang und mager. Er hat helle, rote Stoppeln im Gesicht – das soll wohl mal ein Bart werden –, und die Augen sehen hinter dicken Gläsern ganz klein aus. Er hat eine spitze, große Nase, dazu ein fliehendes Kinn und am Hals einen enormen Kropf. Im Profil sieht Naresh wie eine riesige Ameise aus. Also, eigentlich ist er ganz und gar nicht mein Typ. Naresh hat wohl auch Schwierigkeiten mit mir. Und darum gehen wir zusammen und verbringen die Zeit bis zum Schlafengehen teetrinkend in einem Restaurant. Naresh ist Deutscher, hat aber lange in London gelebt und sich dort in esoterischen Geheimzirkeln bewegt. Spannend, spannend! Er erzählt sehr vorsichtig. Diese Gesellschaften sind schließlich geheim... aber ich kann gar nicht genug hören. Wir erzählen uns dann noch dies und das, und am Ende finden wir uns beide sehr nett. Wir verbringen die Nacht im gemeinsamen Gruppenraum nebeneinander, und als es dunkel ist, streicheln wir uns. Sein Körper scheint elektrisch geladen zu sein, meiner lädt sich auch auf, und diese intensiven Streicheleinheiten binden uns nun.

Wir hocken auch während der Gruppenprozesse meist nebeneinander. Ich fühle mich wohl neben ihm, und als Teertha dem Naresh auch noch besondere Aufmerksamkeit zukommen läßt, rücke ich immer näher. Teertha sagt etwas Schönes zu Naresh. »Alle anderen in der Gruppe schlafen noch, sie wissen überhaupt nicht, wer sie sind. Du bist schon aufgewacht, aber du sitzt noch im Tunnel.« Nun, das ist zwar noch nicht das volle Licht der Erleuchtung, aber überhaupt aufgewacht zu sein... das will schon was heißen. Und ich kuschele mich schutzsuchend an Naresh, wenn um mich her die Aggressionsfunken sprühen. Wie ein Schild hält er sie ab.

Trotzdem gibt's harte Worte von Teertha für mich: »Du bist im Grunde unerreichbar«, sagt er zu mir. »Höchstens dann, wenn die anderen deine Spiele mitspielen.« Es gibt überhaupt harte Worte. Für Viola zum Beispiel. Nach irgendeiner Pause sitzt sie gequält da.

Alle schweigen erst mal wieder, aber sie will etwas von Teertha. Sie spricht ihn direkt an: »Mir geht es so schlecht, ich fühle mich so zerrissen. Ich möchte wissen, was mit mir los ist.« Teertha schaut wieder mal, den Blick leicht gesenkt, irgendwohin. Als sei er allein im Raum. Als hätte er niemanden reden hören. Viola spricht weiter über sich. Keine Reaktion. Dann fängt sie an zu weinen. Ihr Gesicht erstarrt zu einer Maske. Der Mund ist verzerrt, und sie klagt ihn unter Tränen an: »Du bist wie mein Vater. Der hat auch nie hingehört. Der hat auch nie Notiz von mir genommen...« Und dann fallen Teerthas Worte wie schwere Steine in die angespannte Stille: »Kein Wunder, daß er das nicht gemacht hat. Du bist so häßlich. Du bist so voller Gift. So voller Haß und Gewalt...« Die Erstarrung kriecht über ihren ganzen Körper. Die Worte haben sich zu Felsen aufgetürmt, und langsam wälzen sie sich auf ihre Brust.

Solche Felsen können dich zerdrücken. Sie können dir dein bißchen Lebensatem nehmen. Aber sie können auch die Wahnblasen platzen lassen, in denen du dich bisher bewegt hast. Es liegt an dir. Wenn du zuhörst, was er dir sagt, wenn du all deinen häßlichen Verbiegungen in dir nachspürst, dann kann etwas passieren. Genauso wie bei Viola. Erst ist sie ein, zwei Tage lang wie gelähmt. Dann haben wir einen Rebirthing-Nachmittag. Eigentlich gehört der nicht zum Programm. Es ist eher ein Verzweiflungsschritt von Teertha. Die Gruppe ist insgesamt so feige, so träge, und er hofft nun wohl, daß durch den schon beschriebenen Atemprozeß über einige Leute die Katharsis hereinbricht. Daß sie nach dieser psychischen Müllbeseitigung vielleicht eher zu Aktionen bereit sind. Ich weiß nicht mehr, was bei mir geschah, aber bei Viola muß etwas passiert sein. Sie sagt es nicht, aber alle sehen es. Völlig verändert schaut sie aus. Ihre harten Gesichtszüge sind weich geworden. Der große Körper wirkt sehr gelöst, und irgend etwas Zartes ist um sie. Was ist bloß passiert? Wahrscheinlich weiß sie es selbst nicht. Für das wirklich Entscheidende gibt es nämlich keine Worte mehr. Das läßt sich nicht beschreiben, nur erfahren.

Und wenn dir Teertha auch vorher die schlimmsten Sachen gesagt hat, so schlimm, daß du dich kaum noch mit der Kneifzange anfassen möchtest... Es sollte ein Schock sein. Etwas, das dir hilft aufzuwachen. Haben sich dadurch in dir Prozesse in Gang gesetzt, ist er wieder für dich da. Er nimmt dich liebevoll in den Arm, er drückt ein paar Energiezentren, läßt seine Sonne über dir leuchten, und wie ein Engelchen hebst du ab. So ist es auch bei Viola. Sie liegt, ihm den Rücken zuwendend, wie hingegossen in seinem Arm.

Selig lächelnd, mit geschlossenen Augen läßt sie seine Energieschübe durch ihren Körper rieseln.

Aber die Sache mit Teerthas Gunst geht auch andersrum. Die englische Filmemacherin, dieses überzarte Wesen, meine erste Partnerin zu Beginn der Gruppe, wird von Teertha unübersehbar bevorzugt. Er überschüttet sie geradezu mit Gunstbeweisen. »Sie ist so voller Liebe«, versichert er andauernd. Und darum bekommt die Glückliche auch noch in den Pausen Extra-Energieschübe irgendwelcher Art. Dann, wenn wir nicht so Glücklichen den Raum verlassen haben. Ich beneide sie ganz schön. Vor lauter Seligkeit hebt sie innerlich ab, schwebt immer höher. Mit entrücktem Lächeln sitzt sie nur noch zu Teerthas Füßen, und die Gruppenprozesse gehen sie eigentlich schon nichts mehr an. Oder sie mischt sich gelegentlich mit vollendeten Analysen und Urteilen ein. Zu einem Mädchen, das Schwierigkeiten mit ihrem Mann hat, sagt sie schlicht und einfach: »Deine Ehe ist am Ende, Ma!« Die guckt recht zweifelnd, aber das zarte Wesen weiß es besser. Und immer noch strahlt Teerthas Sonne über ihr, und sie fliegt ihm entgegen. Immer höher und höher in die Gefilde der Göttlichen. Es wird heiß. Sie merkt noch nichts. Es wird noch heißer... das Wachs an ihren Engelsflügeln ist schon weich... schmilzt. Und sie stürzt. Mit solchen Männern kann man das nicht machen. Teertha herrscht sie zornig an. Er verbittet sich ihre Therapeuten-Trips und sagt ihr, daß sie gefälligst in die Gruppe zurückkommen solle. Die Reaktion auf seine Worte ist erstaunlich. Sie wirkt auf einen Schlag wie erloschen und ertrinkt im Meer der eigenen Tränen.

Mit Viola verbindet mich langsam so etwas wie Freundschaft. In den Pausen tratschen wir zusammen. Wir reden auch über meine Schulprobleme, und sie hat da ihre klare Meinung: »Du bist ganz schön verrückt«, findet sie. »Wenn du sowieso nicht Lehrer bleiben willst, warum machst du denn noch freiwillig die Prüfung, und gehst durch diesen Streß? Du leidest wohl gerne, was?« Ich argumentiere heftig. Daß man sowas zu Ende führen müsse. Wie würde ich mich denn sonst fühlen. Wieder als großer Versager. Und überhaupt. Aber die Risse in meiner pflichterfüllten Durchhalte-Trutzburg werden noch ein bißchen breiter...

Meine Mutter kommt erneut ins Gruppenspiel. Durch Viola, noch bevor sie ihren großen Durchbruch hatte. Ganz apathisch lehnt Viola an der Wand. Sie flüstert mit ersterbender Stimme, daß ihr doch bitte jemand Gewalt antun möge. Sie will gewürgt werden oder sowas ähnliches... Würgen?... Gewürgt will sie werden...

Wie vom Blitz getroffen, springe ich auf. Ich tu' ihr den Gefallen und krampfe meine Hände neben ihrem Hals zusammen. Dabei sehe ich das kleine Mädchen der Zeichnung vor mir. Dieses Gefühl, das ich nach dem Rebirthing-Erlebnis hatte... die Frau, die hinter dem kleinen Mädchen steht und es würgt... Ich krampfe also meine Hände neben Violas Hals zusammen, und in irrer Verkehrung der Verhältnisse drücke ich zu. Während des Drückens fühle ich selber den Würgeschmerz. Und die Sekundenaktion setzt in mir einen gellenden Wahnsinnsschrei frei. Alle gucken erschrocken. Ich lasse von Viola ab, hocke mich auf ein Kissen und kann bloß noch heulen.

Was denn los gewesen sei, erkundigt sich Teertha später. Ich erzähle etwas über die Zeichnung, erzähle etwas über meine Mutterbindung, und er hört zu. Für den Rest des Tages und in der Nacht muß ich dann ein schweres, unhandliches Kissen mit mir herumschleppen. Auch während einer angeordneten Gruppen-Fete in der Stadt, darf ich das Kissen nicht loslassen. »Das ist deine Mutter«, sagt Teertha. »Die trägst du andauernd mit dir rum. Spür mal, wie schwer sie ist.« Aber eigentlich finde ich das nicht. Um halb acht nehme ich das Kissen mit in die Buddhahall und tanze mit ihm während der Musik-Gruppe. Das Kissen und ich, wir schwingen im Rhythmus der Musik durch den Raum. Ich schmiege mich an. Weine ein paar kleine, zärtliche Tränen. Das Kissen und ich... wir lieben uns.

Am nächsten Tag erzähle ich ein bißchen von mir und meinen gewalttätigen Anti-Körperaktionen. Ich muß mich nackt in die Kreismitte stellen. Muß mich von allen Seiten begucken lassen und sagen, wie ich mich fühle. »Unbehaglich.« Dann muß ich im Kreis rumlaufen, und jeder sagt, wie mein Körper auf ihn wirkt. Ich höre nur nette Sachen. Der Italiener (!) findet meinen Körper geradezu klassisch-schön... Ein Mädchen zeigt mir ihre ungleichen Brüste, und weil ich überhaupt so ehrlich war, nimmt Teertha mich jetzt auch in den Arm. Er sagt mir, daß ich aufhören soll, gegen mich zu kämpfen. Daß auf dem Weg, den ich jetzt eingeschlagen hätte, dieser ganze Körperrummel überhaupt nicht mehr wichtig sei. Es käme auf ganz andere Dinge an.

Er drückt mich liebevoll, und ich hänge selig in seinen Armen.

Teertha hat mir seine Gunst gewährt. Nun habe ich eine starke Position in der Gruppe. Und die nutze ich auch. Ich falle über die arrogante, deutsche KZ-Frau her. Sie ist nach ihrem großartigen Auftritt wieder ins Nichts versunken. Sitzt wieder so inaktiv und mürrisch herum wie vor ihrem Rausschmiß. Ich räche mich für die »Schuhverkäuferin«. Höhnisch mache ich sie fertig... und alle machen mit. Herrlich, sie kann gar nicht genug in die Fresse kriegen, und ich wünsche ihr von Herzen alles Schlechte! Und dann sage ich dem dicken Mädchen Dorothy noch, was ich von ihr halte. Zwischen Tür und Angel läßt sie sich immer mal wieder schnell von jemandem bumsen. Ich drücke meine moralische Entrüstung aus. Also, sowas geht doch nun wirklich nicht... Und der Italiener, der immer noch total selbstentfremdet herumschillert, kriegt auch sein Fett weg. »Heuchler« ist noch das Mildeste. Harte Kritik und böse Worte gibt's von mir, und ich fühle mich richtig gut dabei.

Das Mädchen mit der wackligen Ehe ist wirklich sehr schön. Sie hat den heißersehnten Traumkörper, der wie eine Fata Morgana meine wüsten Selbstzerstörungs-Praktiken begleitete... Ich streichle sie. Sie läßt es sich gefallen. Ich streichle intensiver. Fahre mit dem Mund ihren Körper entlang, sauge ihn auf. So, als könnte ich mit dem viel schöneren Spiegelbild meiner selbst die ramponierte Wirklichkeit beschwören. Und dann gehe ich noch ein bißchen tiefer und küsse sie. Und meine eigentlich mich. Und Teertha bricht das Spiel ab. Er wirft dem schönen Mädchen vor, daß sie sich das Ganze so apathisch gefallen ließ. Sie hätte sich wehren sollen gegen »so viel chaotische Energie«. Später frage ich Naresh, ob er denn meine Energie auch so »chaotisch« empfände. Er lächelt nur: »Dein Körper macht auf mich den Eindruck, als sei er noch nie angefaßt worden.« Über diesen Satz grüble ich lange nach.

Die Gruppe nähert sich dem Ende. Sieben Tage und Nächte waren wir zusammen. Teertha ist unzufrieden mit uns. »Nicht einer von euch hat sich wirklich gestellt. Nicht einer hat wirklich gesagt, wer er ist. Ein Haufen von Feiglingen wart ihr. Und wenn ich noch irgendwelche Leidenschaften hätte – diese Gruppe wäre gleich am ersten Tag aufgeflogen.« Wir sind zerknirscht. Jeder findet nämlich, daß Wichtiges mit ihm passiert sei. Na ja, aber wer weiß, was Teertha sonst noch so in Gruppen erlebt? Vielleicht waren wir wirklich nur ein feiger, lahmarschiger Haufen? Trotzdem sind wir alle in traurig-schöner Abschiedsstimmung. Wir sitzen im Kreis und machen groß-reine. Mit den Worten: »Ich trage dir nach, daß du...« beginnen die gegenseitigen Abrechnungen. Jeder sagt, was er dem anderen nachträgt. Mir trägt die Gruppe vor allem mein hartes Kritisieren nach. Mein Aburteilen und Mich-Erheben über andere. Außerdem meine Unstetigkeit in Beziehungen. Teertha drängt, auch das Letzte rauszuwischen. Kein Stäubchen soll mehr den Seelenspiegel trüben. Wir sagen jaja, und wenigstens ich putze nicht gründlich. Ich sage der arroganten Deutschen das mit der »Schuhverkäuferin« nicht. Und auch nicht, daß ich sie eigentlich deswegen hasse.

Nach dem Putzen gibt's zum Trost Süßigkeiten. Wir sagen, was uns an dem anderen besonders gefallen hat. Meine Ehrlichkeit hat ihnen gefallen, meine echten Tränen und noch dies und das. Ich kann mich nicht mehr genau erinnern, aber insgesamt halten sich doch Ablehnung und Wohlwollen etwa die Waage.

Jetzt sind wir alle in zärtlicher Stimmung. Der Kreis löst sich auf. Grüppchen bilden sich. Wir schmusen und umarmen uns, und einige Mädchen kuscheln sich an Teertha. Ganz langsam wage ich jetzt auch, mich Teertha zu nähern. Er liegt halb auf seinem Königssitz, etwas an die Wand gelehnt, und ist mit den Mädchen in seinem Schoß beschäftigt. Ich kniee an seiner Seite und berühre ganz sacht seine rechte Hand. Wie absichtslos hebt er den Zeigefinger und legt ihn leicht auf meinen Daumen. Sicher ist diese Bewegung auch absichtslos, ich weiß nicht… aber ich spüre etwas… wie einen heißen Strom von Energie spüre ich ihn, aber eigentlich auch wieder nicht… Trotzdem. Andere berühren mich, als sei ich magnetisch. Die Luft um mich ist aufgeladen. Ich sitze mit geschlossenen Augen unbeweglich da.

Teertha erhebt sich schließlich, bewegt sich zur Tür, verläßt den Raum, und langsam gehen wir auch.

Ich fühle mich seltsam schwebend. Ein bißchen unwirklich. Es war alles so schön… die Gruppe… Teertha, Gefühle… Ich bin verwirrt. Und glücklich… ich weiß nicht… Ich fahre zurück ins Hotel und wasche. Spüle ein T-Shirt unter fließendem Wasser… grüble… Gedanken… irgend etwas schreit in mir, brüllt mich aus der Leitung an oder sonstwoher: »Bleib hier, fahr nicht zurück nach Berlin!« Ein paar Sekunden… plötzlich sehe ich auch, wie das alles zu realisieren wäre… noch ein paar Sekunden… Und ich entscheide mich. Ich werde nicht zurückgehen. Fünf Tage vor Beginn des neuen Schuljahres ist meine pflichterfüllte Durchhalte-Trutzburg auseinandergebrochen.

Zwei Stunden später ist Gruppendarshan. Wir treffen uns alle wieder vorm schmiedeeisernen Tor. Ich falle Naresh um den Hals und erzähle ihm aufgeregt, daß ich hierbleiben werde. Später, in der dunklen Halle vor Bhagwans Haus hinten in der letzten Reihe sitzend, erzähle ich es ganz leise auch ihm. »Bhagwan«, sage ich, »Bhagwan, hörst du, ich habe das nächstemal gar nicht erst abgewartet. Jetzt gleich werde ich länger bleiben, so wie du es mir beim Sannyasnehmen empfohlen hast.« Dann erzähle ich ihm noch, daß ich etwa ein Jahr bleiben werde… und Bhagwan nickt zustimmend. Jedenfalls bilde ich mir das ein.

Nach dem Darshan fahre ich ins Hotel zurück, lösche das Licht und liege mit geschlossenen Augen auf dem Bett. Ich habe das Gefühl, als glühe jede einzelne Körperzelle wie von einer winzigen heißen Nadel angetupft. Aber das ist nicht schmerzhaft. Im Gegenteil. Dieses Glühen ist sanft, leuchtend und einfach nur schön. Mein Freund kommt von einer Gruppenaktivität zurück. Er macht nochmal Licht… sieht mich… und weiß es.

Bei allem Verständnis ist Gunter doch erschrocken und traurig. Aber er weiß, wie es um mich steht. Daß mir durch all die Gruppenerfahrungen klargeworden ist: In meiner Seele bin ich krank.

Dieser mörderische Kampf gegen mich. Dieser wütende Haß, mit dem ich all die Jahre über mich hergefallen bin, sind Auswirkungen des Krankseins. Ich nehme mir jetzt das Recht, für eine Weile aus der Gesellschaft auszusteigen, in eine Art Sanatorium zu gehen und ein bißchen zu verschnaufen. Vielleicht komme ich durch weitere Gruppen näher an die Ursachen meiner psychischen Entgleisungen, verstehe überhaupt erst, was mit mir los ist. Vielleicht kann ich doch noch gesund werden. Vielleicht wird noch alles gut.

Gunter sieht das. Er weiß das, und als er ein paar Tage später allein nach Berlin zurückfliegt, trennen wir uns als gute Freunde.

Er wünscht mir viel Glück.

13

Meine Aufenthaltsdauer richtet sich jetzt nach dem Kontostand, und so ziehe ich als erstes aus dem teuren Bahnhofs-Hotel aus. Die Wohnsituation in Poona ist sehr schwierig, ein eigenes Zimmer zu haben, meist unerschwinglicher Luxus. Man kraucht zusammen, man arrangiert sich mit dem Möglichen. In den kleinen Hotels in Ashramnähe stehen die Betten auch auf dem Flur, auf dem Balkon. Man nimmt es hin, es ist halt so. Es sei denn, man kommt mit ganz dicker Brieftasche. Dann kann man auch im »Blue Diamond« wohnen. Das ist eine elegante Wohnmaschine, die in Preis und Aufmachung die Interconti-Hotels kopiert. Ich wohne gleich neben dem Luxushotel, aber der Standort ist auch das einzig Gemeinsame dieser beiden Unterkünfte.

Ich wohne in einer Dormitory, kurz »Dorm« genannt. Ich glaube, das leitet sich von dem französischen Wort »dormir« (schlafen) ab. Es ist also eine Schlafstelle. Von außen sieht die Schlafstelle gewaltig aus. Es ist der ehemalige Herrensitz einer reichen indischen Familie. Der Baumeister hat viel orientalische Fantasie in das Gebäude gesteckt. Die Vorderfront wird von einer riesigen, halbrunden Veranda geziert, die jetzt Eingangshalle ist. Die Seiten sind offen, und kleine Mauerbögen schwingen sich wie Elefantenrüssel zwischen Decke und Brüstung. Die Eingangshalle öffnet sich im ersten Stockwerk zu einem ebenso riesigen Balkon. Architektonisch ist auch dieser wieder mit viel Stuck und Ornamentik in das moscheeartige Gesamtbild eingefügt. Früher war wohl die ganze Pracht noch hellblau angestrichen und mit Goldfarbe verziert. Früher – jetzt kann man das nur noch ahnen. Aber das Gebäude klammert sich an diese Erinnerungen und trägt sie wie einen kostbaren Pelz, dem inzwischen die Haare ausgegangen sind.

Innen, oben im ersten Stock, schaut es jetzt mehr aus wie in einem Zigeunerlager. In den großen Räumen stehen die Betten nebeneinander, haben Moskitonetze über sich, und zwischen ihnen hängen lauter Kleider. Nur herrliches Rot in allen Schattierungen. Jeder hat ein kleines Regal. Überall hängen Bhagwanbilder. Die paar persönlichen Sachen sind unters Bett geschoben, und alles macht den Eindruck eines fröhlichen Feriencamps.

Dieses Gebäude ist vom Ashram aufgekauft worden und wird von indischen Sannyasins geführt. Es gibt Schwierigkeiten. Die ehemaligen Besitzer klagen, wollen es zurückhaben. Vielleicht, um ein neues »Blue Diamond« auf den Platz zu stellen. Wie auch immer, noch kann man dort schlafen, und die Miete ist relativ niedrig. Eigentlich müßte man sich auf die Liste setzen lassen, je nach Saison wochenlang warten. Mit beständiger Quengelei, ob denn nun endlich was frei sei. Naresh wohnt dort. Er hat seine Beziehungen spielen lassen, und ein paar nette Augenaufschläge meinerseits haben die Sache beschleunigt. Ich habe ein Bett bekommen.

Nun hat dieses Gebäude auch eine Hinterfront. Da ist alles gar nicht mehr so prächtig. Ein vom ersten Stockwerk überdachter Gang zieht sich die Hinterfront entlang. Steinfußboden, die Seiten sind offen, Badezimmer schließen den Gang an beiden Enden rechtwinklig ab. Eine alte, staubige, unbenutzte Treppe führt wieder in den ersten Stock. Unter dieser Treppe, gleich neben dem Badezimmer, gibt es einen Raum. Dunkel, ein bißchen muffig, eng, dafür sehr hoch – und in dem wohne ich jetzt. Es grenzt an einen dieser indischen Zaubertricks, daß in dem Zimmer fünf Betten stehen. Es ist eigentlich nicht zu fassen. Aber sie stehen da. Ich habe in diesem Raum eine Ecke und nenne fortan etwa drei Quadratmeter mein eigen. Morgens gegen sieben erlaubt die staubige Treppe der Sonne, ein paar Strahlen ins Zimmer zu schicken. Durch einen Fensterspalt, den sie gnädig freigibt. Ins Bad darf die Sonne dann ungefragt scheinen. Ein länglich-schmales Fenster läßt sie ein. Eine Toilette und eine Dusche gibt's in diesem Raum, der mit altem Marmor ausgekleidet ist. Oder etwas Ähnlichem. Es sieht jedenfalls sehr würdevoll aus. Und wenn ich morgens das kalte Wasser über mich rieseln lasse und die Sonne lustige Kringel auf den Marmor malt, dann ist mir ganz feierlich vor Glück. Mit diesem Gefühl gehe ich dann auch zur Lecture. Schaue mir die Pflanzen um die Buddhahall an, sauge die Ashram-Atmosphäre tief ein... jetzt ist das für eine Weile mein Zuhause, jetzt gehöre ich fast dazu. Und langsam verstellen sich die inneren Antennen. Vorher war ich nur zu Besuch, jetzt ist mir, als sei ich heimgekommen.

In den letzten sechs Wochen habe ich ganz schön abgenommen. Ich wiege etwa einundsechzig und behalte dieses Gewicht auch, mit ein paar Schwankungen, im wesentlichen bei. Vergnügt stecke ich jetzt in viel zu weiten indischen Hosen. Gelegentlich haben sie den

Umfang einer Wassertonne, werden in der Taille zugebunden, und ich denke mit Schrecken an die stets zu engen Jeans. Ich trage T-Shirts, kleine Samtjäckchen, rot und lustig. Und wieder ist da der Vergleich mit den langen schwarzen Jacken, in denen ich verklemmt durch die Schulkorridore schlich.

Als ich ankam, waren die Haare ziemlich kurz. Der übliche Lehrerinnenschnitt, der im Unterricht immer so ordentlich aussieht. Hier ist alles lang und offen, und ich will die Haare wieder wachsen lassen. Im Nacken kann ich sie schon ein bißchen zusammenbinden. Ich mache mir einen Mittelscheitel. Stecke die nachwachsenden Ponys mit Klemmen an den Seiten fest und sehe mit dieser Frisur aus, wie so viele Mädchen hier im Ashram. Während sie sich aber beim Aufbinden die lange, lockere Pracht schütteln können, wird das bei mir wohl noch eine Weile dauern... Und etwas betrübt fasse ich ans kurze, dünne Schwänzchen hinter mir. Wie alle Mädchen bin ich ungeschminkt, oder wenigstens beinahe. Manchmal, wenn ich mich gut fühle oder besonders unternehmungslustig, ziehe ich mit dem Stift am Innenrand des Unterlides einen leichten schwarzen Strich. Der läßt die Augen so schön glänzend erscheinen. Ein klein wenig wische ich aufs Oberlid – und wenn ich nicht geschminkt bin, ist das auch egal. Wie ein junges Mädchen sehe ich meistens aus, gar nicht wie vierunddreißig.

Büstenhalter sind im Ashram ganz und gar verpönt. Das hängt und schlabbert gelegentlich unter den langen roten Kleidern, daß mir die Augen übergehen. Trotz meiner Busenkur durch Selbstvertrauen hatte ich lange nicht gewagt, ohne BH rumzulaufen. In der Garderobe nach einer Gruppensitzung wunderte sich Naresh beim Anziehen: »Was, du trägst noch so ein Ding? Das ist ja wie ein Fromms...« Und *wie* er das sagt! Ich schäme mich richtig, immer in so einem Präservativ gesteckt zu haben... Und von Stund an hänge ich ein bißchen mit im Ashram.

Meine neue Busenfreiheit verschafft mir zunächst bei den temperamentvollen Meditationen seltsame Gefühle... Es ist wirklich erstaunlich, aber Bhagwans Meditationstechniken haben zunächst nichts mit den üblichen Vorstellungen zu tun. Stille, Ruhe, Insichgehen. All das kommt später. Nachdem wir, wie Bhagwan sagt, unsern »Wahnsinn« rausgelassen haben. Diesen Wahnsinn, den wir alle in uns tragen und sorgfälig verbergen. Am meisten aber vor uns selbst. An diesen Wahnsinn sollen wir rühren, sollen chaotisch atmen, springen, schütteln. Auf diese Weise ist es möglich, die aufgestauten negativen Energien rauszuschleudern. Und dann haben wir auch eine Chance, zur Ruhe zu kommen. Zu dieser Ruhe, die dem östlichen Menschen viel selbstverständlicher ist als uns. Dann können wir auch meditieren. Vielleicht.

Die Technik ist jetzt, den Kopf leer zu machen. Du mußt versuchen, den inneren Monolog zu stoppen. Die vielen geschwätzigen Gedanken in deinem Kopf anzuhalten. Das ist gar nicht so einfach. Aber es geht. Ein bißchen Übung brauchst du, aber es geht wirklich. Dann schau dich selber von innen an. Schau auf deine Stirn, wie auf einen Bildschirm. Wenn jetzt die Gedanken wieder kommen, und sie kommen ganz gewiß, dann kämpfe nicht. Je mehr du gegen deine Gedanken kämpfst, desto mächtiger werden sie. Mach das also nicht. Im Gegenteil. Schau sie dir an, wie ein Fernsehprogramm. »Aha, interessant... was da so alles läuft...« Jetzt werden deine Gedanken sauer. Wenn sie etwas nicht leiden können, dann ist es deine Aufmerksamkeit. Sie wollen nicht angeschaut werden. Sie wollen du selbst sein. Du sollst dich mit ihnen identifizieren. Wenn du deine Gedanken ruhig anschaust, haben sie keine Macht mehr über dich und lösen sich auf vor Wut. Sie verschwinden einfach, und es ist wieder Ruhe in dir...

Tagsüber versuche ich also, zur Ruhe zu kommen, und abends von halb acht bis etwa Viertel vor neun gehe ich zur Musikgruppe in die Buddhahall. Vor dem Podium, auf dem Bhagwan spricht, hat sich dann so eine Art »Band« aufgebaut. Sannyasins, die herrlich gut Musik machen können. Gitarre, Schlagzeug, Bongos, Flöte... Manchmal haben wir auch einen Synthesizer – und überhaupt sehr gute elektronische Anlagen. Mit Schnüren ist ein Raum für die Musiker abgegrenzt, und dahinter stehen wir. Meist beginnt die Musik langsam, melodisch, wir schwingen uns ein und singen. Lieder, die hier komponiert wurden und die sich leicht erlernen lassen. Nun wird es ein bißchen schneller und lauter. Und noch schneller. Die Jungs werden warm. Wir schwitzen schon ganz schön, und wie in einem rhythmischen Ping-Pong fliegen jetzt die Energien hin und her. Die Musiker kriegen unsere, verstärken sie, geben sie zurück... und in kurzer Zeit ist die Atmosphäre der Halle aufgeladen. Voll knisternder, ekstatischer Fröhlichkeit ist sie. Voll verrücktem Glück. Wirbelnde Körper, rasende Herzen, Fliegen, Singen...

In diese Phase fällt dann der Black-Out. Wer sich entschieden hat, die Dunkelphase tanzend zu erleben, fällt jetzt meist ein, in den jubelnden Begrüßungs-Orkan. Bhagwan gibt Energie-Darshan. Diese Energie breitet sich im Ashram aus... geht weiter und weiter... aber wir sind hier... Wir sind dabei, und mit diesem Toben begrüßen wir Bhagwan. Er soll uns hören. Unsere Herzen schlagen ihm zu. Er ist so wunderbar. Und im Dunkeln tanzen und singen wir weiter. Und wenn die Musiker auch noch »Halleluja« spielen, das langgetragen und zärtlich von den weiblichen und männlichen Stimmen in verschiedenen Tempi gesungen wird und das dann doch wieder zusammenschmilzt zu einer neuen Einheit... Dann fliegen wir mit dem Halleluja hoch zu den Sternen und schwingen uns ein in das große, kosmische Lied. Die Herzen jubeln, und unsere Seelen sind stumm vor Glück. – Das Licht geht wieder an, der Darshan ist zu Ende, aber die Musik-Gruppe läuft noch weiter. Besinnlich oder schnell, je nachdem.

Wie auch immer. Zum Schluß knien wir nieder und berühren mit der Stirn den Steinfußboden. Das ist die moslemische Gebetshaltung, und ich finde sie wunderbar. Sie ist so demütig, so voller Dankbarkeit, und still verlassen wir danach die Buddhahall.

14

Ich gehe mit Begeisterung zur Musik-Gruppe. Vor allem aber gehe ich täglich zur Lecture. Wenn Bhagwan redet, erfahre ich ihn geradezu sinnlich: wie Wein, den ich trinke, wie Musik, die ich höre... und wenn ich verschlafen habe, bin ich sauer. Ich habe mich um einen Genuß gebracht, und traure dem Verlorenen nach. »Wer weiß, was mir gerade heute entgangen ist.« Denn oft ist es nur ein Satz, der einschlägt wie eine Bombe und mich den ganzen Tag beschäftigt. Einer dieser Sätze hat wohl auch meinen Poona-Entschluß wesentlich beeinflußt. Zwei, drei Tage zuvor sagte Bhagwan eindringlich: »Denkt nicht in den Kategorien dieses einen Lebens. Denkt in den Kategorien der Ewigkeit.« Sowas schlägt ein. Ich grüble. Die Ewigkeit... ja, nicht wahr, da gibt es noch etwas? Aber wie meint Bhagwan das nun eigentlich? Ich denke mir, etwa so:

Für Bhagwan ist das Leben mit dem Tod nicht beendet. Genauso, wie es mit der Geburt nicht begonnen hat. Er vergleicht die Situation mit dem Dunkel eines Zimmers, das nur von einem Lichtstrahl zerschnitten wird. Unsichtbar bewegen sich zahllose Staubpartikel im Raum. Werden sichtbar, wenn sie durch den Lichtstrahl schweben, leuchten auf – und schweben in die Dunkelheit zurück. Trotzdem sind sie weiterhin existent. Das Leben ist eine endlose Kette von Existenzen, die sich formen, wieder zerfallen und neu formen. Über Steine, Pflanzen und Tiere. Über die biologische Evolution höher und höher. In stets wechselnden Formen, entsprechend einer geistigen Kraft, die den ganzen sichtbaren Erscheinungen zugrunde liegt. Diese geistige Kraft hat zunächst im Menschen ihre höchste »Verdichtung« erfahren und kann zum erstenmal im Lauf der biologischen Evolution sich selbst bewußt werden. Zum erstenmal kann der Mensch seine eigene Evolution in die Hand nehmen und bewußt steuern. Es kommt jetzt also auf die Höherentwicklung des subjektiven Bewußtseins an. Das dann, in höchster Vollendung, wieder zurückfließt in das kosmische, all-umfassende Bewußtsein, in Gott. Wie ein Fluß, der seine Individualität aufgibt, wenn er zurück ins Meer fließt, und dadurch teilhat an dem ungleich größeren Sein des Meeres. Es gibt keinen persönlichen Gott. Gott ist die Existenz. Alles Seiende ist göttlich. Es umgibt dich, es schwingt um dich. Du selbst bist göttlich. Und wenn du dich als Individuum vergessen kannst, dich mit einstimmst in dieses umfassende, kosmische Konzert, dann spürst du es. Dann erfährst du Gott, dann bist du Gott. Dann bist du selbst nichts und gleichzeitig alles.

Wie eine Evolutionsbarriere hat sich eine Illusion vor deine potentielle Göttlichkeit geschoben. Die Illusion des Ichs, des Egos. Du selbst bist eine geistige Energie-Einheit, die zunächst »leer« in dieses Lebens-Licht schwebt. Ähnlich einer Wachsplatte, bereit, die verschiedensten Eindrücke aufzunehmen. Die Umwelt kratzt ihre Rillen ein. Sie sagt dir, daß du dieses und jenes seist. Du bekommst einen Charakter, Meinungen, Anschauungen. Du erfährst dich als individuelle Persönlichkeit und rutschst die Rillen deiner Prägungen immer wieder ab. Ein Lied entsteht. Eine Melodie, schrill oder wohltönend, je nachdem... Dein Sein ist ein Lied, eine Illusion, ein Traum, den du täglich träumst. – Und wenn du Glück hast, dann haut dir jemand auf den Kopf. Schreit dich an, daß du gefällig aufwachen sollst. Daß du erkennen sollst, daß dein Ego, dein »Ich«, ein Traum ist. Daß du die Illusion deiner Individualität aufgeben sollst. Und wenn du es schaffst, diese Traumbilder nach und nach loszuwerden, dann begegnest du dir selbst. Dann erfährst du dein »wahres Gesicht«. Dann erfährst du dich wieder als diese ursprüngliche Energieeinheit und löst dich auf im kosmischen Ganzen. So wie der Tropfen, der aus dem Meer geschleudert wurde und seinen Flug als individuelles Leben erfährt, so fällst du zurück in dieses universelle Meer des Lebens. Dein Ichbewußtsein wird wieder zu kosmischem Bewußtsein. Du hast teil am Leben, du bist das Leben selbst.

Nach meiner Auffassung ist das Erwachen aus diesem Traum die sogenannte Erleuchtung. Das sich im Menschen verdichtende kosmische Bewußtsein hat einen erneuten Qualitätssprung erfahren und ist in eine höhere Dimension gelangt. Potentiell trägst du diese Möglichkeit der Erleuchtung in dir, sagt Bhagwan. Vielleicht brauchst du noch die Erfahrung vieler weiterer Leben, um aufzuwachen, um erleuchtet zu werden. Aber dem kosmischen Gesetz entsprechend wirst du irgendwann das spirituelle Klassenziel erreicht haben. Irgendwann ist dein individueller Flug zu Ende. Dann fällst du zurück in das unendliche Bewußtseinsmeer. Und so ist auch Bhagwans Bemerkung zu verstehen: »Du bist nie geboren worden, und du wirst nie sterben.« Du bist nur eine in einer Reihe wechselnder Erscheinungsformen, du hast bereits das ewige Leben. Die Frage ist nur, wie du dich dem Leben gegenüber verhältst. Wenn du das Leben haßt, wenn du dich gegen seinen Fluß stemmst, wirst du unglücklich. Du schaffst dir deine eigene Hölle. Nicht erst im Jenseits, du sitzt hier auf Erden schon drin. Wenn du das Leben liebst, du ihm vertraust, in seinem Strom schwimmst, dann hast du dich wie durch einen Stecker angeschlossen. Dann liebt dich das Leben auch, dann rieseln viele Blüten auf dich nieder, dann lebst du im selbstgeschaffenen Himmel. Himmel und Hölle sind keine topographischen Orte, sondern psychische Zustände.

Gott, Leben, Liebe, alle diese Begriffe sind für Bhagwan synonym. Was wir »Liebe« nennen, ist eine kosmische Urenergie. Alle anderen Energieformen lassen sich davon ableiten. Wie weißes Sonnenlicht, das sich, im Spektrum gebrochen, in viele Farben auffächert. Die Austauschbarkeit von Materie und Energie ist physikalische Realität, Materie nur eine bestimmte Zustandsform von Energie. So bist du und ist alles Seiende aus »Liebe« gemacht, und das »kosmische Klassenziel« ist, diese Tatsache auch zu erkennen.

Der erste Schritt zum erfolgreichen Abschluß dieses Bildungsganges durch viele Leben ist, dich selbst zu lieben. Dich selber zu akzeptieren, wie du nun mal bist. Wenn du lernst, dich zu akzeptieren, mit allen schrillen Kratzern auf deiner »Wachsplatte«, wenn du aufhörst, dich zu hassen, dann befreist du dich von den Mißtönen, die das Liebeslied in dir bisher überdeckt haben. Dann klingt dein Lied und schwingt mit im Chor der Liebe um dich her. Es ist da, du konntest es bisher nur nicht hören. Dann liebst du nicht nur dich, dann liebst du alles Seiende. Dann bist du ein harmonischer Teil des Ganzen.

Der erste Schritt zum kosmischen Klassenziel wird dir erleichtert, wenn du immer aufmerksam bist. Schau dir bei allem, was du tust, genau zu. Stehe neben dir, kommentiere dich wertfrei. Das ist besonders wichtig. Verurteile dich nicht. Stelle nur fest, beobachte. Nach einiger Übung wirst du feststellen, daß der Handelnde gar nicht du selbst bist. Was da handelt, sind diese Programme auf der Platte. Es ist das Ego-Lied deiner eingebildeten Individualität, die Opfer ihrer selbstgeschaffenen Programmierung geworden ist. Mit dieser Selbstbeobachtung deiner mechanisierten Handlungen, auch Gewohnheiten genannt, erkennst du ihren illusionären Charakter. Und so, wie die Gedanken sich beim Anschauen auflösen, genauso kannst du dann aus deinen Programmen springen. Du bist jetzt der Meister über deine Gewohnheiten und kommst deinem wahren Selbst ein Stückchen näher. Und wenn du in der Meditation all die geschwätzigen Gedanken, welche Folge deiner illusionären Programme sind, auflösen kannst und still wirst, dann betrittst du schließlich die Räume deines wahren Selbst. Dann begegnest du dir. Dann erfährst du Gott in dir. Dann bist du Gott, genauso wie der Wassertropfen das Meer in sich trägt. Der Unterschied ist nur quantitativ. Die Qualität ist dieselbe.

»Denkt nicht in den Kategorien dieses einen Lebens. Denkt in den Kategorien der Ewigkeit.« Dieser Satz von Bhagwan hat mich tief getroffen. Und so war meine Entscheidung hierzubleiben nicht nur das Aussteigen aus einer unerträglichen Situation. Diese Aufforderung hat die Saiten des lebenslangen Suchens in mir angeschlagen. Der Suche nach... ich weiß nicht... Der Suche nach dem, was das Leben noch alles sein könnte.

Sannyas zu nehmen, die Mala mit Bhagwans Bild um den Hals zu tragen, ist einerseits ein Ausdruck meines Vertrauens zu ihm. Andererseits ist es Bhagwans Versprechen, mir bei meiner Suche zu helfen und den Weg zum kosmischen Klassenziel ein bißchen abzukürzen.

15

Es sind schöne Tage, die ich nach meinem Entschluß mit mir erlebe. Ohne die Bindung an eine Person fühle ich mich frei, übe den »aufrechten Gang« und habe ein selbstbestimmtes Gefühl in der Magengegend. So richtig ein bißchen erwachsen. Aber irgendwas fehlt trotzdem. Keine feste Bindung, nein, aber was zum Schmusen. Ich schau' mich hier um und da um... es gäbe schon Männer, aber eigentlich sind das nur Gruppenflirts. Nur Hallo-na-wie-geht's-Beziehungen. Ein bißchen umarmen, kleine Küßchen, alles in Ordnung? Ja? Na prima. – Ich suche weiter und erfahre zum erstenmal so eine Art Ashram-Gesetz. »Wenn du etwas willst, kriegst du gar nichts.« Außerdem erfahre ich noch was, das im Widerspruch zum westlichen (Wunsch-)Bild steht. Die Vorstellung vom Sex-Guru mit seiner Orgien-Truppe ist einfach falsch. Die Stimmung im Ashram ist eher frustriert, als sexbesessen.

Im Westen hatte ich leichtes Spiel. Ein paar gekonnte Sprüche, locker-flockig, ein paar frivole Witzchen, eindeutig Zweideutiges. Ein bißchen Anmachen, die heiße Eule spielen, sehr sexy-hexy das Ganze... und damit habe ich meine Typen allemal ins Bett gezottelt. Hier zieht sowas einfach nicht. Meine Mätzchen prallen an den Zielscheiben einfach ab. Man geht hier sehr sorgfältig miteinander um. Es kommt auf die Energien an. Fließen die zueinander, passen die zusammen, dann wird allerdings nicht lange gefackelt. Warum auch? Aber insgesamt haben alle die leeren Sexhülsen satt. Alle haben den faden Frühstücksgeschmack auf der Zunge, der nach irgendeiner Sexnacht nur noch zu gequältem Räuspern reizt. »Bloß schnell weg hier und die Zähne putzen...« Besonders den Männern geht es so. Viele machen zunächst eine impotente Enthaltsamkeitsphase durch. Die westlichen Rollenspiele fallen von ihnen ab. Sie brauchen hier nicht supermännlich zu sein. Keine harten Knochen, die ständig eine Strichliste mit sich führen. Hier müssen sie nicht mit hängender Zunge die allgemeine Sexhatz mitmachen, nach der ihnen meist sowieso nicht zumute ist. Und so ruhen sie aus, verschnaufen ein bißchen und lecken sich ihre Wunden.

So langsam kriege ich das mit. Na gut, dann eben nicht. Aber schön wär's doch... Ich schlendere durch den Ashramtag. Gespräche im Garten des Selbstbedienungsrestaurants, Bekanntschaften, nur so herumsitzen... Abends schaue ich noch in die kleine Kantine der Dorm. Oben im ersten Stock, neben den Schlafsälen. Ich will nichts essen. Nur dabeisein, den Gesprächen zuhören, vielleicht selber eins haben... ich fühle mich einsam. Dort lerne ich Veepash kennen. Er sieht etwas traurig aus. Lange, schüttere Haare, der Bart, die Mundwinkel, alles hängt runter. Sogar die Lider über den grauen Augen. Er ist 37, ein fränkischer Bauernjunge, der sich früh in die weite Welt gewagt hat. Besonders Australien hat ihn geformt. Erst arbeitet er in seinem erlernten Beruf als Bäcker. Später ist er Hafenarbeiter und verdient sehr gut. Aus stoischem Fleiß und hartem Geiz wird schließlich ein hübsches Häuschen mit allem, was dazugehört. Tief katholisch war er in seiner Jugend. Suchend, denkend, mönchisch. Nach all den Jahren mündet sein suchender Religionsfluß schließlich bei Bhagwan, mit einem Riesenschlenker durch die »Scientology Church«.

An jenem Abend ist Veepash sehr aufgeräumt und zugänglich. Sowas ist sehr, sehr selten bei ihm, aber zum fraglichen Zeitpunkt weiß ich das noch nicht. Er erzählt von zwei, drei großen Lieben, und besonders die letzte habe ihm sehr zugesetzt. Er wollte erst gar nicht. Aber die Frau ließ nicht locker. Dann wollte er doch, und jetzt wollte sie nicht mehr. Nun sei er wie betäubt. Er könne einfach nicht mehr fühlen. – Zunächst scheint er aber doch noch ein bißchen fühlen zu können. Wir beide sind ganz lustig, machen einen romantischen Flußspaziergang, und wieder in Dorm-Nähe, fragt er mich, ob ich mitkäme. Eigentlich will ich nun auch nicht richtig. Er gibt einen Schubs: »Immer mitfließen im Strom.« Das leuchtet mir ein, und gemeinsam schleichen wir uns durch die dunklen Schlafsäle in seine Ecke. Betulich deckt er das Moskitonetz noch mit langen Tüchern ab... »damit man nicht durchsehen kann«. Aber es ist kaum zu vermeiden, daß uns vermutlich das ganze Zimmer hören wird. Mir ist sowieso viel mehr nach Rumalbern zumute. Wir schlafen dann doch miteinander, so dezent wie's geht, aber in dieser Stille würde sich wohl auch das Knabbern eines Mäuschens wie Donnergrollen ausnehmen.

Am nächsten Morgen habe ich nicht gerade den faden Frühstücksgeschmack auf der Zunge. Aber ich fühle mich seltsam leer, als ich, möglichst harmlos dreinschauend, durch die Räume zurück in mein Zimmer schlendere. In einem fremden Dormitory-Bett zu schlafen, ist nicht gerade verboten. Hier und da ist nachts mal was los, aber insgesamt ist die Stimmung eher prüde. Viele indische Sannyasins wohnen in der Dorm, und man sollte Rücksicht auf ihre sensiblen Moralnerven nehmen. Das Gesicht des Ashrams müsse gewahrt werden. Und so ähnelt die Liebe unter den Moskitonetzen eher einem Alpdruck als fröhlicher Sexentspannung. Einmal lasse ich mich noch drücken, und als Veepash das nächstemal fragt, will ich nicht mehr. Ihm scheint es egal zu sein, und statt dessen sitzen wir jetzt auf dem Brunnenrand vor der Dorm. Dieser flache Brunnen war wohl auch mal so ein Prachtstück. Sicher haben sich einst herrliche Fontänen aus ihm ergossen. Nun liegt er traurig und verstaubt da.

Veepash und ich, wir lehnen uns aneinander, und ich bin ihm eigentlich näher als im Bett. Er erzählt von Australien und von der Frau, mit der er lange zusammenlebte. Er schulmeisterte sie ständig – zu ihrem Besten natürlich –, und sie litt unter seiner Strenge. Mir fallen da ein paar Ähnlichkeiten in meiner Beziehung zu Carlos auf. Ich erzähle jetzt von ihm, aber meine Worte sind sehr warm. Nach und nach gerate ich richtig ins Schwärmen. Wie toll doch Carlos zu mir war… Ich gehe später in mein dunkles Zimmer, aber am liebsten würde ich Carlos jetzt einen langen Liebesbrief schreiben.

16

Das war wirklich eine merkwürdige Beziehung damals. Als Carlos und ich unser Zusammenleben beschließen, ist der heiße Sex-Drive eigentlich schon raus. Sowas halte ich nie lange durch. Drei, vier Monate höchstens, dann habe ich keine Lust mehr. Aber Carlos ist so anders als alle früheren Freunde. Soviel stärker und intellektueller und voll tiefen, warmen Humors. Jeder kleine Spaziergang wird mit ihm ein Abenteuer. Was der so alles sieht! Und daraus macht er lustige Geschichten, die er klug in Weltanschauungen einbindet. Durch Carlos wird meine Welt immer größer und weiter. Ich sehe Zusammenhänge. Und nach und nach werde ich ein Teil von ihm. Ich sehe mit seinen Augen, ich denke seine Gedanken, und weil die sehr tief und intelligent sind, gereicht mir das nicht zum Nachteil. Wie auch früher schon, redet meistens er. Ich bin bei langen Frühstücksgesprächen aufmerksame Zuhörerin. Und wenn ihm für einen Moment die Luft ausgeht, dann mache ich ein paar gute, passende Bemerkungen. Er ist begeistert. Und an meinem Zündstoff lodern jetzt die Flammen seiner umfassenden Intellektualität erneut hoch auf. Bis zur nächsten Bemerkung meinerseits.

Ich bewundere ihn, ich bin stolz auf ihn. Ich stelle ihn auf einen Sockel und bete ihn an. Und schrumpfe dabei innerlich zu einem Mäuschen. Die passenden Bemerkungen meinerseits kommen ja erst später, nach einigen Studiensemestern in Geschichte und Philosophie. In der Anfangsphase bin ich oft sehr angespannt gegenüber so viel Größe… Ich verliere völlig meine Spontaneität. Bevor ich etwas ausspreche, schicke ich die Gedanken erst durch meinen Gehirncomputer. Dort lasse ich prüfen, ob sie auch gut genug für Carlos sind. Der Computer tastet ab, sagt okay, aber die Verzögerung reicht aus, um das Gesagte fremd und aufgesetzt erscheinen zu lassen. Es hört sich schlimm an. Und weil er es auch hört und ungeduldig wird, fange ich schließlich an zu stottern.

Und sexuell klappt das Ganze schon lange nicht mehr. Wenn er nicht da ist, sehne ich mich. Wenn er kommt und mich in den Arm nimmt, spüre ich ein feines, abwehrendes Kribbeln in mir. Unsichtbar richten sich viele Stacheln auf wie bei einem Igel. Er ist sehr lieb und zärtlich zu mir. Andauernd hat er seine Arme um mich. Aber ich habe es geschafft, diese Zuwendung in die unverbindliche Ecke zu drängen. Unsere Zärtlichkeit ähnelt jetzt der hübschen Harmlosigkeit eines Junge-Hunde-Spiels. Verliert sich die Harmlosigkeit bei ihm und wird er konkreter, erschrecke ich zutiefst. Alles in mir krampft sich zusammen. Ich will nicht. Hohe Barrieren sind niederzukämpfen. Und liegen die schließlich am Boden, habe ich einen Weg gefunden, den Körperkontakt so minimal wie möglich zu halten.

Aber wir haben beide so etwas wie ein Ventil. Schon zu Beginn unserer Beziehung sagte Carlos und meinte das tief ehrlich: »Wer bin ich, dir andere Beziehungen zu verbieten?« Und die haben wir nun auch. Er dann und wann mal, ich ganz schön oft. Durch mein Stewardessendasein ist viel Gelegenheit. Und wenn bei meinen monatlichen Europatrips nicht wenigstens zwei, drei Männer für mich rausspringen, bin ich sauer. Auch das Berliner Jagdrevier ist weitläufig. Wenn ich im Bad bin, mich ausdauernd dusche, die Haare von den Beinen entferne, mich sorgfältig schminke, hier sprühe und da sprühe, dann weiß Carlos immer schon, was los ist. Mit besten Empfehlungen läßt er mich abschwirren, und beim Frühstück berichte ich über den Verlauf der Nacht.

Wie Bonnie und Clyde ziehen wir durch die nächtlichen Parties. Vereint marschieren, getrennt zuschlagen. Und wieder vereint, werden dann die Erlebnisse analysiert, intellektuell abgeklopft und eingeordnet. Eifersucht? Keine Spur. Jede andere Beziehung mündet doch immer wieder bei uns. Richtig stolz bin ich, wenn er schöne Freundinnen hat. Vielleicht bin ich auch heimlich froh über diese sexuelle Interessensverschiebung?... Jedenfalls herrscht in unseren Köpfen herrliche Einigkeit. Wie siamesische Zwillinge sind wir vom Scheitel bis zur Körpermitte zusammengewachsen. Zwischen dem Rest steht eine dicke Mauer.

Als ich nach dem Fliegen endgültig ausraste und auf meinen Selbstzerstörungstrip gehe, ist Carlos sehr lieb zu mir. Immer und immer wieder ist er bereit, mit mir zu reden. Wir wenden die Probleme nach allen Seiten. Zerschneiden sie, legen sie unters Mikroskop und diskutieren lange die Ergebnisse. Also, wie gesagt, er ist immer für mich da, aber wenn er nicht hinguckt, schleiche ich heimlich an den Kühlschrank und räume den aus. Andauernd habe ich etwas im Mund und wandere dann im dumpfen Rhythmus vom Klo zur Küche und wieder zurück... Gesellschaftlich bin ich völlig unbrauchbar für Carlos geworden. Früher führte er mich vor wie ein schönes Schmuckstück. Er war mächtig stolz auf mich, wenn ich den anderen in endlosen Debatten meine lückenlosen Argumentationsketten um die Ohren hauen konnte. Jetzt liege ich als vollgefressenes Ungeheuer meist nur auf dem weißen Wollteppich herum, stopfe in den Kotzpausen Bücher in mich rein und vermeide möglichst alle Außenkontakte. Trotzdem ist Carlos für mich da, voller Verständnis und Nachsicht. Auf seltsam tiefe Weise liebt er mich.

Nach fünf Jahren Gemeinsamkeit geht Carlos für eine Spielzeit als Dramaturg an ein westdeutsches Theater. Die Dinge fügen sich. Kurz zuvor habe ich meinem Arzt heulend in den Ohren gelegen. Er organisiert für mich eine Null-Diät im Krankenhaus. Die wollen dort erst gar nicht, weil sie nur an die ganz dicken Tanten gewöhnt sind. Dagegen bin ich mit meinen 68 Kilo ein dünner Hering. Tränen schaffen auch hier das Wunder. Die Psyche und so... ich darf bleiben. Als rankes, schlankes Fischlein schwimme ich wieder aus dem Krankenhaus. Erst mal nach Afrika. Und spiele dort den großen Hecht im Männerteich. Die Reise hat mir meine Mutter spendiert. Weil ich dort so schön und erfolgreich bin, weil das Hotel schier kopfsteht, ist sie ganz lieb zu mir. Wir krauchen wieder eng zusammen und sind ganz glücklich miteinander.

Fast ein Jahr lang wohne ich dann in Berlin alleine – und da tut sich was. Gelegentlich ziehe ich nachts los, um mir einen Jungen aufzugabeln. Das klappt auch meistens, und ich spiele mein Spiel. Immer dasselbe: Die Witzchen und die Sprüche. Die Musik, raffiniert der fortschreitenden Stimmung angepaßt. Auch das verrückte Sexy-hexy-Gequirrle. Alles, alles immer dasselbe. Eine gut durchkonzipierte Dramaturgie hat mein Spiel, und auch der Vorhang fällt dann schließlich auf geplante Art und Weise. Es ist so leicht, junge Männer zu beeindrucken. Irgendwann bemerke ich aber doch mein eigenes Treiben. Nach einer vollendeten Nacht mit allem Drum und Dran nimmt mich der schöne Junge morgens vor geöffneter Wohnungstür in den Arm. Er drückt mich drei, vier Sekunden lang... und da ist plötzlich Wärme. Jetzt meint er wirklich mich!!! Nur einige Sekunden voller Nähe nach einer langen, perfekten Nacht! Wie ein Blitz trifft mich diese Erkenntnis. Aber vor Selbstmitleid zerfließe ich nicht. Umgekehrt ist das genauso. Die Jungs sind da, ich spiele vollendet – und meine eigentlich nur mich.

Nach diesem Erkenntnisblitz läßt meine Spielwut nach. Das Roulette wird angehalten, ich gehe in mich und mache später eine merkwürdige Feststellung: Carlos kommt nach Berlin zurück, und ich kann am ersten Tage der Sexualität nicht entgehen. Er ist zärtlich und aufgebrochen... und ich bin sehr peinlich berührt. Genauer gesagt: Ich schäme mich zutiefst. In den kommenden Jahren spielen Carlos und ich aber weiter. Mutter-Vater-Kind. Oder mehr Vater-Tochter, denn dahin hat sich diese Beziehung unübersehbar entwickelt. Wenn es nicht überhaupt von Anfang an so war. Ich bin weiter furchtbar stolz auf ihn, halte ihn mit meinen Macken auf Trab, und er liebt mich immer noch. Mit eigentlich unbegreiflicher Zärtlichkeit und Langmut.

Irgendwann durchbreche ich die Regeln meiner außerhäuslichen Ausflüge. Ich komme nicht mehr zum Frühstück zurück. Ich verlasse ihn, eines anderen wegen.

Was ist passiert? Andere Beziehungen gab's häufig in diesen zehn Jahren. Auch Verliebtheiten. Aber unsere Zweisamkeit habe ich nie ernsthaft in Frage gestellt. Diesmal ist alles anders.

Der andere ist nicht der Größte, so wie Carlos. Nicht so intellektuell und faszinierend. Nein, viel eher schlicht ist er. Hat das berühmte »gute Herz« und ist voller Wärme und sanfter Zärtlichkeit. Vor allem hat er eine unberührte Saite angeschlagen. Wie eine zarte Melodie klingt es in mir. Ein Gefühl. Ein sehr tiefes Gefühl... noch nie Gefühltes... Und dafür wische ich mit einer Handbewegung die zehn Jahre mit Carlos vom Tisch. Die gemeinsamen Erlebnisse, unsere Vertrautheit, die intensiven intellektuellen Auseinandersetzungen, unsere philosophischen Dispute. Nie konnte ich mir vorstellen, daß so etwas passieren würde. Aber dieses Gefühl... so zart, so tief, so leise... war stärker als all unsere Kopf-Bastionen. Gegen so einen sanften Ton hatten sie keine Chance. Und wie von biblischen Posaunen angeblasen, zerfielen sie zu Staub.

Ich verliere mich in diesem neuen Lied wie jemand, der vorher taub gewesen ist. Ich lebe mit dem anderen Mann. Wir lieben uns, wir genießen uns, und wir sind uns sehr, sehr nahe. Für einige Monate. Dann tritt wieder mein Anti-Sex-Phänomen auf. Und auch die anderen Verhaltensmuster. Für die neue Liebe bin ich schlank geworden. Nach und nach werde ich wieder dicker. Dann will ich mich nicht mehr anfassen lassen. Bin ich darum überhaupt wieder dick geworden? Ist das meine Art, den Sex schließlich doch zu vermeiden? Wie auch immer. Es gibt Schwierigkeiten. Und diese Schwierigkeiten treiben mich zu dem Lehrerkollegen, und nun bin ich hier in Poona.

17

Irgendwas ist ein bißchen merkwürdig bei Veepash. Er will Sex, aber er fragt das total kalt. Zumeist bei unpassender Gelegenheit. Dann will ich nicht, ich beschwere mich über die Form des Antrags, und er schmettert mich ab: »Das ist so eine Art Test für mich. Eben nicht vorher rumzuturteln, sondern sachlich den Stand der Dinge zu erfragen. Wenn du wirklich sexuell fühltest, würdest du dich nicht abschrecken lassen. Du bist aber nicht sexuell.« Ich steck' das ein und muß heimlich zugeben, daß er recht hat.

Neben der Dorm werden zwei Neubauten hochgezogen. Und wenn Veepash die Enge der Schlafstatt auf die Nerven geht, zieht er sich dorthin zurück. Er setzt sich oben aufs Flachdach und raucht einen Joint. Das kann aber nur nachts passieren, heimlich, denn das Betreten des Gebäudes ist verboten. Gelegentlich wirft ein verschlafener indischer Guard ein müdes Auge auf den Bau.

Es ist Nach-Monsunzeit. Immer noch fallen gewaltige Gewitter über uns her und setzen die ganze Gegend unter Wasser. Bevor ich zum Schlafengehen in meinem Zimmer verschwinde, fragt mich Veepash mal wieder. Und irgendwie will ich an diesem Abend auch. Wir schleichen in den Neubau. Ganz, ganz leise. Ich habe Herzklopfen. Es könnte jemand drin sein... Dunkel ist es wie in einer Grotte. Das gesammelte Regenwasser tropft unaufhörlich irgendwo runter. Es klatscht und plätschert, und diese Geräusche werden durch Echos noch verstärkt. Wir waten durch Pfützen und finden in einem dieser vielen leeren Räume doch noch ein einigermaßen trockenes Plätzchen. Die Situation ist absurd. Aber auch aufregend und spannend. Es könnte jemand kommen. Aber hier ist nicht die Enge der Dorm. Die ganzen Umstände sind so herrlich grotesk! Und in dieser Nacht klickt etwas in mir. Jetzt bin ich sexy, jetzt will ich, aber es ist zu spät. Veepash hat inzwischen die Nase voll von mir. »Was mir überhaupt noch ein paar Gefühle abringen kann, ist der beständig neue Sinnenkitzel durch wechselnde Frauen«, erklärt er mir kühl. »Ich habe keine Lust mehr, mit dir bloß so herumzuziehen.« So, na, das war's dann wohl. Tschüß, aus, vorbei.

Parallel zu meinen nächtlichen Ausflügen habe ich Gruppe. »Pratana« heißt die, was soviel wie »beten« meint. Man liegt dabei drei Tage lang mit kurzen Unterbrechungen eigentlich nur auf dem Bauch. Die Stirn ruht auf den übereinandergelegten Händen – und das ist alles. Nur Früchte sollen wir mitbringen und die dann in den Pausen äußerst langsam und bewußt aufessen. Beten ist nach Bhagwans Auffassung nicht das Wortritual, durch das wir die Wirklichkeit beschwören. Welchen Gott wollen wir denn verführen, doch bitteschön dies und das für uns zu richten? Beten ist für Bhagwan, einfach nur so dazusitzen und wortlos, in tiefster Dankbarkeit das Seiende in sich zu erfahren. Und so machen wir gar nichts auf den Matten. Nicht mal denken. Und wir versuchen nur, das Seiende in uns zu erfahren. Auch wenn das nicht so ganz gelingt, erscheint uns das Seiende auf dem Nachhauseweg doch in anderem Licht. Die Sonnenuntergänge über dem Fluß sind noch prächtiger, und das dunkle Grün ist noch viel grüner. Alles, alles um uns scheint auf geheimnisvolle Weise aufzuglühen. Als möchte es uns etwas zuflüstern, das wir nicht verstehen.

Am Vormittag des dritten Gruppentags, nach der Lecture, ist zunächst allgemeine Totenfeier. In der Nacht ist Bhagwans Vater gestorben, sofort verbrannt worden, und der ganze Ashram kann jetzt der Aschen-Heimholung beiwohnen. Der Verbrennungstempel liegt am Fluß. Das ist eigentlich nur ein Betonboden mit zwei vorgeformten, rechteckigen Gruben. Sie sind etwa 40 Zentimeter tief, lassen Platz für die Leiche samt entsprechendem Verbrennungsmaterial. Über dem Beton schwebt ein hohes Dach. Vier schmucklose Holzpfähle tragen es. Das ist alles.

Der Verbrennungstempel steht auf einem größeren Platz. Dessen eine Seite öffnet sich zum Fluß, auf den anderen ist er von Hügeln begrenzt. Für die Leichenzüge zieht sich eine Straße hindurch und mündet dann am Ort des Geschehens.

Als ich komme, ist die Feier schon in vollem Gange. Mit anderen Sannyasins stehe ich auf einem dieser Hügel und kann von dort aus alles gut überblicken. Um die erloschene Feuerstelle bewegen sich viele rotgekleidete Leute im schnellen Rhythmus der Musik. Sie singen und tanzen und zeigen sich sehr ekstatisch. Im Hintergrund toben andere Leute in roter Gewandung. Sie waten mit Kleidern in den Fluß. Versuchen im Wasser zu tanzen, werfen sich hinein, spritzen sich ausgelassen an und singen zu uns rüber.

Die Asche wird mit Schaufeln aus der Grube gehoben und in irgendwelche Behälter getan. Die Sannyasins dort unten gebärden sich immer verrückter. Über der ganzen Sache liegt eine bizarre Unwirklichkeit. Wie eine Beschwörung des eigenen Geistes wirkt das. So, als könnten die vielen Christenkinder gar nicht glauben, daß es eigentlich keinen Tod gibt. Sie sind an traurige Feiern gewöhnt und scheinen das schlechte Gewissen über ihre eigene Fröhlichkeit mit wilder Hektik überdecken zu wollen.

Nach etwa einer halben Sunde bricht die Musik ab. Die farbigen Reihen lichten sich, und ich gehe langsam hinunter. Die Grube ist fast geleert. Letzte Aschenreste werden zusammengeschabt, und ich setze mich auf den leicht erhöhten Rand. Um die Glut zu löschen, ist wohl Wasser in die Grube gespritzt worden, und aus dem feuchten Betongrund steigen jetzt zarte Dampfschleier. Sie wabern ein bißchen hin und her, schlingen sich umeinander und werden schließlich durch die Sonnenwärme aufgelöst. Scheinbar spurlos verschwinden sie. Ich starre in die leere Grube, spüre der Auflösung dieser Dampfschleier nach und denke dabei an die Vergänglichkeit des menschlichen Körpers. Und wie diese zarten Dunstschleier sich der Sichtbarkeit entziehen und trotzdem als Tröpfchen weiterexistieren, so erfahre ich ganz tief, daß alles, alles weitergeht.

Sehr nachdenklich laufe ich jetzt über die dichten Wiesen zurück, um die Gruppe fortzuführen. Das Gras ist feucht und der Boden schwer vom Regen der letzten Nacht. Ein bißchen schwül ist es. Die Sonne saugt die Feuchtigkeit auf, und sie tanzt jetzt in leichten, kniehohen Nebelschwaden über den Wiesen... Dampfschleier in der Grube, Nebelschwaden hier... Diese Koinzidenz läßt meine Bewegungen erstarren. Ich stehe wie vom Blitz getroffen. Für Augenblicke scheint der Vorhang meiner Wirklichkeit zu reißen und ich erfahre... vielleicht eine andere Dimension. Es ist alles wie sonst – und trotzdem ganz anders. Ich weiß nicht... alle Dinge scheinen transparent zu sein und gleichzeitig »wuchtiger«. Alles um mich hat viel mehr Tiefe... Farbe... ist irgendwie klarer... Der Vorhang fällt wieder zu.

Wie betäubt stehe ich da, atme die feuchte Luft tief ein – und werde weit vor Glück und heißer Dankbarkeit. Jetzt weiß ich, was Bhagwan meint. So wie ich mich fühle... ich glaube, ich bin »Gebet«.

Ein paar Leute liegen schon im Gruppenraum. Ich lege mich leise auf eine Matte, andere kommen nach, und bald ist alles wieder wie sonst. Die Gruppenleiterin liest wie immer in den kurzen Unterbrechungen etwas vor. Besinnliches mit zarter, leiser Stimme. Als sie die »Enlightenment«-Gruppe leitete, konnte ich sie nicht leiden. Richtig zickig und extrovertiert kam sie mir vor. Jetzt erfahre ich sie als sehr sanft, innig, und im stillen leiste ich Abbitte. Während der Mittagspause sitzt jeder ruhig für sich und knabbert an seinem Obst. Bei mir gibt's Bananen. Das Erlebnis vom Vormittag hat offensichtlich meine Aufmerksamkeit geschärft. Ganz langsam esse ich. Sonst geht das immer zu schnell. Die Banane zerschmilzt auf der Zunge, und ich erfahre sie… Erfahre den Wurzelschößling, der sie einmal war und die kleine Pflanze und die volle Staude, aus der sie dann hervorwächst. Sie hängt mit vielen Geschwistern am Zweig. Die Sonne hat sie in sich aufgenommen und den Wind und das Sternenlicht der Nacht. Sie ist groß geworden und wird jetzt ein Teil von mir. Und alle Erfahrungen ihres kurzen Bananenlebens gibt sie mir, und ich fühle mich sehr reich.

Die Gruppe ist zu Ende. Ich bin in einer seltsamen Stimmung. Traurig, glücklich, es war so schön. Ich traue mich, die Gruppenleiterin in den Arm zu nehmen und mich zu bedanken. Sie lächelt mich an und sagt einfach: »You are welcome.« Diese schlichten Worte treffen mich. Sie sind die englische Redewendung für unser »bitte«, aber sie hat es auf eine Art gesagt, als sei ich wirklich willkommen. Ich bin willkommen… Spontan heule ich los.

Die Sache mit Veepash hat mich ganz schön getroffen. Schade, gerade als es bei mir funkte, hat er die Leitung abgeknipst. Und dann auf diese Art… ich bin sauer. Als sei das der letzte Mist gewesen, mit mir herumzuziehen. Okay, ich bin sauer, vor allem aber bin ich verliebt und traurig und beginne ihn zu suchen. An allen Orten mit Minichance zur Begegnung schau' ich mal eben – ganz zufällig – vorbei. Ich sehe ihn nicht, mein Herz wird schwer, ich bin einsam. Ich suche ein paar Tage herum. In seine Schlafstatt schaue ich aber nicht, dazu bin ich zu stolz. Als ich gerade mal nicht suche, treffe ich ihn. Er sitzt neben einem kleinen Tschai-Shop. Das sind winzige, unglaublich schmutzige Buden, wo Tee ausgeschenkt wird. Anfangs habe ich mich sehr geekelt. Aber all die Sannyasins, die ihren Tee auch auf diese Weise trinken, leben immer noch. Es wird also schon nicht so schlimm sein. Langsam, mit zugekniffenen Augen und abgestelltem Verstand – bloß nicht darüber nachdenken – lerne ich, an der Straße Tschai zu trinken.

Also dort sitzt Veepash, lächelt mich freundlich an, und mein Herz macht einen Riesensatz vor Glück. Aufgeregt sitze ich neben ihm, und wir reden. Eigentlich hätte ich Gruppe. »Nartan«, eine

Tanzgruppe, aber die finde ich insgesamt so langweilig, daß mir das Schwänzen leichtfällt. Eine Gruppensession zu versäumen, kann Rausschmiß bedeuten und Ausschluß vom Darshan. Während ich neben Veepash sitze, ist mir das alles egal. Ich lausche verzückt seinen Worten… so schlimm hätte er es damals ja nicht gemeint. »Ich habe gefühlt, daß du anfingst zu klammern. Und sowas hat mir gerade noch gefehlt.« Na gut, ich spüre, daß er mich trotzdem noch mag, und das reicht mir im Moment schon.

Jetzt ziehen wir beide abends gelegentlich wieder los. Sitzen auf den Felsen am Fluß, auf irgendwelchen Mauern oder auf dem Flachdach »unseres« Neubaus und reden miteinander. Wir gehen tief. Es ist unsere spirituelle Weltschau, die wir voreinander ausbreiten, und ich kriege Komplimente. »Du denkst wie ein Mann.« Hmmm, zu denken wie ein Mann… toll… ich bin richtig stolz darauf. Als wäre das wirklich etwas sehr Erstrebenswertes… Immer wieder kommt bei diesen Gesprächen Bhagwan mit einem weißen Schiffchen auf unserem Redefluß einhergesegelt. Er ist aus unserer Welt nicht mehr wegzudenken, und ich zitiere ihn ständig. Nach den Lectures weiß ich oft nicht mehr, was Bhagwan eigentlich gesagt hat. Aber bei den Gesprächen mit Veepash fällt's mir wieder ein. Zum Beispiel fällt mir ein, was Bhagwan zum Thema »Einsamkeit« sagt. Er macht eine klare Unterscheidung zwischen Einsamkeit und Alleinsein:

»Einsamkeit ist eine häßliche, eine depressive Angelegenheit. Es ist Traurigkeit. Es ist die Abwesenheit des anderen. Du möchtest, daß der andere da ist. Er ist aber nicht da, und du vermißt ihn. Du bist nicht vorhanden in der Einsamkeit, nur die Abwesenheit des anderen ist da.

Alleinsein? Das ist völlig verschieden.

Du bist da, du bist vorhanden. Du vermißt den anderen nicht, sondern du triffst dich selbst. Das ist Alleinsein. Wie der Gipfel des Berges, unendlich schön. Vielleicht erschrickst du manchmal vor dir, aber auch das ist schön.

Das Entscheidende des Alleinseins ist deine Anwesenheit. Du bist nicht einsam, du hast dich selbst.

In der Einsamkeit bist du eben einsam. Da ist niemand. Du hast dich nicht und vermißt den anderen. Einsamkeit ist negativ, es ist eine Abwesenheit. Alleinsein ist positiv. Es bedeutet Anwesenheit.«

Veepash gefällt sich wieder in der Rolle des Schulmeisters. Er will mich das Alleinsein lehren, macht sich rar… und ab und zu kann ich mir seine Lektion auch aufsagen. Dann sitze ich alleine auf dem Flachdach, schaue lange in die Sterne und fühle mich gut. Ich halte es aber nur kurz mit mir aus. Im Grunde bin ich einsam. Und wenn Veepash sich mal wieder herabläßt und mir seine Anwesenheit schenkt, dann schwimme ich im geborgten Glück. Trotzdem, wir sind gute Freunde geworden.

18

Im Ashram ist alles wohlstrukturiert. Das tägliche Programm in der Buddhahall sowie der Monat als Ganzes. Von jedem 11. bis 20. läuft das sogenannte Meditations-Camp. Gruppen finden in dieser Zeit kaum statt. Die Sannyasins sollen eng zusammenrücken, sich möglichst nur im Ashram aufhalten und alle Meditationen mitmachen. Jede Meditation läßt das persönliche Energieniveau etwas ansteigen, und dieser Prozeß soll nicht unterbrochen werden. Die Summe dieser Meditationserfahrungen ist eventuell ein intensives Ashram-Energiefeld, das in jenen Tagen besonders spürbar ist. Es passiert dann etwas, das Bhagwan als »die chemischen Vorgänge einer Kommune« bezeichnet: »Sie helfen dir, zur Harmonie mit anderen zu kommen. Je harmonischer du aber mit anderen verkehren kannst, desto näher kommst du deiner eigenen Seele. Harmonie bringt dich dir selbst ganz nahe.«

Die Musikgruppe findet in diesen Tagen nicht statt, und während des Black-Outs ist es sehr still im äußeren Teil des Ashrams. Nur das Toben und die besondere Musik des Energie-Darshans wehen, durch hohe Pflanzen vielfach gebrochen, zu uns herüber. In der Dunkelheit sitzen viele Sannyasins vor dem schmiedeeisernen Tor. Oder im kleinen Garten oder in der Buddhahall … und vielleicht schlagen dann ihrer aller Herzen in einem gemeinsamen Rhythmus: »Bhag-wan, Bhag-wan …«

Mit der Energie ist das so eine Sache. Ich erfahre sie, oder ich erfahre sie eben nicht. Es liegt an mir, inwieweit ich meine inneren Antennen auf Ashram-Sendung einstellen kann … Und oft kann ich nicht. Dann bin ich nur mit mir beschäftigt, schwimme wie ein Korken auf der Oberfläche des Geschehens, drehe mich um mich selbst, habe Depressionen und schlechte Laune. Nichts erreicht mich. In solchen Stunden gehe ich kalt durch den Ashram, und es gibt keine Energie, die meine gefrorene Seele auftauen könnte.

Während des Camps werden die beiden »Säulen« des Ashrams weithin sichtbar. Die der Meditation und die der Therapie. Während die Meditationssäule sich am oberen Ende fest und glatt und rund um sich selber schließt, fächert sich die Therapiesäule dort in vielfältiger Ornamentik auf. Ranken, Blüten, Blätter... Akupunktur, Massage, Rolfing, Bioenergetik... dies und das. Es ist eine wahre Pracht. Da es in dieser Zeit kaum Gruppen gibt, läßt man sich nun das Ego streicheln, punktieren, stechen, pressen oder sonstwas.

Und dann kann man sich noch per Hypnose auf einen unbewußten Spaziergang durch abenteuerliche Seelenlandschaft schicken lassen. In Bhagwans Sinne ist das hier mehr ein Dehypnotisieren von schrillen Kratzern auf dem Lebensprogramm. Aber wie auch immer. Ich habe mir sagen lassen, daß sowas aufregend sein kann. Daß manche Leute während der Hypnose in sehr merkwürdigen Landschaften herumspaziert wären. Da ständen zum Beispiel gewachsene Maschinen. Mein Gewährsmann kann mir das nicht näher erklären, es sei aber so. Die gewachsenen Maschinen seien moosartig überwuchert, und die Stimmung erinnere ihn an ferne, menschenlose Erdentage. Ich möchte auch irgendwo herumspazieren und buche ein paar Einzelsitzungen.

Er ist sehr sympathisch, der junge Mann. Die langen Haare, die hier eigentlich alle Swamis tragen, sind zu einem Zopf geflochten. Seine blauen, warmen Augen haben Mühe gegen einen gewaltigen Bart anzuleuchten, der alle Aufmerksamkeit für sich beansprucht. Und eine tiefe, warme Stimme hat er. Der Stimme vertraue ich mich an, und sie bringt mich langsam ins Schweben. Ich schwebe in die frühe Kindheit zurück. In die Babyzeit, und meine Mutter erscheint mir dort... schwer zu sagen... sie erscheint mir »süß«. Ich schmecke sie auf der Zungenspitze. Sie ist wie ein beruhigender Kraftquell. Tröstlich wie Kerzenschimmer in einem dunklen Raum. Es tut mir wohl, sie so zu erfahren.

Ich schwebe weiter. Da sind plötzlich Schmerzen am Hals. Würgeschmerzen... und ich fühle... ich werde aufgehängt. Ich bin jetzt eine schlichte Bäurin, vielleicht in Frankreich, etwa zur Zeit der Großen Revolution. Mein Leben ist arm, dumpf und unbewußt. Nur einmal schlägt der Blitzstrahl der Liebe durch dieses trübe Gewölk. Ein junger Soldat ist es. Sehr schön sieht er aus, hat schwarze, brennende Augen, dunkle Locken, rote Wangen und einen noch leuchtenderen Mund. Eine für heutige Begriffe fast widerliche Schönheit. Damals... ich beuge mich über das Gesicht. Ich sehe es... intensiv... es scheint ein Teil von mir zu werden. Der Junge ist desertiert, meine Familie will ihn nicht, und ich bin die einzige, die ihn schützt. Auf Desertion steht der Tod. Wir werden beide aufgehängt.

Während der nächsten drei Sessions spaziere ich durch andere Räume, die ich nun in »historischer Reihenfolge« erzähle. Während der Sitzungen ging das ein bißchen durcheinander. Die früheste Erinnerung reicht ins Mittelalter. Die Familie hat mich abgeschoben. Ins Kloster, eine Heirat ist nicht in Sicht. Vielleicht sind da viel unterdrückte Sex-Energien, ich weiß nicht, jedenfalls tobe ich mich im Satanskult aus. Eine ganze Gruppe gibt sich den schwarzen Messen hin. Das Treiben wird schließlich untragbar, und ich werde vergiftet. Ich nehme das Zeug, weiß schon vorher, was es ist, egal, ich bin so gleichgültig und brenne von innen aus. Ich spüre in der Hypnose, ohne den Schmerz allerdings, wie mein Körper von innen ausglüht. So, als sähe ich durch Glas in das Innere eines Hochofens. Die Wiedergeburt erfolgt sofort. Das heißt, die Wiederverkörperung. Es ist dunkel, ich bin schon da, ich spüre etwas Entsetzliches auf mich zukommen. Die Geburt findet nicht statt...

Der nächste Eindruck ist der eines Barockraumes. Fast bodenlange Spiegel hängen einander gegenüber. Sie reflektieren sich gegenseitig tausendfach und simulieren dadurch Unendlichkeit. Ich erfahre mich als gescheiterter Gelehrter... vielleicht Alchimist... ich weiß nicht. Aber ich weiß, daß ich mein Leben lang immer etwas gesucht habe... vergeblich... ich beschließe zu sterben. Einfach nur so. Vielleicht an gebrochenem Herzen. Ich kniee am Boden, schiebe mich seitwärts in einen dieser Spiegel und löse mich in der Unendlichkeit auf.

Die nächste Geburt, so etwa um 1750, ist sehr gewalttätig. Sie findet in einer Kutsche statt, die auf der Landstraße dahinrast, in alle Schlaglöcher fliegt, und was in der Kutsche passiert, ist sehr schmerzhaft für alle Beteiligten... Ich spüre, daß an meinen Genitalien »etwas nicht in Ordnung« ist. Die Hoden sind wohl eingewachsen. Urinieren kann ich, aber alle anderen männlichen Funktionen sind für immer ausgeschlossen. Ich werde zu einem dürren, mageren Giftzwerg, mit sich und der Welt in glühendem Haß zerfallen. So schrecklich, wie dieses Leben begonnen hat, endet es auch. Da ist Wasser... ich weiß nicht... jedenfalls wehre ich mich wie verrückt, als der Therapeut das nächste Leben ansteuert. Ich will nicht... nein... nicht noch ein Leben... und gerate in ein Zwischenstadium. Es hört sich absurd an, ich kann es auch nicht erklären, aber ich habe ein Baumbewußtsein. Genauer gesagt, ich bin ein Baum. Historisch gesehen, ist dann die letzte Erfahrung die der unglücklichen Bäurin. Nach all diesen Ausflügen schwinge ich mich wieder erleichtert in die Ashram-Energie ein. Da ist Bhagwan, und ich meine, nach vielen wirren Umwegen endlich heimzukommen.

Natürlich habe ich mir über die Hypnoseerfahrungen meine Gedanken gemacht und bin ziemlich skeptisch. Schon die Tatsache, daß die Hypnose sehr leicht war, daß ich dem Therapeuten erzählen konnte, welcher Film gerade lief, macht mir die Sache zweifelhaft. Ich glaube nicht, daß so tiefe Erinnerungen an frühere Leben auf diese lockere Weise mal eben abgerufen werden können. Und selbst wenn es so ist, wenn ich nicht nur durch Projektionen meines eigenen Unbewußten spaziert bin, wenn ich in früheren Leben mir selbst begegnete: Ich habe mit diesen Personen nichts mehr zu tun. Es sind fremde Gestalten. Wie Schauspieler, mit denen ich mich vorübergehend identifiziere, die ich ein bißchen bemitleide, um mich dann zu Hause in mein weiches Bett zu kuscheln. »Ein Glück, daß ich jetzt nicht im Kloster bin…«

19

Die Ashram-Gruppen lassen im wesentlichen drei unterschiedliche Arten der Strukturierung erkennen. Da ist erstens die dynamische Struktur, zu der zum Beispiel auch die Encounter-Gruppe gehört. Zweitens eine offene, kreative Struktur. Art-Groups, Psychodrama, Gestalt- und Tanzgruppen gehören dazu. Und drittens gibt es Gruppen der intensiven Meditation. So eine habe ich jetzt. Sie heißt »Za-Zen« und dauert fünf Tage. Auch bei dieser Gruppe ist jedes Wort, jeder überflüssige Blickkontakt verboten. Nur nach innen sollst du schauen, nicht nach außen.

Das Haus steht am Rande des Koregaon-Parks, und zum Ashram läuft man etwa zehn Minuten. Über das Flachdach ist auch hier ein Holzdach gestülpt. Die Seiten sind offen und werden nach Bedarf mit Planen verhängt. Der Hauptteil des Daches steht der Meditation zur Verfügung. Beide Enden sind mit Tüchern abgeteilt. Dadurch entsteht ein kleiner Küchenraum und zum andern ein Raum für unsere Kleidungsstücke. Dafür brauchen wir sechzig Leute viel Platz. Jeden Tag sollen wir etwas Frisches anziehen. Entlang der weißen Tücherwände sind je eine kleine Sitzbank, verschiedene Kissen und eine dicke Frotteematte in Gruppen nebeneinander aufgereiht. Das ist der ständige Meditationsplatz. Und durch eine Matratze wird er auch zur Schlafstelle.

Noch vor Sonnenaufgang beginnt es. Duschen, vielleicht etwas kalter Kräutertee, sitzen, die Augen niedergeschlagen, mit Blick auf die Wand. Nach dreißig Minuten teilt mir ein Gong mit: im Kreis spazieren. Sehr, sehr langsam, die Augen niedergeschlagen, meditativ. – Nächste Runde Sitzen, karges Frühstück, zum Ashram laufen, an der Lecture teilnehmen, zurückkommen, heißer Tee. Der weitere Verlauf des Tages ist dann ein beständiger Wechsel von Sitzen und langsam Laufen, nur unterbrochen von Mittag- und Abendessen. Während des Black-Outs im Ashram wird auch in diesem Hause das Licht gelöscht. Nochmals sitzen, dann schlafen gehen. Das ist die Struktur dieser Gruppe... und in all dieser Stille passiert was.

Wenn der Gong zur Mittagspause ertönt, öffnet sich der meditative Kreis am Durchgang zur Küche. Aus dem Kreis wird jetzt eine Reihe, die sich langsam zum Tisch schiebt, wo das Essen bereits in Schalen vorbereitet wurde. Jeder nimmt sich das Entsprechende, geht schweigend an seinen Platz zurück, setzt sich, wartet auf die anderen, und wenn alle da sind, wird wieder gegongt. Wir verbeugen uns vor dem Essen und beginnen. Dieses Verbeuge-Ritual finde ich wunderbar. Welch eine Achtung wird dadurch der Nahrung gezeigt, die mich am Leben erhält. Und ich denke an all die Kräfte, welche nötig waren, um Gemüse und Reis wachsen zu lassen. Die Existenz sorgt für mich, und durch die Verbeugung zeige ich meine Dankbarkeit. Ich esse sehr langsam... und manchmal fallen mir mit Schaudern meine Freßarien ein. Stehend vor dem Kühlschrank, hastig stopfend, Essen als Selbstzerstörung. Und mir fällt ein, was ich dann mit der Nahrung obendrein noch gemacht habe...

Hier erfahre ich das Essen zum erstenmal ganz bewußt als ästhetischen Vorgang, an dem Körper und Seele und die ganze Existenz beteiligt sind. Und die demütige Verbeugung vor dem Essen macht mich reich. Wir verbeugen uns auch voreinander, wenn wir im Kreis stehen. Und wir verbeugen uns sogar vor unserem Meditationsplatz. Geschieht dieses Verbeugen in Liebe und Hochachtung vor allem Seienden, bin ich nach dem Aufrichten ein klein wenig verändert. Ich habe Jesus verstanden, wenn er sagt: »Wer hat, dem wird gegeben werden.«

Wir knien auf den Matten, und der Po ruht auf der kleinen Bank. Das geht einigermaßen. Trotzdem tut mir der Rücken weh. Später versuche ich den Knie-Druck durch zusätzliche Kissen zu mildern. Unter den Po wird ein Kissen geschoben und wieder weggenommen. Winzige Änderungen erleichtern vielleicht das bewegungslose Sitzen der nächsten Runde. Und dann hocke ich wieder da, und statt mir meine Gedanken nur anzuschauen, haben sie mich im Griff. Sie toben wild in meinem Kopf oder schläfern mich ein. Wie es ihnen gefällt. Haben sie mich müde gemacht, bekomme ich vielleicht etwas auf den Kopf. Einen Schlag. Die Groupleader laufen auf leisen, nackten Sohlen hinter uns im Kreis und tippen uns mit einem enormen Bambusstock gelegentlich an. Der Stock ist vorne gespalten. Bei der leisesten Berührung schlagen die Zungen aneinander und machen gewaltigen Lärm. Und so ist es eher dieses Geräusch als der Tupfer, was mich aus den Träumen schrecken läßt. Ich bin wieder wach und schaue auf die Wand. Bewegungslos. Mit niedergeschlagenen Augen vor mich hin starrend.

Mindestens zweimal haben wir Gelegenheit, mit den Groupleadern über unsere Erfahrungen zu sprechen. Denen erzähle ich jetzt, was los ist: Statt Ruhe im Kopf zu haben, herrscht dort lärmendes Durcheinander. Erinnerungen sind wieder da. Bilder, Erlebnisse, Gefühle. Und vor allem sitzt mal wieder meine Mutter neben mir auf dem Bänkchen. Und weil's dort zu eng ist, will ich sie wegdrängeln. Dafür baut sie sich vor der Wand auf. Zahllose Briefe schreibe ich ihr in Gedanken, da ich ja nicht reden darf. Sie liest sie nicht. Sie schaut mich nur an.

Gleich nach meinem Poona-Entschluß habe ich meiner Mutter einen 17seitigen Versteh-mich-doch-Brief geschrieben. Ihre Antwort war sehr schön. Voller Verständnis und Zärtlichkeit antwortete sie mir… und Glückstränen rannen über meine Nase. »Ich habe jetzt gemerkt, wie sehr ich dich doch liebe«, stand da unter anderem. Dieses Wörtchen »doch«… Ich wende es hin und her. Ist es nur ein Füllsel, dem eleganteren Sprachfluß zuliebe? Oder meint dieses »doch«, daß sie vorher gar nicht gewußt hat, daß sie mich eigentlich liebt?

Im Augenblick ist mir das aber egal. Ich bin voll Zorn und Traurigkeit. Die Bilder der kleinen, geduckten Kindheit quälen mich. Ihre ewigen Vergleiche! Bemerkungen, die wie ein Messer in meine Seele schnitten!!! Abschätzige Blicke und ihre Körpersprache, die so oft Unzufriedenheit signalisierte. Deshalb bin ich stets und ständig mit Schuldgefühlen herumgelaufen. Soviel Erwartungen und Forderungen. Nie wurden sie richtig ausgesprochen. Ganz subtil durchzogen sie die Atmosphäre des Zusammenlebens… ungreifbar wie kalter Hauch.

Und jetzt ist Wut in mir. Gleich nach der Gruppe werde ich ihr einen Brief schreiben. Genug, mit dem freundlich-nachsichtigen Geturtel! Mir reicht's!!! Was hat sie sich damals bloß dabei gedacht? Sicher gar nichts – trotzdem! Durch diese Situation, nur dasitzen und denken – obwohl man gar nicht denken soll – drehe ich mich mächtig rein, in diese düstere Haßstimmung. Jetzt soll sie's wissen. Jetzt schreie ich alles raus. Jetzt hau' ich ihr das um die Ohren, daß es nur so knallt!!!

Nach der Gruppe bin ich dermaßen aufgeladen, daß ich mich tatsächlich hinsetze. Fünfzehn böse, sehr böse Seiten. Eng beschrieben. Schwer ist er, dieser Brief, und weil die kleine Ashrampost schon geschlossen hat, muß ich das Abschicken auf morgen verschieben. Ich bedauere das zutiefst. Weil ich Veepash zufällig treffe und weil der Brief so eine geballte Ladung ist, will ich ihm den eben noch vorlesen. Wir sitzen wieder neben dem Tschai-Shop. Auf einem kleinen Feuer brodelt der Tee, wir rücken zusammen, und ich lese… Zunächst schweigt er. Lange. Dann sagt er ruhig: »Den schickst du nicht ab.« Ich fahre auf. Natürlich würde ich das tun, was er sich denke, ich müsse das Zeug endlich loswerden, sie solle das alles ruhig wissen. Veepash bleibt ruhig. »Den Brief schickst du nicht ab.« Und dann redet er. Von dem langen, verzweifelten Glaubenskampf mit seiner Mutter erzählt er mir. Jahrelang sei das ergebnislos hin und her gegangen, und der Graben des gegenseitigen Mißtrauens wurde nur immer tiefer. »Und hier ist das ähnlich«, sagt Veepash. »Du willst dich befreien, aber denkst nur andauernd daran. Du fragst dich, ob sie den Brief schon hat. Dann hat sie ihn. Vielleicht bricht sie zusammen, ist traurig und empört. Sie schreibt zurück, sie rechtfertigt sich… das ist alles schon so lange her… sie kann sich kaum noch erinnern… Und dann stehst du da, schreibst wieder… Und nun beginnt das Böse zu kreisen. Alles, was du loswerden willst, hat dich nun erst richtig im Griff.«

Inzwischen ist es dämmrig geworden. Das Licht des kleinen Teefeuers fällt auf sein Gesicht und zeichnet dort scharfe Schatten. Sie verändern sich durch leichte Bewegungen… viele Gesichter hat er… Ich höre Veepash zu, denke an all unsere Gespräche und vertraue ihm. Immer war es sehr klug und tief, was er sagte. Weisheit und Demut… warum sollte es heute anders sein? Diese flackernden Schatten in seinem Gesicht... uralt sieht er aus. Wie der Großmeister eines Ordens… als kennte er alle Geheimnisse der Welt… ich höre zu. Schön ist es, was er sagt, als redete Bhagwan selbst durch ihn. Langsam schrumpelt meine aufgeblähte Wut zusammen. Na gut, dann schicke ich den Brief nicht ab. Veepash soll ihn nehmen. Der will ihn aber nicht und findet außerdem, daß Aufheben nicht genug sei.

Nun ist es schon ziemlich dunkel geworden. Wir verlassen den Tschai-Shop und gehen nebeneinander auf der Straße. Was soll denn nun mit dem Brief passieren? Plötzlich kriege ich einen Anfall von Größe. Veepash hat Streichhölzer dabei, und wir zünden den Brief an. Es ist erstaunlich. Die fünfzehn Seiten lodern hell empor. Das Feuer bläht sich auf, wird groß und heiß, und ich starre in die Flammen. Meine Wut, mein Haß, all meine bösen Erinnerungen… zischelnd frißt sie das Feuer auf. Die Briefseiten fallen in sich zusammen, und gleichzeitig fällt auch etwas in mir zusammen. Aus, vorbei… Die schwarzen Aschenreste kauern am Boden, wie das Böse selbst. Ich wische leicht mit dem Fuß darüber… und renne glücklich Veepash hinterher, der schon ein paar Schritte vorausgegangen ist.

Dieses Feuer... verrückt... als hätte es das Böse in mir verzehrt... An jenem Abend fühle ich mich seltsam verklärt, so als sei ich in kurzer Zeit sehr gewachsen.

20

Bhagwans »Opernensemble« ist, wie bereits gesagt, gut eingespielt. Die Sänger der zweiten Garnitur machen Grüppchen, wie zum Beispiel »Nartan«, und die Stars geben gelegentlich erstaunliche Aufführungen. Das ist dann wie Opernballett und Hexentanz in einem. Die große Energie-Arie wird abgesungen. So eine Gruppe ist »Leela«. Spiel heißt das. Energiespiel. Immer, wenn ich erwähne, daß diese Gruppe meine nächste ist, bekommen die Leute blanke Augen. Sie beneiden mich. Sie haben schon soviel davon gehört. Toll soll es sein, was da so alles passiert. Ein energetischer Hexenmeister ist dieser Somendra. Eine Stargruppe! Etwas ganz Besonderes

So sitzen wieder achtzehn Leute im Kreis und warten gespannt auf Somendra. Er betritt den Raum. Mittleren Alters, mittelgroß, eher zierlich der Körperbau, lange Haare, langer dunkler Bart und beeindruckende Augen. Strahlend blau, stählern, tief. Somendra ist sehr ernst. Er ruft die Teilnehmer auf, schickt der Person einen kurzen, intensiven Blick zu und setzt rasch einen Kringel hinter den Namen. Offensichtlich bezeichnet diese Hieroglyphe die »energetische Gesamtstruktur« des Teilnehmers. Somendra läßt uns nämlich kurz darauf eine sternförmige Figur bilden, dirigiert jeden auf einen bestimmten Platz und schaut dabei nur auf den Zettel. Wie der Regisseur ins Rollenbuch. Und dann geht es los. Wir haben alle Kontakt untereinander. Somendra berührt jemanden, die Energie läuft durch uns, wir fangen an zu vibrieren. Es wird intensiver, ein paar Leute schreien, andere schreien mit, wildes Schwingen. Das Toben ist jetzt fast so schön wie beim Energie-Darshan und wird immer stärker. Schließlich bricht die Figur auseinander. Alle fallen übereinander. Heftiges Atmen. Wir liegen eine Weile nur so da, die Augen sind geschlossen, und wir hören auf das Rauschen im eigenen Kopf.

Na, das fängt ja gut an. Und so ähnlich geht es auch weiter. Somendra läßt andere Figuren bilden oder Kreise oder arbeitet mit einzelnen von uns. Das wogt und tobt nur so, und wer stehend von ihm angefaßt wird, bricht bald darauf in die Knie. Aber es ist »Leela« – Spiel –, nur aufregend und schön. Nie schmerzhaft oder unangenehm, das Schreien eher lustvoll und befreiend. Wie ein aufgeregter Kindergarten wirbeln wir durcheinander, und in dem ganzen Chaos hat Somendra das Heft fest in der Hand. Haben wir eine Energie-Session hinter uns, gibt's Musik. Wir tanzen einfach nur so herum und in der Auswahl der Rhythmen ist er auch sehr begabt, der Somendra. Wir sind fasziniert von ihm. Was für ein Mann!

Und bei allem, was da passiert mit mir, bei allem, was ich tue, habe ich ihn stets in den Augenwinkeln. Ich will ihm gefallen. Ich tanze besonders verrückt herum, spreche besonders auf seine Energien an, und das zittert und vibriert bei mir nur so daher. Und obendrein fühle ich mich auch noch ein bißchen bevorzugt. Bei Formationen wird mein Name oft zuerst genannt. Die anderen baut Somendra hinter mir auf. Wenn er mich dann berührt, um die Energie durch mich zu den anderen zu schicken, bin ich glatt im Medium-Himmel. Nicht nur das. Wenn Somendra mit einzelnen arbeitet, holt er mich gelegentlich dazu. Dann zieht er sich zurück, und ich lasse nun in gewissem Abstand meine Hände über den anderen Körper gleiten. Das ist wirklich stark! Ich bin entzückt. Mein Gott, was hab' ich doch für außergewöhnliche Energien.

Ich schwebe durch die Gruppe, bin leutselig und zugänglich, aber trotzdem haben mir diese Energiespiele wohl den Kopf vernebelt. Eigentlich bin ich schon in einer anderen Dimension. Meine Karriere als Bhagwan-Medium ist quasi vorbestimmt und meine Erleuchtung nächsten Mittwoch um fünf. Mein Ego rotiert wie verrückt, so daß ich die anderen kaum wahrnehme. Carola dringt gerade noch in mein Wahrnehmungsfeld. Ein hübsches, pausbäckiges Engelchen ist sie. Wenn man genau hinschaut, drücken sich kleine Teufelshörnchen durchs blonde Lockenhaar. Aber die Hörnchen stehen ihr gut. Carola ist lustig, offen, spielt mit dem Sex herum, und wie ein fröhlicher Kobold hüpft sie durchs Gruppengeschehen. Wir mögen uns sehr. Ich nenne sie Sonnenscheinchen und wärme mich an ihrer Nähe.

Und dann ist da noch eine Frau. Die dringt nicht nur in mein Wahrnehmungsfeld, nein, die schlägt eine Bresche, daß mir Hören und Sehen vergeht. Sie ist Französin, Ende dreißig, eine schöne, selbstbewußte Frau. Sie hat ein langes Ashram-Leben hinter sich und selber Gruppen geleitet. Gerade ist sie aus Frankreich zurückgekommen und weiß nun nicht, was sie tun soll: Im Westen bleiben, Gruppen leiten, viel Geld machen und sich dem süßen Leben ergeben. Oder wieder in den Ashram-Schoß zurückkehren.

In den Pausen, wenn wir gerade mal angezogen sind, macht sie uns die große Modenschau vor. Elegant-lockere Kleider, königlich getragen, sind die i-Pünktchen auf ihrem Stolz. Sie hält sich sehr zurück, liegt meist nur gelangweilt in den Ecken herum, und die Gruppe hat ihr schon eins auf den Kopf gegeben. Ich habe ihr auch gesagt, was mir an ihr nicht gefällt, aber weiterhin ist sie eine permanente Herausforderung für mich.

Der letzte Tag. Bis dahin habe ich mein aufgeblasenes Ego unbeschädigt durch die Gruppe drehen können. Ich bin nämlich schlechthin die Größte, meine Energien sind so umwerfend spirituell, ich bin ja so sensibel, mir passieren so tolle Sachen… Ich ziehe die große Energie-Show ab, und wie die anderen die finden, merke ich gar nicht. In der letzten Nacht ist eine seltsam-knisternde Stimmung im Gruppenraum. Wir liegen auf unseren Matten, aufgeladene Sprüche fliegen hin und her… da sind zwei Swamis, die mir gut gefallen. Die wollen mich aber nicht, die wollen eher Carola. Einige mögen mich, aber die rutschen als zu kleine Fischlein durch mein Männernetz. Ich bin unruhig. Wir schlafen alle sehr spät ein. Dann gibt es einen Riesenkrach. Die schöne Französin kommt reingejubelt, hat offensichtlich einen in der Krone und macht sich über einen Swami her, den ich auch gut finde. Der will nicht, und sie jubelt wieder raus. Ich bin hellwach und sauer.

Am nächsten Tag sage ich das. Eigentlich will ich, daß ihr die Gruppe noch mal eins reinwürgt, daß wieder alle über sie herfallen… aber meine Vorwürfe sind ein Schuß nach hinten. Sie springt in die Mitte. »Na und, so bin ich eben, hast du was dagegen?!« Sie bäumt sich auf wie eine schöne Löwin, hebt die Pranken… und ich schrumpfe zu einem erbärmlichen Mäuschen. Panik überfällt mich, mein Gott, ich muß wahnsinnig geworden sein, mich mit dieser Frau anzulegen… Die Gruppe will Kampf. Es kommt zu einer wilden Kissenschlacht, genau weiß ich nicht mehr, was passiert, aber ich falle ins Nichts. Diese Frau macht mich fertig. Am Ende kommt raus, daß ich neidisch auf ihr stolzes Selbstbewußtsein bin, daß ich mich vor starken Frauen wie sie mein ganzes Leben hindurch gefürchtet habe. Und als zerknautschtes, heulendes Elend hocke ich schließlich wieder auf meinem Platz.

Jetzt fallen die anderen über mich her. Denen ist mein hochenergetisches Getue schon lange auf die Nerven gegangen, und sie sagen mir sehr deutlich, was sie von mir halten. Viel ist das nicht, und Carola fügt angewidert hinzu: »… daß du nur eine blöde Ziege bist«. Das tut mir am meisten weh, weil wir uns anfangs so gern hatten. Somendra hat sich das alles schweigend angesehen und holt jetzt zum großen Schlag aus. Daß ich zu denen gehöre, die er in der Gruppe nicht leiden könne. Ich sei eitel, narzißtisch und mein Energie-Trip der reinste »bull-shit«. Ich sei nicht intelligent. (Mit großem Abscheu setzt er hinzu: »Alle Lehrer sind dumm!«) Ich steckte nur in meinem Kopf. Ich könnte nicht fühlen, ich sei eiskalt, ich sähe gar nicht, was in der Gruppe vor sich ginge. Ich hätte Fans hier, Leute die mich mögen, aber nicht mal die sähe ich. Und im übrigen sei das eine Zumutung gewesen, sich andauernd meinen fetten Arsch ansehen zu müssen.

Die Wirkung dieser Worte ist fürchterlich. Jede Körperzelle ist starr vor Schmerz.

Üblicherweise richten dich die Teilnehmer nach solchen vernichtenden Schlägen wieder auf, aber dazu gibt es keine Möglichkeit mehr. Die Gruppe ist zu Ende. Ich schleiche mich aus dem Raum. Draußen packe ich meine Sachen zusammen und gehe fort, ohne noch jemandem auf Wiedersehen zu sagen.

Mit dem, was da passiert ist, bin ich jetzt allein. Ich kriege unter meinem Moskitonetz einen Heulkrampf und will mit jemandem reden. Veepash! Er ist mein Freund. Wenn ich nur wüßte, wo er steckt.

21

Ich erinnere mich, daß er mir mal einen Riesenbaum am Fluß gezeigt hat: »Dort oben bau' ich mir ein Nest.« Ich habe das nicht so ernst genommen, aber jetzt... vielleicht ist er doch da, er ist so schön verrückt, bei dem weiß man nie... Ich laufe los, beständig Tränen aus den Winkeln wischend, ich bin außer mir. Tiefe Scham ist da und Wut – dieses dämliche Arschloch, mir sowas in letzter Stunde mitzugeben –, aber auch Einsicht. Da ich immer sehr ehrlich bin, muß ich zugeben, daß Somendra recht hat, und auch die Gruppe hat recht, und daß mir eigentlich gar nichts Besseres hätte passieren können, als so fürchterlich eins auf den Deckel zu kriegen. Auch wenn's jetzt noch so sehr wehtut.

Ich finde den Baum, sehe hoch oben etwas Wirr-Nestartiges, wie ein riesiger Adlerhorst ist das, und ich rufe seinen Namen. Stille. Ich rufe nochmal, und dann meldet er sich. Wer denn da unten sei. Oh, er ist doch da, wie schön, und seine Stimme aus dieser Höhe kommt mir vor wie Schalmeienklang. Daß ich das sei, sage ich, und daß er doch bitte mal runterkommen möge, ich hätte mit ihm zu reden. Kurz darauf steht er vor mir. Geräuschlos und schnell wie eine Baumkatze ist er herabgeturnt. Er wirkt verändert. Die neue Baumfreiheit scheint ihm gutzutun. Sein Gesicht ist klar, nicht mehr so traurig, und neue Kraft hat ihm der Baum wohl auch gegeben. Der Körper sieht glatt aus und jung und kräftig. Er strömt geradezu über vor Leben und scheint sogar zu atmen im Rhythmus seines Baumes. Ich bin entzückt, ihn so zu sehen. Aber da ich nun schon mal da bin, erzähle ich ihm auch die Geschichte meiner Niederlage und bringe meine eigene Einschätzung des Geschehens gleich mit hinein. Für ihn bleibt da gar nicht mehr viel zu kommentieren. Er sieht, daß ich verstehe, und das ist ihm genug.

Ob ich mir mal das Nest von innen ansehen wolle, fragt er mich, und ich bin begeistert. Na klar will ich! Komme ich denn da überhaupt hoch?... Die eigenen Zweifel zerfließen in seinem Sog. Ich turne ihm einfach hinterher und wundere mich ein bißchen über meine eigene Sportlichkeit. Er hilft mir an kritischen Stellen, und weil die so schwierig sind, weiß ich: Heute kommst du hier nicht mehr runter, es wird gleich dunkel! Der Gedanke an eine Baumnacht vervielfacht noch auf erstaunliche Weise meine Geschicklichkeit. Angst hab' ich jetzt überhaupt nicht mehr, und als ich endlich oben bin, war alles ganz einfach. Wirklich schön hat er das gemacht. Über eine Matratze spannt sich spitzwinklig eine Zeltplane. Die kann man an einer Seite noch fensterartig aufschieben. Am Fußende der Matte steht ein kleines Regal, und vor dem Eingang gibt es so eine Art Terrasse, wo sogar zwei Leute sitzen können. Alles hat Veepash solide und geschickt in eine kräftige Astgabel eingeflochten, und es ist wirklich ein traumhafter Platz. Durch die Blätter schimmert der Fluß, und später auch noch das Mondlicht. Der Baum selbst ist ein wahres Wunder. Eine eigene Welt ist er, voll Leben und Persönlichkeit. Lange Wurzeln hängen aus dieser Höhe bis zur Erde hinunter. Das wogt und wabert in ihm, und man müßte schon sehr verhärtet sein, um diese Vibrationen nicht zu spüren. Veepash liebt seinen Baum und redet mit ihm. Ich kann mich leicht in diese Stimmung einschwingen. Und nach und nach schwingen wir dann auch miteinander. Da ist der Baum und die Nacht und wir. Da ist seine neue Lebendigkeit und meine aufgeladene Energie. Trotz des fatalen Ausgangs scheine ich doch die Gruppenenergie gespeichert zu haben. Diese Energie läßt alle Sicherungen durchknallen, und jene verrückte Nacht dort oben auf dem Baum zählt in meinem wahrlich nicht abenteuerarmen Dasein zu den schönsten Erlebnissen.

Diese Nacht ist nicht der Auftakt zu neuem Glück. Gleich als ich das erstemal im Nest sitze und tief durchatme, nach all der Kletterei, sagt er es ganz deutlich. Er habe mich zwar heute mit hochgenommen, aber eben nur heute. Morgen könne alles ganz anders sein. Ich weiß das, ich kenne ihn inzwischen, und so sitzen wir oft nur unter dem Baum, lehnen uns an die gewaltigen Wurzeln und reden miteinander. Der Sex war eine frühe Erfahrung bei ihm. Schon mit acht Jahren ging das los, und diese Gefühle stürzten ihn in tiefe Verwirrung. In seiner hochkatholischen Umgebung war niemand, mit dem er als kleiner Junge darüber zu sprechen wagte. Das war wie ein wildes Meer, das ihn zu verschlingen drohte, ein Chaos, ein äußerst beschämender Dauerzustand. »Für Jahre war ich nur mit dem Sex beschäftigt, beziehungsweise damit, ihn zu verbergen.« – Und er beschäftigt sich natürlich allein mit seinem Sex – und muß mit den Schuldgefühlen leben. Die prallen auch noch auf seine extreme Religiosität und erfahren dort vielfache Verstärkung. Priester will er werden, er liebt die Tiere und den Wald, aber die Menschen eigentlich nicht so. Die machen dem hochsensiblen Jungen das Leben schwer. Der Dorfschullehrer prügelt ihn fast zu Tode, er rennt weg, verkriecht sich, zu Hause gibt's noch mal Schläge. Als er schließlich mit vierzehn die Schule verläßt, ist es, als sei eine Feder in ihm zersprungen. Er ist menschenscheu geworden. Eigentlich hat er große Sehnsucht, aber er geht allen Mädchen aus dem Weg und bleibt mit seinen sexuellen Problemen allein.

Den ersten Kontakt hat er schließlich mit einer Prostituierten. Da ist er schon fünfundzwanzig, und erst ab siebenundzwanzig gibt es dann einigermaßen normale Beziehungen zu Frauen. Er übertreibt wie verrückt, die halten das nicht lange aus, und er bleibt wieder allein. Dauert eine Beziehung mal länger, belehrt er die Frau ständig. Er weiß nämlich inzwischen viel von der Welt, die Scientology Church hat es ihm erzählt, und sein religiöses Suchen in den Kopf verbannt. Da sitzt er jetzt und grämt sich. Das religiöse Suchen möchte viel lieber im Herzen wohnen oder in seiner Seele, aber es gibt da keinen Zugang mehr. Alles ist verschlossen. Und sehr tief hinter diesen verschlossenen Türen kauert die Liebe und weint. Sie fühlt sich so schrecklich einsam. Ganz, ganz selten passiert es jedoch mal, da öffnen sich die Türen weit. Da fällt Licht in ihr Gefängnis, da jubelt sie überglücklich auf, da möchte sie mit der anderen Liebe verschmelzen. Aber weil sie zu laut jubelt, weil sie sich vor Freude wie eine Verrückte aufführt, erschrickt die andere Liebe und rennt weg. Aus, vorbei! Mit lautem Knall schlagen die Türen zu, und seine Liebe ist wie gelähmt vor Entsetzen. Sie fürchtet sich so sehr in der Dunkelheit, es ist so bitterkalt, und ihre Tränen erstarren zu Eis.

Ich mag Veepash sehr und bin äußerst vorsichtig mit ihm. Wenn ich zu ihm komme, soll er spüren, daß ich vor allem seine Nähe will. Aber ich möchte natürlich auch noch ein bißchen mehr, wenn's geht. Ich kann das nicht ändern, das ist nun mal so. Und dann wehrt er sich. Vom vielen Toben ist sein Sexmeer müde geworden. Liebe will er, doch die habe ich selber nicht. Nur zärtliche Zuneigung, Sehnsucht nach dem »bißchen mehr« hab' ich. Mit vielen Worten erklärt er mir dann, warum er mir das »bißchen« nicht geben könne. Ja, ja, ich bin so verständnisvoll, ich sehe das natürlich alles ein. Die Sehnsucht schrumpft und erstickt schließlich unter seinem Wortberg. Er begleitet mich im Dunkeln noch ein Stück auf der einsamen Straße, wir reden Belangloses, und zwischen seinen Worten schwingt plötzlich etwas. Das ist wie ein Aufschrei aus tiefster Mitte, ganz leise nur, aber wie ein Messer schneidet es mir ins Herz: »Geh nicht weg, laß mich nicht allein, ich bin so einsam, komm doch bitte mit ins Nest.« Und dann kann ich nicht mehr klettern, seine vielen Worte von vorhin haben mich schwer gemacht. Wie ein Stein fühle ich mich und gehe traurig nach Hause.

Sehr, sehr schwierig ist das alles, aber manchmal treffen wir uns doch auf der unbekümmerten Spielwiese des Ashramtages. Er ist offen, und ich bin glücklich, weil er so offen ist, und wir spielen Fangen wie kleine Kinder. Wir schaukeln auf unserem fröhlichen Lachen herum und wippen ausgelassen miteinander, und der Schwung läßt uns hoch hinauffliegen. Geradewegs ins Nest. Morgens ist aus dem Schwung der letzten Nacht wieder ein müdes Pendeln geworden. Er läuft neben mir her, beziehungslos, und ich schätze mich bereits sehr glücklich, wenn er auf der Straße mal seinen Arm um meine Schultern legt. Da meistens noch sein langer Lungi dranhängt, hüllt der mich jetzt auch noch ein. Ich kuschele mich dann in seinen Arm und in den Lungi und bin mächtig gerührt über soviel Zuwendung.

Diese Sache mit der »Leela«-Gruppe war wirklich ein schwerer Schlag ins Ego-Kontor. Da kann ich mir zehnmal einreden, daß der notwendig war. Daß ich sonst auf einen schweren Ego-Trip gekommen wäre... Aber ich brauche bloß daran zu denken, dann wird mir richtig übel vor Scham. Treffe ich Leute aus der Gruppe, schaue ich mit versteinertem Gesicht an ihnen vorbei. Jede Begegnung ist mir zutiefst peinlich, und ganz schlimm ist das, wenn Somendra vorbeikommt. Ich kann den Hals gar nicht weit genug zur Seite renken, um irgendeinem Blickkontakt zu entgehen. Wenn ich nicht überhaupt schon vorher einen Haken geschlagen habe. Dieses Wegschauen ist nicht nur eine Folge des jüngsten Gruppenereignisses. Diesen Mechanismus kenne ich schon länger. Leute, mit denen ich irgendwann mal etwas zu tun hatte, eine Begegnung, ein nettes Gespräch, alles ganz normal... Sehe ich sie später von weitem, klappt etwas in mir runter. Ich bin zu und schaue so gekonnt an ihnen vorbei, daß sie dieses Verhalten meiner Unaufmerksamkeit zurechnen müssen. Kommt es aus irgendwelchen Gründen doch zu dieser Begegnung, dann gebe ich mir einen Schubs. Das innere Visier wird hochgeklappt, und ich bin da. Nett und lieb und freundlich bin ich, und wenn wir dann auseinandergehen, habe ich wirklich ein gutes Gefühl. Dieses Wegschauen ist wie ein Reflex, und ich versuche seine Ursachen zu ergründen.

Wie ich die Welt erfahre, hängt immer noch von meinem Körpergefühl ab. So eine Begegnung zum Beispiel: Sehe ich jemanden von weitem, tickt mein Körpercomputer los. Er teilt mir blitzschnell mit, daß ich heute nicht so gut aussehe wie damals. Daß ich 230 Gramm zugenommen habe, daß meine Haare nicht sitzen, daß ich einen müden Zug um den Mund habe. Ergebnis: Ich werde abgelehnt werden. Meine Reaktion: Unsicherheit. Abwehr. Aus Angst vor der Ablehnung. Ich schaue zur Seite. Das ist aber nur die erste Ursachenschicht. Ich bohre weiter und stoße auf Härteres. Stoße auf die Felsen meiner eigenen Lieblosigkeit. Ich will eigentlich keine Begegnung, will nichts von mir hergeben. Nicht mal ein Lächeln, nicht mal ein liebes Wort.

Von zwei Brunnen erzählt Bhagwan: Der eine Brunnen mag sein Wasser nicht hergeben. Er hat Angst. Eine Dürre könnte kommen. Er braucht sein Wasser selbst und klammert sich daran. Das Wasser steht, wird brackig, fängt nach einer Weile an zu riechen. Selbst wenn der Brunnen sein Wasser nun noch geben wollte: Niemand will es haben. – Der andere Brunnen sprudelt geradezu über. Dürre? Ach was! Er gibt und gibt, und sein Wasser ist frisch und klar. Und der Brunnen wird auch nicht leer. Nein, viele feine unterirdische Quellen speisen ihn immer wieder aufs neue. Sein Wasser ist so klar und köstlich, und alle wollen aus dem Brunnen trinken.

Also, leicht fällt mir das Eingeständnis ja nicht. Aber ich spiegle mich prachtvoll im ersten Brunnen. Wie bei ihm kreisen alle Wellen nur um mich. Statt zu geben, sauge ich ein. Männer, Gefühle, Aufmerksamkeit und sonstwas... Ich habe kaum Freunde und eine richtige Freundin schon seit Jahren nicht mehr. Laben tu' ich mich meist am eigenen Wasser. Holen sich andere ein Gläschen raus, muß es ihnen seltsam schmecken. So richtig brackig noch nicht, im Gegenteil, zu Anfang mächtig prickelnd und spritzig. Der taube Nachgeschmack kommt erst später, und ein neues Gläschen wollen sie dann eigentlich gar nicht mehr haben.

Hier im Ashram werde ich andauernd mit der Nase auf mein Ego gestoßen. Es will immer was Besonderes sein, sich abgrenzen von den anderen, will toller sein. Und wenn das nicht geht, dann wenigstens das mieseste Ego der Welt mimen. Das größte oder das kleinste. Aber etwas Außergewöhnliches auf alle Fälle. Bloß nicht so sein, wie alle anderen. Das wäre sein eigener Tod. Und so spielt das Ego sein Spiel. Es hat im Lauf meines Lebens schon so oft eins auf die Mütze bekommen, daß es das Kleinheitsspiel bevorzugt. Ach, es geht ihm ja soo schlecht. Es hat ja solche Depressionen. Es möchte am liebsten tot sein. Und keinem anderen Ego im Ashram kann es so schlecht gehen, das ist unmöglich, dieses Leiden ist wirklich außerordentlich. Und es leidet so schön daher. Es ist so sehr mit seinem eigenen Schmerz beschäftigt, daß die anderen Egos brüllen können, soviel sie wollen: »He, du, uns geht's auch schlecht. Hör doch mal her...« Umsonst. Mein Ego hat sich Watte in die Ohren gestopft, um sich bei den eigenen Klageliedern nicht stören zu lassen. Und wirklich schön kann es singen. Innig und sehr virtuos. Das müssen schließlich auch die anderen Egos zugeben. Nach und nach halten sie erschöpft ein mit ihrer Brüllerei und hören beeindruckt zu. Mein Ego leckt sich die Lippen. Vielen Dank fürs Zuhören. Sein Spiel hat wieder mal geklappt.

Es ist ein sehr einsames Spiel. Immer die gleichen Lieder, die gleichen Klagen. Jede Bewegung ist nur scheinbar, sie mündet kreisförmig stets wieder in sich selbst. Ich habe das Spiel so satt, besonders seit ich weiß, daß seine Regeln auch umkehrbar sind. Es gibt immer wieder Momente, da bin ich aufgebrochen, die Felsen sind gesprengt, das Ego ist vor Schreck geschrumpft. In der Musikgruppe passiert das manchmal. Ich werde weit vor Freude und löse mich geradezu auf in dem Leben um mich her. Ich tanze und tobe mit den anderen, und ich erfahre ekstatische Momente einer allumfassenden Glückseligkeit. Welch eine Wonne, nicht mehr einsam zu sein. Zu sein wie alle anderen. Und ich fühle mich wie der Tropfen, der zurückgefallen ist, ins kosmische Bewußtseinsmeer.

Und genau diese Botschaft hat Bhagwan mir auf meinen Sannyas-Weg mitgegeben. Er war sehr lieb damals. Er nannte mich »Namenlose Glückseligkeit«, aber den Zusatz »glückselig« (anand) haben viele Sannyasins. So heiße ich schlicht und einfach »Namenlos«... und wie er das meint, ist mir inzwischen klargeworden. Werde namenlos, anonym, sieh endlich, daß du gar nichts Besonderes bist... dann kommt die Glückseligkeit. Dann wirst du das, was dein Name verspricht: unsagbar glücklich.

23

Die vier Mitbewohner meines Zimmers wechseln häufig. Immer sind es junge Männer. Die Stimmung ist im allgemeinen ziemlich muffig – so wie die ganze Atmosphäre dieses Raumes. Wir sagen gerade noch »hallo« zueinander und gehen dann unserer Wege. Entwickeln sich Freundschaften, habe ich damit nichts zu tun. Das ändert sich jetzt. Ein Mädchen ist eingezogen. Als ich sie zum erstenmal sehe, liegt sie mit einem Swami auf dem Bett und albert fröhlich mit ihm herum. Schon ein paar Wochen wohnt der hier, und ich kenne kaum seinen Namen. Ich finde die Neue zu laut, zu lustig, ihr Getue geht mir auf die Nerven. Und weil es schon nach halb elf ist, lösche ich nachdrücklich das Licht.

Am nächsten Tag sitzt sie im Garten des Ashram-Restaurants. Weil ich meine Schroffheit von gestern auch nicht gut finde, gehe ich zu ihr und setze mich an ihren Tisch. Guten Tag, ein paar erklärende Worte… sie schaut mich an. Ja, sie schaut mich an, mit seltsamen Augen. Grau sind die, riesengroß und sehr tief. Ein feines Leuchten ist in ihnen, nachdrücklich… fordernd… wie Hexenaugen… merkwürdig. Ihre Haut ist auffallend blaß, fast durchsichtig. Schmal ist das Gesicht und der Mund… hm, weiblich, weich, mit klar gezeichnetem, hellem Rand. Der linke Mundwinkel ist ein klein wenig hochgezogen… spöttisch, ironisch, lustig. Vor allem die Nase! Den Hexenaugen-Ausdruck verstärkt sie noch. Schmal ist der Nasenrücken, doch sehr hoch und gebogen. Aristokratisch-auffällig, ihr wohlgeformtes, kräftiges Kinn betonend. Über den grauen Augen schwingen sich in sanften, hohen Bögen die Brauen. Und die Stirn darüber… glatt, flächig, weiß. Klug, mutig, herausfordernd, mit leichten Wölbungen unter dem Haaransatz. Dunkelblond sind die Haare, halblang, an den Seiten von einer längst vergangenen Dauerwellenpracht gebauscht. Wie alt mag sie sein? Vielleicht sechsundzwanzig. Schlank ist sie, aber nicht zierlich. Seltsam… seltsam… Sie ist keine Schönheit auf den ersten Blick. Aber auf den zweiten. Sie hat etwas… Was?… Ich weiß nicht… Ich sauge mich geradezu fest an ihr. Diese Augen… so hexenhaft… geheimnisvoll... als würde ich in sie hineinfallen... Wohin? Egal. Irgendwohin. Mit ihr. Wenn sie dabei ist, ist alles gut... Hilfe... ich falle... was ist los? Kurze Zeit später weiß ich es. Ich habe mich in sie verliebt.

Von diesem Augenblick an hat mein Leben eine Dimension mehr. Wie ein Wirbelwind fegt Arpito durch mein Poona-Dasein, und ich muß mich gelegentlich irgendwo festklammern, um von ihrer Lebendigkeit nicht umgeblasen zu werden. Arpito ist seit vier Monaten hier. Sie hat ihre teure Unterkunft gegen die billige Dorm eingetauscht, um noch ein bißchen länger in Poona bleiben zu können. Diesem Umstand verdanke ich das Kennenlernen. Viel Sonne hat Arpito in sich, und dieser Glanz erhellt nun auch das muffige Zimmer unter der Treppe. Wir sind Bettnachbarinnen. Die räumliche Nähe kommt der physischen zugute: Begegnungen, Gespräche, Vertrautheit. Ich kann von allem gar nicht genug bekommen. Mit unbekümmerter Munterkeit läuft sie durch den Ashramtag, und die Herzen scheinen ihr zuzufliegen. Im ersten Stock der Dorm mischt sie die Swamis auf und schaut sich viele Moskitonetze von unten an. Nach diesen Ausflügen wirft sich Arpito dann morgens wieder aufs eigene Bett und erzählt mir begeistert, wie es war.

Ich wärme mich an ihrem sonnigen Wesen, das ich nie als oberflächlich empfinde. Nein, Arpito ist eine kluge Frau. Wie Stahl, durch Leid gehärtet erscheint sie mir. Biegsam und federnd ist sie aus diesem Prozeß hervorgegangen, der Klinge eines Floretts ähnlich. Elegant und schnell. Wir reden miteinander, und oft hilft eine Bemerkung von ihr mir weiter. Zum Beispiel bei Veepash. Ich komme ins Zimmer gekrochen, und mit Tränen in der Stimme beklage ich mich. Daß ich verliebt sei, sage ich. Daß er sich gelegentlich mal herabließe, mir eine Baum-Nacht zu gewähren... aber alles sei so kalt bei ihm. Zwar sehr sexy, aber ohne jedes Gefühl. Arpito sagt nur leichthin: »Überlege mal, warum du dir gerade so einen Mann aussuchst, der nichts für dich empfindet.« Nur ein Satz. Aber der trifft. Ich überlege und komme dann von selbst darauf...

Arpito... ja, ich bin verliebt in sie. Ich genieße sie. Wenn sie halbnackt im Zimmer rumläuft, streichle ich mit meinen Blicken ihren kleinen Busen. So weiß wie die Haut ihres ganzen Körpers... Aber mehr? Ja und nein. Ich weiß nicht... erotisch-sexueller Kontakt zu Frauen? Da gab es mal einen. Vor ein paar Jahren. Eine Frau, die nur Frauen mochte. Im Körperbau wie ein junger Mann. Groß, breite Schultern, schmale Hüften, lange Beine. Aber ihre Seele ist weiblich. Sanft und sensibel. Lange schwarze Haare, weiche Haut... Sie mag mich. Sie will mich. Es knistert zwischen uns. Ihr enormer Zigarettenkonsum verstärkt die wolkige Unwirklichkeit meiner Empfindungen. Will ich auch? Hemmungen, Ängste... was ist überhaupt los? Sie sagt es mir dann. Wir schmusen miteinander... und ich falle. In einen daunen-weichen Abgrund. Ich erfahre sie als... ja, zart. Sie ist unendlich zart. Und so rein wie frischgefallener Schnee und so unschuldig wie ein ganz junges Mädchen. Und sie behandelt mich wie eine Märchenprinzessin. Als bestünde ich aus seltenem Porzellan. Als sei ich etwas sehr Kostbares. Sie hält mich im Arm, flüstert, daß sie jetzt gern rauchen möchte, aber es ginge nicht... Der Tonfall läßt glauben, daß ihre Zigaretten im anderen Zimmer lägen. Tun sie aber nicht. Die Zigaretten liegen auf einem Tischchen neben dem Bett. Sie brauchte mich nur etwas loszulassen, eine Armbewegung würde genügen... aber es geht nicht. Sie will nicht. Sie umfängt mich, als hätte nie ein schöneres Wesen in ihren Armen gelegen. Diese Nacht mit einer Frau... ich habe nicht bekommen, was üblicherweise dazugehört. Trotzdem hat die Nacht tiefe Spuren hinterlassen. Diese Frau hat aus mir eine Göttin gemacht... für einige Stunden... aber vergessen werde ich das nie.

Und Arpito? Ich stoße wieder auf die Barrieren meiner Berührungsängste. Gerade gegenüber Frauen. Da habe ich noch stärker das Empfinden körperlicher Unzulänglichkeit. Stärker als bei Männern. Eine Frau, meine Mutter, hat mir dieses Gefühl mit auf den Weg gegeben. Sie hat ihren Körper gehaßt. Ich hasse meinen, und gerade neben schlanken, schönen Frauen habe ich tiefe Empfindungen des Ungenügens. Doch all diese Probleme gehören nur mir. Arpito ist nicht verliebt in mich. Sie mag mich sehr, wir umarmen uns, aber das ist ihr schon genug. Und eigentlich ist es auch mir genug. Ich genieße ihre Fröhlichkeit und lasse mich davon anstecken. Gelegentlich liege ich auf dem Bett, sehr damit beschäftigt meine Depressionen zu pflegen, mir selber leid zu tun... und Arpito beachtet meinen Zustand gar nicht. Wie ein schönes Perlhuhn hüpft sie im Zimmer herum, erzählt, albert... und meine Depressionen sind empört. Sie wollen schließlich ernstgenommen werden. Arpito tut ihnen den Gefallen aber nicht, und beleidigt lösen sie sich schließlich auf. Statt dessen fließt Arpitos Fröhlichkeit in mich, und am Ende sitzen wir beide da und lachen miteinander.

Leider wird Arpito aber bald wieder nach Deutschland zurückfliegen. Ich bin sehr betroffen, als sie mir das sagt. Ein Jammer ist das. Nur drei Wochen durfte ich mich dann an ihrer unbekümmerten Fröhlichkeit erfreuen. Wenige Tage vor ihrem Rückflug-Termin passiert aber etwas mit ihr. Sie kommt in eine Art Entrückungszustand, erfährt sich als reine Energie durch den Ashram gleiten, glaubt von Bhagwan irgendwelche Botschaften zu kriegen... und entschließt sich, nicht mehr in den Westen zurückzugehen. Für immer will sie in Poona bleiben, sie hätte jetzt verstanden, wo ihr Weg langginge! Das Geld ist plötzlich sehr knapp. Sie rechnet hin und her, will im Ashram arbeiten... Ich springe gleich mit einer größeren Summe ein, wir werden sehen...

Arpito sitzt jetzt mit vielen Leuten im selben Poona-Boot. Mit all denen, die sich auch entschlossen haben, nicht mehr in den Westen zurückzugehen. Für einige mag dieser Schritt finanziell abgesichert sein, für die meisten ist er es jedoch nicht. Was können sie tun? Da ist zunächst die Arbeit im Ashram. Man meldet sich im Main-Office, bekommt etwas zugeteilt, und nach sechs Monaten gibt's dann den Food-Pass. Vielleicht. Der Food-Pass bedeutet tägliche Verpflegung in der Ashram-Kantine. Früher mußten die Worker sechs Monate auf die Verpflegung warten, inzwischen dauert's noch länger. Etwa neun Monate. Finanzielle Entlohnung gibt es für die Arbeit nicht. Nur einige Privilegien. Zum Beispiel den Lecture-Pass, der kostenlose Teilnahme an den morgendlichen Bhagwan-Lectures ermöglicht. Wenn das eigene Geld für die Miete nicht mehr reicht, dann sind die Sannyasins auf andere angewiesen. Die lassen ihnen einen Schlafplatz zukommen, mal hier, mal da. Oder es haben sich feste Beziehungen entwickelt. Der andere bezahlt dann die Miete.

In dieser abhängigen Situation erfahren die Sannyasins an sich selbst ein elementares Lebensgesetz. Kannst du mit dem Fluß des Lebens fließen? Hast du Vertrauen in die Existenz? Bist du angstfrei? Hast du Liebe? Können sie das alles, haben sie Liebe, dann liebt das Leben diese Sannyasins auch. Und wie durch die vielen unsichtbaren Quellen, die den Brunnen speisen, fließt ihnen alles Notwendige zu. Ich will das an einem Beispiel erklären.

Kurz nach meinem Poona-Entschluß treffe ich abends bei »Prems«, das ist ein indisches Gartenrestaurant am Rande des Koregaon-Parks, einen Swami. Er ist nett, kindlich wie ein kleiner Junge, voller Staunen und tiefem Humor. Nach und nach erfahre ich, daß er schon über ein Jahr hier lebt. Im Ashram schnitzt er irgendwas, das wird in der Boutique verkauft, aber den Food-Pass hat er noch nicht. Na, und Geld schon lange nicht mehr. Der Abend mit ihm ist ein reines Vergnügen. Mit Küßchen verabschieden wir uns. Das war's. Vorbei. Die Poona-Wellen tragen mich weiter. Ich habe ihn in seiner natürlichen Bescheidenheit nicht vergessen. Er wollte sich kaum eine Limo ausgeben lassen. Drei Wochen später kommt meine erste Geldüberweisung aus Deutschland – und ich stecke ihm etwas zu. Er lächelt lieb. Vielen Dank. Aber eigentlich ist es ihm egal. Er bekommt Kleidungsstücke geschenkt, in der Dusche ist teures Shampoo liegengeblieben, dies und das fließt ihm zu. Der Food-Pass wird demnächst kommen, und so geht das eben. Durch seine entspannte, sorglose Art zieht er die Sympathien auf sich, ohne etwas zu tun. Es geschieht einfach. Und am Ende sind die anderen sogar dankbar, wenn er annimmt, was sie ihm geben wollen. Das gleiche Phänomen tritt auch bei Bettlern auf. Die lieben, die mit den lachenden Augen gehen allemal mit gefüllten Taschen nach Hause. Man läuft ihnen sogar nach, sollte das Herumsuchen nach Geld zu lange gedauert haben.

Für die anderen sieht das Leben hier schwieriger aus. Meist sind das Leute, die sich nicht bewußt entschieden haben. Sie sind mehr oder weniger auf der Strecke geblieben. Sie haben nicht aufgepaßt. Plötzlich war kein Geld mehr da, um das Visum illegal zu verlängern, der Rückflug verfiel, oder es gab andere Gründe. Nun sind sie also hier. Und können nicht mehr weg, und ihre ganze Haltung drückt Unzufriedenheit aus. Sie müssen dann schon ganz direkt nach einem Frühstück fragen. Oder um einen Schlafplatz betteln, und die Reaktionen sind ungewiß. So wie ihnen das Leben hier begegnet, lieben sie es nicht… und die vielen feinen unterirdischen Quellen versiegen in ihrer Nähe…

Arpito hat sich also vollbewußt entschlossen. Sie platzt fast vor Heiligkeit und spiritueller Dynamik. Jetzt wird ihr neues Leben beginnen. Der erste Schritt in dieses neue Leben ist Arbeit. Die Dorm ist ja ein Teil des Ashrams, sozusagen. Zwar zwölf Fußminuten von ihm entfernt, aber organisatorisch integriert. Arpito arbeitet also jetzt »im Ashram« und putzt die Dorm. Die Räume im ersten Stock, unseren Raum, alle Badezimmer, dies und das. Im Gegensatz zur unmittelbaren Ashramarbeit braucht sie in der Dorm nicht neun Monate zu warten. Den Food-Pass gibt's sofort. Das wäre also geregelt. Arpito verkauft noch alles Mögliche, und weil sie überhaupt so fröhlich ist, sprudeln die unterirdischen Quellen auch für sie. Durch mich, durch andere… Sie rechnet herum, erwartet noch Geld aus Deutschland für die Miete. Und danach… ach was, bloß jetzt noch nicht daran denken! Sie verdrängt die Gedanken, ist weiterhin lustig und unkompliziert… ihr neues Leben sieht gut aus. Zunächst.

Aber irgendwas tut sich in ihrem Körper. Die weggeschobenen Ängste melden sich auf ihre Art. Sie ist jetzt andauernd krank.

Schmerzen hier, Schmerzen da, Schwindelanfälle, Verdacht auf Hepatitis. Im Unterleib tut's auch weh, und sie kann nicht arbeiten. Wenn sie es tut, macht es ihr keinen Spaß mehr. Sie zwingt sich zum Durchhalten – und ist danach wieder krank. Man muß psychoanalytisch nicht sonderlich geschult sein, um zu sehen, was da läuft. Sie hat sich übernommen. Sie ist noch nicht im Fluß des Lebens, noch nicht im Surrender – in der totalen Hingabe. Arpito hat noch tiefe Existenzängste, und weil sie die vor sich selber verleugnet, wird sie krank. Ihr indischer Doktor hat es auch gesagt. Ihre Krankheiten sind psychosomatisch.

Auch ich habe mal wieder eine depressive Phase. Kalt laufe ich durch den Ashram. Und mein Körper signalisiert dem anderen: »Bleib bloß, wo du bist, komm mir nicht zu nahe. Mir geht's heute gar nicht gut.« Ich spiele Insel, und kein Lächeln erreicht mich. Abends liege ich auf meinem Bett in dem muffigen Zimmer und lese in einem Bhagwan-Buch. Seine Lectures werden zu Büchern zusammengefaßt, und all die schönen Worte über Gott und die Liebe zum Beispiel kann man nachlesen. Und weil ich selber keine Liebe fühle, lese ich eben, stopfe liebevolle Wörter in mich hinein. Von draußen schabt etwas über den Gang, schlurfend, keuchend, ich weiß schon wieder, was los ist. Arpito schleicht mit schmerzverzerrtem Gesicht ins Zimmer. Sie hält sich den Bauch und stöhnt: »Ich glaube, da unten fällt gleich alles raus. Leih mir ein paar Rupien, damit ich zum Arzt fahren kann.«

In letzter Zeit ist sie mir mit ihren hysterischen Anfällen ein bißchen auf die Nerven gegangen. Was von ihr als Todeskampf aufgeführt wurde, waren dann schließlich nur Blähungen. Durch Überfressen. Oder der Krankheitsspuk verschwand wieder auf mysteriöse Weise.

Ich liege da, vereist, mir geht's auch nicht gut, soll sie doch fahren. Jetzt brüllt mich etwas in mir an: »Frag sie gefälligst, ob sie deine Begleitung will.« Ich zögere. Ich will lieber hierbleiben. Nun tobt das Etwas los: »Da, dein Buch hast du vor der Nase, von der Liebe lesen, das kannst du. Aber was tun? Ha!... Tu endlich was! Zeig ein bißchen Liebe. Lies nicht immer nur darüber...« Das Etwas in mir macht mich ganz schön fertig. Wo ich doch gerad' so schön liege, und draußen ist es dunkel, und geregnet hat's, und überhaupt geht es mir ja auch schlecht, nicht wahr? Das Etwas sagt jetzt gar nichts mehr. Es guckt mich nur noch vorwurfsvoll an. Na ja, ist ja schon gut... und ich höre mich von weit her fragen, ob ich sie zum Arzt bringen soll. Natürlich willigt Arpito sofort ein. Ich stehe auf, schiebe meinen Arm unter ihren und führe sie dann vorsichtig über die Pfützen. Gekrümmt hängt Arpito an mir. Ich stütze sie und habe Mühe, bei dem Wetter eine Rikscha zu bekommen.

Während der holprigen Fahrt liegt Arpito fast auf meinem Schoß – und ich fühle mich gut. Ich empfinde eine tiefe Zärtlichkeit für sie, und erstaunlicherweise auch für mich, und für die ganze Welt um uns her. Wie ein Baby halte ich Arpito im Arm und bin sehr glücklich. Die Uhr zeigt schon neun, aber die Praxis ist noch immer voll. Ich schiebe Arpito vor mir her in den Raum, und sofort steht ein Inder auf. Sie sitzt, ich stehe neben ihr. Sie lehnt sich an mich, ich lege beschützend meine Arme um ihre Schultern. Arpito wirkt ziemlich weggetreten, stöhnt leise... aber für mich sind das wichtige Minuten. Es strömt etwas von mir zu ihr und wieder zurück wie ein heißer Kreislauf voll innigen Fühlens. Daß es mir vor kurzem selber noch so schlecht ging, habe ich total vergessen... Die Inder haben sicher auch schon lange gewartet, aber alle finden es sofort okay, als Arpito vorgezogen wird. Nach zehn Minuten ist sie wieder da, sieht viel besser aus, und wir fahren in der Rikscha zurück zur Dorm.

Das scheint so ein indischer Wunderdoktor zu sein. Er erklärte die Schmerzen einfach für psychosomatisch, und im Nu waren sie weg. Arpito ist jetzt wieder fröhlich, wir sitzen uns auf den Betten gegenüber und plaudern noch ein bißchen. Der hohe Raum wird von einer langen Neonröhre erleuchtet. Seine Schäbigkeit badet jetzt im kalten Licht. Trotzdem verwandelt sich die Schlafstatt nun für mich in ein kuscheliges Heim. Wir reden miteinander, und nach und nach spinnen sich viele feine Silberfäden der zärtlichen Aufmerksamkeit zwischen uns.

Dabei erzählt Arpito tragische Sachen. Von einem Bruder, der in der Psychiatrie dahinsiecht, von ihrer hochdepressiven Mutter. An Einzelheiten kann ich mich nicht mehr erinnern. Ich weiß nur, daß Arpito das Verhältnis zu ihrer Mutter total gespalten erlebt hat. »Das war wie Liebe mit Gift gemischt«, sagt sie. »Wie ein kleines Kind, das freudig nach einem Glas warmer Milch greift. Plötzlich erstarrt seine Bewegung, und traurig zieht es die Hand wieder zurück...« Daß sie selbst fürchtet, verrückt zu werden, erzählt mir Arpito, und daß sie jahrelang unter schweren Herzphobien gelitten habe. Das seien Herzanfälle, begleitet von starker Todesangst. Arpito erzählt mir von ihrem traurigen Weg durch die Krankenhäuser, wo sie durch Medikamente wirklich beinahe umgebracht worden wäre. »Endlich hat dann jemand herausgefunden, daß auch diese Anfälle psychosomatisch sind.« Von einem langen, zähen Kampf zwischen ihr und einem Therapeuten erfahre ich, bis sie schließlich klein beigeben und ihre Herzanfälle als selbstgeschaffen erkennen konnte. Selbstgeschaffenes Leid, um der ganzen Mitwelt eins ins Gesicht zu schlagen: Seht mal her, ich sterbe gleich, so weit habt ihr mich gebracht!!!

Weil wir gerade dabei sind, erzähle ich ein bißchen von meinem Selbstzerstörungstrip, und wir staunen über die listigen Wege psychischer Entgleisungen. Die Phänomene des Leidens sind so verschieden wie die Menschen, die sie produzieren. Die Ursachen jedoch, bestimmte Strukturen hinter den Phänomenen, scheinen für alle sehr ähnlich zu sein.

Ein paar Psychiatrie-Erfahrungen kann ich zu diesem Gespräch auch beisteuern. Damals, ein halbes Jahr nach der Stewardessen-Kündigung, nahm meine Selbstzerstörungswut erstaunliche Ausmaße an. Ein Psychiater-Freund bringt mich in die Uni-Klinik. Für drei Monate. Die Therapie besteht aus Gesprächen und gelegentlichen Aufzeichnungen meiner Gehirnfunktionen. Ob da alles noch richtig tickt, wollen sie wissen. Mein Therapeut ist ein schöner junger Mann. Alle Frauen sind sowieso immer verliebt in ihren Therapeuten, aber bei dem lohnt sich das wirklich. Ein Prachtstück! Eine Augenweide! Per Gespräch soll er mich also therapieren. Aber reden tu' nur ich. Er hängt gequält in seinem Sessel. Man sieht richtig die inneren Streichhölzer zwischen seinen Augenlidern. Damit sie nicht zufallen. Nun habe ich ja ein loses Mundwerk, und wenn mir ein Mann gefällt… dann erst recht. Ich schieße also Bemerkungen ab wie erotische Pfeile. Sie treffen. Er fährt aus seinem gelangweilten Schlummer, nimmt die Streichhölzer raus und zieht ein wissenschaftlich-interessiertes Gesicht. »Also, wie war das bitte…« Und dann macht er sich auch noch Notizen, damit's seriöser aussieht. Ich erzähle ihm also nochmal von meinen eindeutigen Interessen. Und wenn mir zu dem Thema nichts mehr einfällt, versinkt er wieder in Tiefschlaf. Wie ein schönes Kaninchen. Mit offenen Augen. Zum Glück fällt mir aber immer wieder etwas ein. Und nach dem Motto: Ein bißchen Spaß muß der Job schon machen, fährt er dann jedes mal hoch. »Also, wie war das bitte…«, und geschäftig macht er sich Notizen. Während der letzten Therapie-Stunde teilt er mir aber doch etwas Wichtiges mit. Seine scharfsinnigen Überlegungen in meinem Fall führten zu folgendem Ergebnis: »Sie haben eine Oralkaptativeantriebsfunktionsstörung.« »Eine was?« »Nun ja, eine oral-kaptative Antriebs-Funktions-Störung.« Aha, nun verstehe ich. Das Wort bedeutet schlicht und einfach, daß ich mir zuviel in den Mund stecke. So ein gewaltiges Wort… ich bin beeindruckt. Aber daß ich mir zuviel in den Mund stecke, habe ich doch vorher schon gewußt?… Egal! Nun ist diese Tatsache aber wissenschaftlich kategorisiert. Das ist wichtig. Und als ich dann zu Hause wieder über dem Klo hänge, weiß ich wenigstens, warum. Weil ich eine »Oralkaptativeantriebsfunktionsstörung« habe.

Arpito gefällt diese Geschichte, und wir albern noch ein bißchen herum… Die Silberfäden zwischen uns haben sich noch verdichtet. Wie schön der Raum jetzt ist. Zart kleiden die Fäden nun auch ihn aus, und in ihrem Glanz beginnt er zu leuchten. Wir haben Glück gehabt. Bei unserem langen Gespräch hat uns kein Mitbewohner gestört. Nun kommen sie nacheinander. Es ist schon spät. Wir sagen gute Nacht und löschen das Licht. Aber ich kann nicht einschlafen. Was für ein Abend! Hell hat sich ein Licht in meinem Herzen entzündet. So, als sei ich dem Gesetz der Liebe begegnet. Wenig habe ich getan, nur meine Begleitung habe ich angeboten… und seitdem fühle ich mich wie das Mädchen im Märchen von den Sterntalern. Viele kleine Sternchen rieseln auf mich herab. Vielleicht sind sie das Licht in meinem Herzen?

Mit süßen Gefühlen schlafe ich dann ein, und mit süßen Gefühlen wache ich wieder auf… Arpito!… Ich schlüpfe morgens in ihr Bett, schmiege mich an sie und sage ihr, wie schön der gestrige Abend für mich war. Und Dankeschön sage ich dafür, daß sie… nun, daß sie ist, wie sie ist. Wir gehen zusammen in die kleine Kantine der Dorm, oben im ersten Stock. Frühstück mit Arpito! Ein paarmal gab's das schon, und ich habe diese Situation dann immer sehr genossen. Wir knüpfen noch mal an das Psycho-Gespräch von gestern abend an, und dabei fällt mir die Geschichte der kleinen Renate ein.

Eine sehr schwierige Zeit war das damals. Politisch wie wirtschaftlich, und Renates Eltern kämpfen sich durch. Markthandel, Restaurants, mal sind sie arm, mal sehr wohlhabend. Aber dann macht die Inflation den Reichtum zunichte, und es geht von vorn los. Arbeit und Sorge, das sind die prägenden Eindrücke in Renates Kindheit. Dazu Rumgeschubstwerden, Lieblosigkeit. Schließlich hatten die Eltern andere Probleme, als sich um das Kind zu kümmern. Sehr gegensätzlich waren die Eheleute. Er – ein überkorrekter Beamtentyp, den die deutschen Nachkriegswirren in die Händler- und Kneipierskarriere verschlagen hatten. Nichts, was weniger zu ihm gepaßt hätte. Sie – eine hochmoralische, sehr ordentliche und fleißige Frau. Die Bequemlichkeit und kultivierte Trägheit ihres Mannes treiben sie oft an den Rand des Wahnsinns. Die Zeichen dieser Ehe stehen ständig auf Sturm. Die inneren Spannungen sind auch von außen spürbar.

Es gibt kaum Wärme und Zärtlichkeit für die kleine Renate. Entweder sie ist im Wege, oder sie muß hart mitarbeiten. Das Ehe-Unglück ihrer Mutter sucht sich ein Ventil und entlädt sich in übertriebener Härte und Strenge. Prügel und kurze, schnelle Ohrfeigen sind üblich. Einkaufen gehen muß immer Renate. Und obwohl das Restaurant gerade zu Reichtum verhilft, muß sie auf den Pfennig genau abrechnen. Nichts darf Renate sich extra kaufen, alles wird genau überprüft. Und Renate hat so viel Angst vor ihrer Mutter, daß sie keinen Schritt vom Wege abweicht. Aber einmal tut sie es doch. Ganz frische Negerküsse werden geliefert. Und die sind so groß, und der Schokoladenüberzug glänzt so blank, und die duften so verführerisch… Renate fühlt sich schmerzhaft zerrissen, hin und her… und dann wagt sie es. Sie kauft sich den Negerkuß. Die fünf Pfennige werden aufs Suppengrün geschummelt, die Abrechnung stimmt, alles scheint in Ordnung zu sein… oder doch nicht? Plötzlich fragt die Mutter bohrend, ob denn auch nichts extra gekauft wurde. Renate ist zu Tode erschrocken. »Nein, natürlich nicht.« Die Fragerei wird immer drohender, und weil Renate anfangs leugnete, traut sie sich nun erst recht nicht, den Negerkuß zuzugeben. »Ich warne dich, sag die Wahrheit, dann passiert nichts, sonst…« Was »sonst« passiert, weiß Renate bereits aus leidvoller Erfahrung. Aber sie ist nun dermaßen in die Enge getrieben worden, daß sie gar nicht mehr die Wahrheit sagen kann. »Nein, Mutti, ich habe *wirklich* nichts extra gekauft.« Mit süßlich-giftiger Stimme fragt die Mutter daraufhin: »Und was ist das?«… und hebt dabei einen Schokoladensplitter vom Mantelkragen. Jetzt ist der Teufel los. Renate wird dermaßen geschlagen, daß schließlich der Kellner dazwischenspringt, um wirklich Schlimmstes zu verhüten. Die Mutter ist wie von Sinnen, und die kleine Renate halbtot.

Auch wenn es nicht immer so gewalttätig zugeht: die vielen Ohrfeigen, die nervöse Ungeduld bei den Schularbeiten, Drohungen, Vorwürfe, niemand, der mal hinhört, niemand, der sie mal in den Arm nimmt… das kleine Mädchen fühlt sich sehr ungeliebt. Sie ist ein bißchen mollig. Hat viel Hunger, und da sie sich bei Tisch nicht traut, klaut sie danach einen Camembert aus der Speisekammer. Und ißt ihn heimlich hinter der Mülltonne… Überhaupt klaut sie nun hier und da mal ein bißchen. Von dem Geld aus der Ladenkasse spendiert sie dann der Klasse etwas. Kuchen und Bonbons. Prima, Renate hat immer etwas dabei. Solange es Süßigkeiten gibt, sind alle um sie herum. Später belasten Lügen und Heimlichkeiten das Verhältnis zur Mutter noch zusätzlich. Renate haßt das Lügen. Es ist so anstrengend, man muß immer auf der Hut sein, sich erinnern, was habe ich dann und dann gesagt... Trotzdem ist Lügen die einzige Möglichkeit, um sich ein bißchen Freiraum zu schaffen.

Das ändert sich auch nicht mit dem Älterwerden. Wo Renates Freundinnen hingehen dürfen, und dies und das tun, darf Renate noch lange nicht hin. Oder sie muß zu einer lächerlich frühen Zeit wieder daheim sein, so daß das Losgehen kaum lohnt. Und auch hier wieder Lügen, um mal tanzen zu gehen. Um mal ein Fest zu feiern, wo auch Jungs dabei sind. Dabei ist Renate schon einundzwanzig. Mit Argusaugen wird sie überwacht. Nur einmal kneift die Mutter die Augen zu. Der Zahnarzt dieser größeren Siedlung bei Berlin hat nämlich einen Blick auf das Fräulein Renate geworfen. Das ist der Mutter recht... hmmm... der Herr Doktor... sehr schön... und verheiratet ist er auch noch nicht... Renate soll sich ja was Feines anziehen, wenn sie zu ihm geht. Die will eigentlich gar nicht. Ganz jung ist er nämlich nicht mehr und auch nicht ihr Typ. Egal. Die Mutter findet den Herrn sehr nett. »Das wäre doch was, nicht wahr?«

Und Renate wird auf den Weg geschickt. In der Nacht passiert dann was. Das Hoffen und Warten danach ist entsetzlich. Da die Mutter auch diesen Aspekt von Renates Leben überwacht und die Binden immer höchstpersönlich wäscht, schmiert sie sich zur passenden Zeit blutige Leber in die Schlüpfer. Und probiert verzweifelt alle Hausmittel aus: heißen Rotwein in noch heißerem Badewasser trinken, vom Tisch springen, mit dem Rad über Kopfsteinpflaster fahren... Wie eine Verrückte fährt sie auf und ab, aber es nutzt nichts. Noch zweimal schmiert sich Renate Leber in die Schlüpfer, doch dann muß sie es der Mutter sagen. Die darauf folgende Szene paßte auch in einen Gruselfilm. Die Mutter führt sich auf wie eine Wahnsinnige. Wüste Beschimpfungen wechseln ab mit heißen Klagen über den verlorenen Ruf. Über die entsetzliche Schande, über das, was jetzt die Leute sagen werden. Die Mutter droht mit Selbstmord. Es sei denn, Renate würde sich eine Stricknadel in den Leib jagen und die Frucht vernichten. Renate weigert sich. Ein neuer Tobsuchtsanfall folgt und gehässiges Schreien, daß es ja wohl auch reingegangen sei. Nun solle sie gefälligst zusehen, wie es da wieder rauskäme... Der Renate reicht's. Sie rennt aus dem hübschen, sehr ordentlichen Reihenhäuschen, geht zum Zahnarzt und fleht ihn an. Heiraten soll er sie doch bitte, nur pro forma, mehr wolle sie nicht. Gleich nach der Hochzeit könnte er sich auch wieder scheiden lassen. Das verspräche sie ihm. Der lacht nur. Er ist sehr freundlich, als er ihr erklärt: »Ich habe nicht geheiratet, und ich werde das auch nie in meinem Leben tun. Finanziell stehe ich für das Kind gerade, aber heiraten? Das kommt überhaupt nicht in Frage.« Sie verläßt das Haus. Geht zum See, nur so ein bißchen auf der Bank sitzen und ausruhen. Es ist Februar und bitterkalt. Vor Erschöpfung schläft sie ein und wäre fast erfroren, hätten nicht der Vater und ihr jüngerer Bruder sie rechtzeitig gefunden.

Ich erzähle das alles Arpito, und da ist bereits ein Beben in meiner Stimme. Arpito schaut mich mit ihren großen grauen Augen ernst an: »Renate ist deine Mutter, nicht wahr?« Ich nicke. »Wenn du mir sowas alles erzählst, kannst du sie da nicht lieben?« »Oh Mann, natürlich liebe ich sie, wie verrückt liebe ich sie, das ist es ja gerade...« Und dann geht's los. In einem Sturzbach von Tränen zerfließe ich auf dem Tisch. Da stellt sich Arpito hinter mich, legt mir die Arme um die Schultern und fängt mein Schluchzen auf. Eine ganze Weile steht sie da, das Schütteln läßt nach, sie gibt mir noch einen Kuß auf die Wange und geht. Sie muß jetzt arbeiten.

Ein paar Leute in der Kantine haben meinen Ausbruch mitgekriegt, aber sowas ist hier üblich. Immer mal klappt jemand zusammen, und alle verstehen das. Man wird dann getröstet oder allein gelassen, je nach Bedürfnis. Ich will allein sein und denke noch ein bißchen zurück: Ironie des Schicksals nennt man sowas wohl. Meine Mutter bekommt einen Jungen, und als ihr Bruder bei Stalingrad fällt, wird dieses Kind ein tiefer Trost für ihre Eltern. Jürgen wird bis zum 14. Lebensjahr von ihnen erzogen, und sie lieben ihn sehr. Trotzdem kann es meine Oma nicht lassen: Schläge gibt es für Jürgen mehr als genug. Ich habe auch viele Jahre meines Lebens mit meiner Oma verbracht. Die Eheschwierigkeiten meiner Eltern, die Scheidung, der berufliche Aufstieg meiner Mutter nach diesem Schock. Das waren alles Gründe, mich oft bei der Oma leben zu lassen. An Schläge erinnere ich mich kaum. Aber dafür an eine andere Szene:

Wir wohnen immer noch in dieser Siedlung. Allerdings in einem anderen Haus. Das alte wurde kurz vor Kriegsende zerbombt. Wir sind beide sieben Jahre alt, meine Freundin und ich. Wir hocken in einem schmalen Raum, der zum Garten führt. Dort gibt es nämlich einen Bücherschrank. Und in dem steht ein Buch. Ein aufreizend dickes Buch. Ein verbotenes Buch. Da steht ein Ärztebuch für den Hausgebrauch. Das, was heute alle kleinen Kinder in der Vorschule begucken dürfen, ist von meiner Oma mit dem Bannfluch belegt worden. Dieses Buch ist für uns absolut tabu. Wir kauern also hinter dem Bücherschrank und blättern mit klopfendem Herzen in dem Verbotenen herum. Wir sehen etwas Merkwürdiges. Eine dikke Frau von der Seite. In den Bauch kann man reinschauen. Wie Därme quillt es da… trotzdem… komisch sieht das doch aus… wir starren rauf, und plötzlich sehe ich, was das ist. Auweia, ein Kind. Überrascht und peinlich berührt rufe ich das der Freundin zu: »Da ist ein Kind im Bauch!« Genau in diesem Augenblick stürzt meine Oma in den Raum. Wie eine schreckliche Rachegöttin sieht sie aus, und ihre Stimme kippt über vor Wut und Empörung: »Sauerei!!! Schweinerei!!!« Sie sagt noch mehr schlimme Sachen, aber der erste Schreck hat sich bereits heiß eingebrannt. Und wohl so eine Art Verschmelzung bewirkt: Kind im Bauch – Sauerei. Von nun an scheinen diese Begriffe in meinem Leben etwas miteinander zu tun zu haben.

Für Arpito wird die Poona-Situation immer unhaltbarer. Sie ist klug genug, um auf die Signale ihres Unbewußten zu hören. Und entschließt sich schweren Herzens, nun doch wieder in den Westen zurückzufliegen. Sie wirbelt noch mal kräftig herum, verscherbelt auch den letzten überflüssigen Kram, und ich habe erneut Gelegenheit, ihre Geschicklichkeit zu bewundern. Woraus sie alles noch ein paar Rupien quetscht… es ist wirklich erstaunlich! Ich hätte das Zeug längst verschenkt oder weggeworfen. Mit immer noch sehr dicken Taschen zieht sie dann eines Morgens los. Eine letzte Umarmung. Küßchen. Tschüß, schreib mal… Ich schaue der Rikscha nach, und es würgt wieder im Hals.

Aber selber zurückfliegen? Auf keinen Fall. Die Kündigung habe ich inzwischen ans Schulamt geschickt und meinen Entschluß noch keine Sekunde lang bereut. Knapp vier Monate bin ich jetzt hier, und es ist ein hartes Pflaster, auf dem das Ego einherstampft. Es läßt die Hacken knallen, und die anderen schauen erschreckt weg. Wer hier keine Katzenpfötchen kriegt, ist verloren. Hier ist alles so weich, so sanft, so liebevoll. Die langen, offenen Haare, die Körper, die Umarmungen, die Stimmen… Eine innere Zartheit ist bei vielen zu spüren, ein totales Entspanntsein. In den Bewegungen drückt sich das aus, in dem Lächeln, in den Gesichtern. Und vor allem dort spielen sich oft erstaunliche Veränderungen ab. Ein paarmal konnte ich das beobachten: Sie kommen gerade aus dem Westen. Hart sind ihre Gesichtszüge, angespannt und sogar gequält. Sie bleiben hier. Ich sehe sie eine Weile nicht, und wenn ich sie dann schließlich doch wiedersehe, traue ich zunächst meinen Augen nicht. Ich muß dreimal hinschauen. Richtig schön sehen sie aus. Und sie strahlen und lachen... es ist kaum zu fassen. Bhagwan scheint die Wolken vor ihrer inneren Sonne verscheucht zu haben.

Mein Gewölk ist noch ganz schön dick. Zugegeben, die Sonne bricht ab und zu durch, sie durchflutet mich heiß, und ich bekomme eine Ahnung, wie gut mir ein kompletter Klimawechsel täte. In diesen sonnigen Stunden bin ich auch weich und zart und liebevoll. Mit sanften Bewegungen und glücklichem Beben in der Stimme. Ich bin auch so schön und entspannt wie andere Sannyasins. So umfassend zärtlich, so voller energy. Und ich habe dann auch das Ashramleuchten in den Augen. Oh Mann, dann bin ich glücklich, dann legt sich Wärme auf meine vereiste Seele, auf mein unterkühltes Herz. Dann wird es weit vor Liebe. So weit, daß es die ganze Welt mit einschließt. Und in solchen Stunden liebe ich sogar mich. Aber dann kommen die Wolken wieder. Die innere Kälte. Die weichen Bewegungen erstarren, und auf die Liebe fällt der Frost. Vielleicht lösen sich in Bhagwans Sonne meine Wolken doch noch auf? Vielleicht... und darum will ich so lange wie möglich hierbleiben. Es wäre auch möglich, daß in der kommenden Gruppe mein Gewölk mal wieder kräftig aufgemischt wird. Sie gehört zu den dynamischen Gruppen und heißt »Samapan«. Unterwerfung bedeutet das, Surrender...

24

Wir sind wieder achtzehn Leute und warten auf Rajen. Rajen ist Mitte dreißig, nicht sehr groß, grazil und hat strahlende blaue Augen voller Wärme. Mit den üblichen langen Haaren sieht er aus wie ein Engel. So lieb… ob er auch ein Racheengel sein kann? Wir werden es sicher erfahren. Rajen beginnt mit einem Kennenlern-Spiel. Wir stehen im Kreis, werfen uns gegenseitig ein Kissen zu und nennen dabei unsere Namen. Später noch den Namen dessen, zu dem geworfen wird. Und im Nu haben sie sich eingeprägt. Rajen ist der einzige Therapeut, der sowas gemacht hat, und ich finde das gut. All diese indischen Fantasienamen… toll klingen die, sind aber so schwer zu behalten. Was Bhagwan sich da einfallen läßt, ist wirklich erstaunlich: »Das Auge Gottes« zum Beispiel. Oder »Die Spitze des Berges, hinter dem die Sonne aufgeht«, »Liebe ist die Brücke zum Ich«, »Der tonlose Ton«, »Göttlicher Windhauch«… oder schlicht und einfach »Namenlos«, so wie ich.

Diese Namen nimmt Bhagwan aus dem Sanskrit, und sie hören sich für unsere Ohren dann gewaltig an. Langsam scheinen die Namen nun aber knapp zu werden. Willst du Sannyas nehmen, erkundigt man sich im Main-Office nach deinen Wünschen. Willst du einen neuen Namen, okay. Möchtest du deinen alten behalten, so ist ihnen das sehr recht. Fast allen Namen, dem neuen oder deinem alten, setzt Bhagwan ein Wort voran. Diese Vor-Namen, sozusagen, geben Hinweis auf deinen Charakter. Die häufigsten Vor-Namen sind: Deva (göttlich), Prem (Liebe), Anand (glückselig) und Veet (darüber hinausgehen). Die Devas sind die Querköppe, die Exzentriker, die Leute mit Vorliebe für das Ungewöhnliche. Zum Beispiel ist Veepash ein »Deva«. Wie ein alter Adler hockt er hoch oben auf dem Baum und macht auf diese Weise seinem Vor-Namen alle Ehre. Die Prem-Leute sind die Liebevollen. Die Weichen, die Zärtlichen. Prem-Männer sind im Ashram sehr begehrt. Wenn Prem-Mann mit Prem-Frau zusammenkommt… was dann an Liebe zwischen den beiden wabern mag… ich kann es nur erahnen. Die Anands sind die kopforientierten Leute. Alles wollen sie intellektuell erfassen. Das sind die Macher, die Organisatoren. Tja, ich bin eine Anand, und was den Kopf angeht… das kann ich nur bestätigen. Bei den Veets »ist etwas im Kopf nicht in Ordnung«. Irgendein Energiezentrum soll nicht richtig rotieren… mehr habe ich darüber nicht erfahren. Wenn nun jemand Swami Deva Oskar heißt oder Prem Fritzchen, dann ist das ja leicht zu merken. Die Sanskritnamen sind aber schwieriger, und darum war Rajens Kennenlern-Spiel sehr nützlich.

Nach dem Spiel passiert erst mal wieder nichts. Angespannte Stille. Wir sitzen im Kreis, und Rajen schaut ernst von einem zum anderen. Als sein Blick auf mir ruht, kriege ich einen Mordsschreck. Mein Herz krampft sich zusammen vor Angst, und über meine Lippen kommt leise ein gequältes Stöhnen. Ich denke an die »Leela«-Gruppe, und auch hier wird mir wohl Dresche nicht erspart bleiben. Die Angst presse ich irgendwie in den Kopf, ich weiß nicht, jedenfalls sitze ich jetzt da, mit schmerzenden Schläfen und hochrotem Gesicht. Rajen grinst mich freundlich an und findet, daß rote Beete gar nichts wären im Vergleich zu mir. Leuchtend sitze ich da, die anderen lachen. Na gut, solange sie bloß über mich lachen, soll mir das recht sein. Die Heiterkeit versickert. Wieder Stille. Die Blikke wandern herum. Wir werden miteinander acht Tage und Nächte verbringen… was wird passieren?… wir warten aufeinander.

Ein schöner Neger fällt mir sofort auf. Dann ein Deutscher mit einem riesigen grauen Lockenkopf und edel geschnittenen Gesichtszügen. Mit denen schaut er sehr bedeutungsvoll drein. Marcus heißt er. Und er schweigt auf solch herausfordernde Weise, als wäre demnächst seine Erleuchtung fällig. Als hätte er uns darum überhaupt nichts mehr zu sagen. Dieser wichtige Blick regt mich ganz schön auf. Dann ist da Jörg. Richtig witzig ist er in seinen Widersprüchen. Dem Gesicht sieht man sein Alter an. An die vierzig etwa, aber all seine Bewegungen sind sehr jung. Unruhig und hibbelig, als wäre er gerade eingeschult worden. Dazu ist Jörg noch körperlich klein. Insgesamt wirkt er wie ein Floh, der aufgeregt hin und her hüpft. Jörg ist gerade erst aus Deutschland angekommen. »Das ist meine erste Gruppe, ich stehe der Ashram-Idee sehr reserviert gegenüber, Sannyas werde ich nie nehmen, ich verlasse mich im Leben nämlich lieber auf meinen Kopf.« Das hat Jörg mir alles schon draußen erzählt, noch bevor wir in den Gruppenraum kamen. Vor der Tür fiel mir auch Christiane auf. Sie kann sich offensichtlich nicht von ihren Jeans trennen. Und weil sie als Sannyasin kein Blau mehr tragen darf, hat sie die Hosen einfach rot gefärbt. Dunkellila sind die Jeans jetzt, die Farbe ist gerade noch möglich. Auf diese Weise brauchte sie sich nicht von ihrem Image zu trennen. Christiane ist groß, schlank, hat breite Schultern, und in all ihren Bewegungen wirkt sie betont männlich.

Die Blicke kreisen weiter. Wir tasten uns ab. Eine schöne, schwarzlockige Italienerin mit mürrischem Gesichtsausdruck sehe ich. Ein deutsches Engelchen mit vielen blonden Locken und herrlichem Busen. Einen älteren Engländer, der mit seinem gewaltigen Bart und dem ständigen Lächeln an einen deutschen Gartenzwerg erinnert… Die Blicke gehen hin und her, oder wir starren einfach vor uns hin… Rajen läßt uns schmoren. Die Stille wird immer quälender, und jemand hält das schließlich nicht mehr aus.

Ulf, ein Schwede, stöhnt vor sich hin, schiebt das Kissen vor die Knie, schlägt mit zögernden, kraftlosen Bewegungen rauf, stöhnt wieder, er wüßte nicht, was er sagen solle… Wir jubeln erleichtert auf. Niemand hätte ihn dazu gezwungen. Jaja, trotzdem… er wolle aber was sagen. Dabei rauft er sich die Haare und verzerrt sein Gesicht wie ein Halbidiot. So, als würde jemand sehr skeptisch gucken. Aber von ihm wird dieser Ausdruck zur Fratze übertrieben. Ulf spielt jetzt Theater. Er hat unsere Aufmerksamkeit. Zwar lehnen wir sein Treiben ab, trotzdem reicht es ihm wohl schon, daß wir ihn überhaupt beachten. Rajen wirft ihm das schließlich auch vor, und langsam versinkt er wieder in Schweigen. Wir auch.

Jetzt halte ich das nicht mehr aus. Marcus schweigt immer noch so bedeutungsvoll. Ich ärgere mich und werfe ihm ein Kissen zu. Er schreckt auf. Ich lächle ihn lieb an, gehe durch den Kreis zu ihm rüber und frage, ob er mit mir tanzen wolle. Gehorsam steht er auf, ich summe einen Walzer, einige summen mit, wir bewegen uns ungeschickt… und Rajen bricht das Spiel ab. »Was willst du eigentlich von Marcus?« fragt er mich. »Er schaut auf solch bedeutungsvolle Weise. Ich will wissen, was dahinter steckt. Er interessiert mich.« »Das ist nicht wahr«, sagt Rajen kühl. »Marcus interessiert dich nicht, genausowenig wie dich sonst jemand in der Gruppe interessiert.«

Ach du lieber Schreck! Jetzt geht das Theater wieder los. Ich verkrauche mich in mir. Rajen redet weiter, ich kann mich nicht mehr erinnern, jedenfalls sitze ich da und spüre, daß er recht hat. Meine Einsamkeit, meine Isolation… jaja, er hat recht. Ich *bin* einsam… nichts erreicht mich wirklich… es ist so kalt in mir… aaah… sei still… du hast ja recht!!! Ich fange an zu schreien, ganz laut, und wälze mich auf dem Boden herum. »Ich bin immer so allein… so allein... ich bin *einsam*!!!« Das ist wie ein Anfall, und wenn der vorbei ist und ich mich schnüffelnd aufs Kissen setzen will, treibt Rajen mich in einen neuen Prozeß. Immer tiefer geht das. Als würde ich Seelenschutt rausschleudern und dadurch nie erfahrene Bereiche des Unbewußten freilegen. Ich schreie und schreie, mir wird schwarz vor den Augen, und plötzlich fühle ich etwas. Ich erfahre mich als winzigen Babykörper, der sich verzweifelt nach Berührung sehnt. Angefaßt will ich werden, gestreichelt will ich werden, aber da ist niemand. Ich bin allein. Ich wälze mich weiter auf dem Boden und flehe die Gruppe an, mich doch bitte zu berühren. Aber alle sind wie erstarrt. Niemand faßt mich an. Durch diesen Schock wird wohl die nächste Erinnerung ausgelöst. Todesangst... niemand berührt mich... ich sterbe... ich will aber nicht sterben... und ich schließe mich zu... ein Panzer... wie Eis... ich fühle nichts mehr, aber ich lebe... ooooh nein, ich lebe ja gar nicht! Ich will raus... raus aus meinem Gefängnis, ich will nicht mehr einsam sein. Ich will nicht mehr einsam sein!!! Ich schreie und schreie, ich bin geradezu von Sinnen. Ich gebärde mich wie eine Wahnsinnige... ich will raus... ich will leben... *ich will leben!!!*

Das Getobe hat fast zwei Stunden gedauert. Danach bin ich völlig erschöpft, liege in der Kreismitte, aufgelöst, verrotzt und verheult. Rajen beugt sich über mich, über mein zerknautschtes Gesicht, und schickt dort einen Blick hinein, so voller Liebe und Akzeptieren, daß ich fast ohnmächtig werde. Die anderen haben sich um mich geschart. Sie legen jeder eine Hand auf meinen Körper. Ich fühle ihre Wärme und bin voller Dankbarkeit.

Jetzt ist Pause. Ich liege mit geschlossenen Augen in einer Ecke und spüre diesem Erlebnis nach. Im Februar 1945, kurz vor Kriegsende, wurde ich geboren. Anfang April werden wir ausgebombt. Meiner Mutter legt sich eine Wand auf den Körper, ich fliege rabenschwarz in eine Ecke, meinem Bruder sind die Innenschenkel aufgerissen, und meine Oma ist vor Schreck wie gelähmt. Vor dem Angriff wurde ganz besonders nachdrücklich Fliegeralarm gegeben, und alle Bewohner der Siedlung strömen zum Bunker. Nur meiner Oma ist das Abwaschen nach dem Mittagessen wichtiger. Meine Mutter drängelt. Sie wird herrisch zurechtgewiesen. Abtrocknen solle sie gefälligst... Und als das Geschirr wieder im Schrank steht, ist es zu spät. Ein Blick durchs Fenster genügt. Der Himmel ist bereits verdunkelt. So viele kleine Pünktchen...

Meine Mutter wurde sehr ernsthaft am Bein verletzt. Es soll amputiert werden, aber sie hat großes Glück. Das Bein wird nicht abgenommen. Aber sie liegt für acht Monate im Hospital. Ich habe gehört, daß meine Oma sich in dieser Zeit um mich gekümmert hat. Sicher mit allem Pflichtgefühl, das sie nun mal hatte. Pünktliche Mahlzeiten und so... wenn es gerade Nahrungsmittel gab. Ich wäre fast verhungert. Also, wenn es etwas gab, hat sie mich danach wahrscheinlich alleingelassen. Sie hatte immer so schrecklich viel zu tun in ihrem Leben. Ein bißchen Liebe und Wärme und Zärtlichkeit? Nicht mal vorstellen kann ich mir das. Zwinge ich mich zu diesem Bild, meine Oma, die mich liebevoll an ihren Körper drückt, zieht sich in meiner Bauchgegend alles abwehrend zusammen. Richtig übel wird mir bei diesem Gedanken.

Die Gruppe ist sehr beeindruckt von meinem grandiosen Auftritt. Aber mir ist ausnahmsweise mal egal, was andere von mir denken. Ich bin mir selbst so nahe gekommen wie nie zuvor. Und dieses Gefühl von Nähe und Ehrlichkeit... nur darauf kommt es mir jetzt an. Dieser Mut zur Ehrlichkeit hat aber Rückwirkungen auf das Gruppengeschehen. Er scheint anzustecken, und die anderen trauen sich jetzt auch. Christiane zum Beispiel. Sie steht auf und setzt sich vor den Neger. Satiam sieht nicht nur gut aus, er hat auch einen prachtvollen Körper. Sehr durchtrainiert und voller Kraft. Christiane schaut ihn an, lange, eindringlich, dann sagt sie zögernd, mit zitternder Stimme: »Ich mag dich nicht.« Satiams Augenlider zucken, aber der Gesichtsausdruck bleibt weiter ruhig und kontrolliert. Christiane sagt das noch ein paarmal, als könnte sie dadurch ihre Angst beschwören. Ihre Stimme ist jetzt fest und laut... und plötzlich schlägt sie ihm ins Gesicht. Wir zucken erschreckt zusammen. Sofort spannen sich bei ihm alle Muskeln wie bei einem gefährlichen Panther, der zum tödlichen Sprung ansetzt. Zwei... drei Sekunden... dann entspannt er sich. Satiam sitzt wieder locker da, mit leichtem Lächeln, genau wie vorher. Ich staune. Also wirklich... diese Selbstbeherrschung. Christiane fängt jetzt an zu weinen, und wir erfahren etwas über sie.

Seit ihrer frühen Kindheit wacht sie jede Nacht um die gleiche Zeit schreiend auf. Sie ahnt, daß ihr sexuelle Gewalt angetan wurde, glaubt, daß ihr Bruder damit etwas zu tun hat... aber sie kann sich einfach nicht erinnern. Die Verdrängung ist zu stark. Wie hinter einem dicken Vorhang verborgen kauert das Erlebnis und schickt nächtliche Signale. Christiane hat Angst vor starken Männern, und ihr männliches Gehabe ist offensichtlich eine Flucht nach vorn. Sie will auch stark sein, so stark wie ein Mann, um dahinter ihre flatternde Angst zu verbergen. Es war sehr mutig von ihr, Satiam auf diese Weise herauszufordern. Er hätte sie töten können... und sie war sich dessen auch bewußt. Christiane hat sich ihrer Angst gestellt, und ich bin sehr beeindruckt.

Satiam ist wunderbar. Er ist homosexuell, aber niemand von uns hat die geringste Schwierigkeit, das sofort zu akzeptieren. Satiam ist an Gruppenprozessen interessiert, macht oft gute, kritische Bemerkungen, und die sind dann Zündstoff für neue Auseinandersetzungen. Er ist intelligent, sensibel, hat Humor, spielt in den Pausen gelegentlich Klarinette... kurzum, ein toller Typ. Wir lieben ihn alle. Und besonders Jörg, der kleine, hibbelige Floh, hat sein Herz verloren. Satiam ist sein Idol. Während der Gruppenprozesse sitzt Jörg neben Satiam und schmiegt sich an ihn. Dann legt Satiam seinen muskulösen Arm um Jörgs schmale Schultern. Und Jörg ist kaum noch zu sehen. Satiam ist schön, stark, hat eine kraftvolle Persönlichkeit und ein ungebrochenes Selbstvertrauen. Oder doch nicht?

Irgendwann ist sein Prozeß fällig. Er erwürgt seine Mutter vor unseren Augen, indem er das Kissen in der Mitte so oft dreht, daß der feste Stoff zu zerreißen droht. Von sehr vielen schönen, schwulen Männern in Los Angeles erzählt Satiam dann, die wachsam und mißtrauisch, in demütigenden Abhängigkeiten, umeinander kreisen. Er scheint jahrelang in so einer verletzenden Beziehung zu einem Weißen gesteckt zu haben. Bei diesen Erinnerungen steigt Wut in Satiam auf und scheint wie eine große Flut die Selbstbeherrschung fortzuspülen. Als zorniger Gott steht er da, hebt sein imaginäres Maschinengewehr, und mit haßerfülltem Gesicht umrundet er schnell den Kreis. Dabei schießt er uns alle nieder. In diesem Moment ist er so authentisch, so bei sich selbst in seiner haßerfüllten Rache, in seinen explodierenden Aggressionen, daß sich all meine Hautporen erschreckt zusammenziehen. Für wenige Minuten ist er außer Kontrolle, und er erlaubt uns die Einsicht in sein tiefes Leid. Ich ahne seine Zerrissenheit, ahne, was es bedeuten könnte, ein Neger in einer weißen Welt zu sein.

Da ist ein junger Mann in der Gruppe. Sehr nett sieht er aus, der Gregor. Kurze Haare, Bart, alles sehr gepflegt, blanke, dunkle Augen... also wirklich – richtig nett. Trotzdem ist etwas Merkwürdiges um ihn, etwas Kaltes, Schlangenhaftes. Man kann ihn nicht greifen. Er erscheint seltsam wesenlos. Auf eine aalglatte Tour versucht er alle Frauen anzumachen. Von hintenrum, sozusagen, damit er sich gleich wieder zurückziehen kann, falls sie sich umdrehen sollten.

Wir machen ein kleines Gruppenspiel: Jeder flüstert dem anderen eine Aufgabe ins Ohr. Rajen fragt, wer seinen Auftrag nicht ausführen möchte. Satiam meldet sich. Der nette Junge hat ihm den Auftrag erteilt, vor der ganzen Gruppe zu onanieren. Als Satiam uns das sagt, liegt ein gequälter, tieftrauriger Ausdruck in seinem Gesicht. Vielleicht denkt er an die sexuellen Beleidigungen, die seine Rasse von den Weißen jahrhundertelang ertragen mußte... ich weiß nicht. Aber Satiam ist fair. Er legt sich in die Mitte und kommt dem Auftrag nach. Lustlos und angewidert. Angewidert vor allem, weil er annimmt, daß der nette Junge selber zu feige wäre, um sowas zu tun. Der will das nun aber nicht auf sich sitzen lassen und legt sich zu Satiam. Der nette Junge spielt ein bißchen an sich herum und merkwürdigerweise wird mir beim Anblick seines Schwanzes übel. Irgendwie sieht der krank aus. Diese Schwanzspielerei bleibt aber nur angedeutet. Wir kriechen jetzt alle dazu und rollen uns übereinander. Wir albern und lachen, und die Situation löst sich in einer harmlosen Balgerei auf.

Vor dem Schlafengehen haben wir die Aufgabe, mit all jenen zu reden, denen wir eigentlich aus dem Weg gehen. Die wir vermeiden. Erstaunt stelle ich fest, daß ich den ganzen Abend hindurch rede. Irgendwie habe ich schon wieder mal fast alle vermieden. Nicht so richtig, aber auf sehr subtile Weise eben doch. Am nächsten Morgen sage ich das. Rajen nickt und meint, daß ich um meine Gefühle eine dicke Mauer gelegt hätte. Um mich diese Mauer nun auch mal spüren zu lassen, arrangiert er ein Spiel. Die anderen bilden einen Kreis. Fest untergehakt haben sie sich. Ich stehe nackt, mit verbundenen Augen in der Mitte und soll versuchen, diese Menschenmauer zu durchbrechen. Blind renne ich dagegen, werde zurückgestoßen, fliege zur anderen Seite, kriege von dort einen Stoß, und so geht das hin und her. Sie geben kein Pardon, fassen grob zu, ihre Aggressionen steigen, immer hektischer wird das Spiel. Heftig werfe ich mich gegen den Kreis, heftig werde ich zurückgeschleudert, aber zwei-, dreimal breche ich doch durch. Mit dem Kopf fliege ich gegen die Wand, werde zurückgezerrt, das Spiel geht weiter. Ich wehre mich empört, ich war schon draußen, sie halten die Regeln nicht ein! Ich brülle los: »Aufhören, ich war schon draußen. Ich war draußen, ich hab's geschafft!!!« Rajen findet wohl nicht, daß ich es geschafft hätte, und das Spiel geht weiter.

Ich will sie strafen. Und darum gebe ich auf. Ich kämpfe nicht mehr und lasse mich wie eine Puppe herumschleudern. Ihre Stöße werden immer heftiger. Sie sind wütend. Ich solle gefälligst reagieren. Ich reagiere aber nicht mehr und schaue mir bei diesem Spiel nur noch zu. Und mache eine überraschende Feststellung: Daß ich nämlich ihre gewalttätige Aufmerksamkeit genieße. Der Körper schmerzt, aber es bereitet mir Vergnügen, auf diese brutale Weise angefaßt zu werden. Dabei fallen mir die sogenannten ungezogenen Kinder ein. Sie handeln sich laufend Schläge ein. Vielleicht sind sie aus genau dem Grunde ungezogen? Vielleicht ist ihnen violente Beachtung lieber als gar keine? Ich fühle mich jedenfalls wohl als Mittelpunkt von Haß und Aggression. Rajen sieht, daß ich nicht mehr reagieren werde, und bricht das Spiel ab. Alle sind sauer, atmen heftig, und Rajen erzählt mir etwas Unfreundliches. Daß mir »alles andere wichtiger« sei, wirft er mir vor. Mein Aussehen, meine Haare, daß ich andauernd gesehen werden wolle, daß ich ein Riesenego sei... Was er noch wichtiger findet, daran kann ich mich nicht mehr erinnern, aber mir reicht's jetzt langsam. Jaja, alles, was er mir vorwirft, weiß ich ja nun schon... verstockt und aufsässig stehe ich herum. Die gespannte Atmosphäre ist zum Schneiden. Rajen gibt nicht nach. Es muß noch was passieren...

Jetzt sollen sich alle wie auf einer Tribüne vor mir aufbauen und mir ihre Meinung sagen. Ich sitze vor ihnen... und der Haß bricht los. Sowas Verrücktes. Wie ein absurdes Theater kommt mir das vor. Ich sitze da, ihre Haßwogen toben gegen mich an, und ich fühle überhaupt nichts. Das macht sie fast wahnsinnig, und der Sturm steigert sich zum Orkan. Ich schaue in die verzerrten Gesichter und muß mühevoll ein Lachen unterdrücken. Vielleicht wäre ich dann gelyncht worden, ich weiß nicht... Aber ich spüre auch ihre Verzweiflung. Der Haß ist nicht echt. Sie mögen mich eigentlich, und ich soll doch um Gotteswillen an meine Gefühle kommen. Im Grunde wollen sie mir nur dabei helfen.

Diesem Getobe schaue ich noch eine Weile zu, und dann habe ich genug. Der nette Junge Gregor ist mit seiner Klappe unheimlich vorneweg, und den nehme ich jetzt aufs Korn. Seine schmierige Frauentour geht mir schon lange auf die Nerven, und ich falle ihn an wie eine Wildkatze. Daß er ein gefühlloses Monster sei, brülle ich. Ein Roboter, genau dieser widerliche Typ von Mann, dem ich in meinem Leben so oft begegnet sei. Oh, er ist genau der Richtige, um den Überdruck aus meinem Männerhaß-Ventil zu lassen! Und jetzt tobe ich los. Gleichzeitig schiebt sich Rajen von der Seite heran und hebt mich auf seinen Schoß, ohne daß sich dabei an meiner Frontstellung zu Gregor etwas ändert. Über Rajens Schulter geht das weiter. Ich schreie, daß er nach jedem verrotteten Knochen japsen würde wie ein verlauster Straßenköter, ein Schlüssellochgucker sei er, feige und impotent, und als er an seinem Schwanz spielte, hätte ich kotzen können, so vergiftet sah der aus... Während ich meinen Haß auf ihn selbst und auf die Männer im allgemeinen rausschreie, drückt mich Rajen an sich. Er flüstert mir ins Ohr, daß ich es Gregor ruhig geben solle, und gleichzeitig hat seine zärtliche Geste etwas Tröstliches: Alle Männer sind nicht so, will er wohl sagen. Trotzdem spült mein Haß jetzt jede Kontrolle weg, und ich bin außer mir. Ein Abgrund tut sich auf. Ich schaue in mein gestörtes Verhältnis zu Männern, Gefühle sind da. Wut, Angst, Verzweiflung, Abwehr, Kampf... Und dann kann ich nicht mehr. Ich habe mich leergeschrien, und es kommen nur noch Tränen. Die darf ich, meinen Kopf auf seinem Schoß, bei Rajen ausweinen. Und dort komme ich dann auch langsam wieder zu mir.

Die Gruppenprozesse sind inzwischen weitergelaufen. Mit halbem Ohr und leicht vernebelten Sinnen bekomme ich davon etwas mit. Jetzt ist Gregor dran. Rajen findet, daß meine Beschimpfungen sehr hart gewesen seien, aber »im Grunde hat sie recht«. Die anderen sind auch der Meinung. Bei Gregor kommt jetzt raus, daß er die Pubertätsjahre in einem Kloster oder Internat verbracht hat, ich weiß nicht genau, jedenfalls gab es da absurde sexuelle Repressionen. Die scheinen ihn völlig verstümmelt und liebesunfähig gemacht zu haben. Er empfindet sich selbst oft als nichtexistent und hat Angst vor Sex und den Frauen. Langsam komme ich wieder hoch. Ich sehe ihn heulend an der Wand sitzen... und gehe zu ihm rüber. Zwei Männer sind schon bei ihm. Ich drücke mich dazu, lehne mich an Gregor, und wir umfassen uns. Arm in Arm heulen wir jetzt gemeinsam. Oh, was für eine Scheiß-Welt. Männer fürchten sich vor Frauen, Frauen haben Angst vor Männern... und jeder tut so, als wäre alles in Ordnung.

25

Immer, wenn irgendwo etwas passiert, ist Jörg, der hibbelige kleine Mann, völlig fertig. In seinen weitaufgerissenen Kinderaugen spiegelt sich das Entsetzen. Spiegelt sich Mit-Leiden und tiefe Fassungslosigkeit. Wenn es etwas zu freuen gibt, freut er sich am lautesten. Freudentränen, Trauertränen, wie's gerade anliegt, aber immer nur bei den anderen. Zu Anfang hat uns seine tiefe Anteilnahme ganz schön beeindruckt. Langsam merken wir, daß er sich dahinter versteckt. Statt der eigenen, empfindet er die Gefühle der anderen. Christiane sagt es ihm einmal recht deutlich. Etwas Schönes ist gerade mit ihr passiert. Sie kugelt sich jubelnd auf den Matten herum, und wir freuen uns alle mit ihr. Jörg ist, wie immer, ganz besonders glücklich. Christiane schaut ihn plötzlich ernst an und sagt einfach: »Übrigens, mit dir möchte ich meine Freude nicht teilen. Ich empfinde dich als Parasiten.« Jörg ist völlig fertig, aber als es ihm jetzt selber an den Kragen geht, bleiben die Augen trocken. Er wird dürr wie abgestorbenes Holz.

Nach und nach erfahren wir dann auch etwas über ihn: Die üblichen verwirrten, liebesleeren Kriegskinderjahre. Dazu eine stark dominierende hysterische Mutter, die ihn in Angst und Schrecken versetzt. Vor allem hat er ein schweres Problem. Es fällt ihm nicht leicht, darüber zu reden. Jörg ist schon an die vierzig und hat, bis auf eine kurze, katastrophale Ausnahme, noch nie mit einer Frau geschlafen. Das quält ihn sehr. Vor seinen Freunden spielt er den Erfahrenen und vor sich selbst den kleinen Jungen. So, als könnte er dadurch der Zeit ein Schnippchen schlagen. Voller Panik suggeriert er sich Jugendlichkeit. Erstens sind fehlende sexuelle Beziehungen für sehr junge Männer nicht so schlimm, und zweitens hat er ja noch so viel Zeit... Und damit die Angst vor der eigentlich schon recht fortgeschrittenen Zeit ihn nicht wegspült, klammert er sich an den Kopf. Prima, wie alles da funktioniert. Wie da alles ordentlich kategorisiert herumliegt. Er ist so deutsch, so voller Verantwortung für alles mögliche, so voll schneller Urteile über Richtig und Falsch. Dabei hat er auch viel Zärtlichkeit, Musikalität und Wärme. Aber diese Gefühle sind gut verschlossen. Kleinbürgerlich wirkt er, prüde und moralisierend. Und an ihm entzündet sich einmal mein Haß auf eine bestimmte Art von Deutschsein. Auf all das, was ich selber mit mir herumschleppe.

Einen schönen Italiener haben wir in der Gruppe, der eigentlich nichts weiter macht, als Rajen mit Hundeaugen anzuflehen: Hab mich doch bitte lieb oder tritt mich oder mach sonstwas mit mir. Laß mich bitte dein Sklave sein. Um ihm seine Situation zu verdeutlichen, treibt Rajen jetzt das Spiel auf die Spitze. Er sitzt lässig an die Wand gelehnt, schiebt seinen nackten Fuß vor und befiehlt dem Italiener, den zu küssen. Der rutscht glücklich nach vorn, nimmt den Fuß verzückt in beide Hände... und Jörg springt dazwischen. »Bist du verrückt geworden!« herrscht er den Italiener an. Mit Jörgs Auffassung von Menschenwürde verträgt sich das nicht. Aber außer ihm sehen alle, daß dem Italiener gerade großes Glück widerfährt. *Er will* das haben, und Jörg spielt zur Unzeit den Moralisten.

Jetzt geht alles sehr schnell. Ich will Jörg provozieren. »Was, den nackten Fuß zu küssen, ist unmoralisch? Ich lecke sogar einen nackten Arsch, du Spießer!« Und ich lecke tatsächlich. Der verrückte Ulf, der zu Beginn der Gruppe wie ein Halbidiot dagesessen hat – streckt willig seinen Hintern hin. Und weil ich genau weiß, daß er kurz zuvor unter der Dusche stand, lecke ich seinen Arsch und lekke gleichzeitig meiner Gesellschaft den Arsch und all dem, was mich so verbogen und verstümmelt hat in den frühen Jahren. Jörg ist außer sich. Der Trubel geht weiter. Am Ende darf der Italiener doch den Fuß küssen, ist furchtbar glücklich, und Jörg scheint völlig versteinert zu sein. Rajen sieht sein Problem. Die Angst vor Gefühlen. Und geht nun zum Äußersten. Jetzt soll auch Jörg seinen Fuß küssen. Totenstille. Das ist die größte Herausforderung an sein Ego, die sich denken läßt. Der körperlich kleine Mann, der sein Leben lang so betont gerade gegangen ist, um etwas größer zu erscheinen... er soll sich jetzt beugen. Unmöglich! Jörg wehrt sich wie verrückt. Rajen bleibt eisern, und weil sich das Spießertum allemal vor starker Autorität gebeugt hat, macht er es schließlich doch. Und während dieser Geste passiert etwas mit Jörg. Er geht langsam in die Knie. Nimmt den Fuß in beide Hände, beugt den Oberkörper zögernd vor... wird immer inniger, wärmer... legt schließlich sanft seine Wange an den Fuß... und beginnt zu weinen. Das sind die ersten Tränen, die er um sich selber weinen kann... und wir heulen alle ein bißchen mit vor Glück.

Zwischen Ulf und mir hat sich eine Beziehung angebahnt. Zunächst sitzt er tagelang mit seinem idiotischen Gesichtsausdruck herum und liefert gelegentlich spontane Wahnsinnsausbrüche. Was in der westlichen Gesellschaft zwangsjackenreif wäre, wird von uns überhaupt nicht richtig ernstgenommen. Und genau deshalb führt er sich so auf. Er hat eine panische Angst vor dem Übersehenwerden, vor der Nichtbeachtung. Und so flüchtet er sich in makabre Idiotenspiele. Die Gruppendynamik ist erstaunlich. Ständig fließen die Energien. Anfänglich gute, herzliche Beziehungen wandeln sich zu gegenseitiger Abneigung. Und mit Leuten, die ich zunächst ablehne, verbindet mich später fast sowas wie Freundschaft. So geht das auch mit Ulf. Mal ein Gespräch in den Pausen oder abends vor dem Schlafengehen, und ich bin von seiner Wärme sehr angetan. Ich kann mich nicht mehr erinnern, wie es zu diesem Mutter-Sohn-Spiel zwischen uns kommt. Am Nachmittag fängt das an. Er liegt in meinem Arm, nuckelt an meiner Brust, der Gruppenprozeß geht an uns vorüber, wir sind ganz selbstvergessen. Da zirkuliert ein warmer Strom von Zärtlichkeit zwischen uns... leise... sacht... und ich empfinde diese Stunden als sehr glückhaft. Der lange Kerl an meiner Brust... es kommt mir vor, als sei das die klarste und schönste Männerbeziehung, die ich je hatte. Wie Kristall ist sie. Durchsichtig und rein. Mit Ulf muß dabei auch etwas passiert sein. Am nächsten Morgen wirkt er verändert. Dieser gequält-verrückte Gesichtsausdruck ist verschwunden. Völlig normal sitzt er da, lächelt leise vor sich hin... und sieht richtig gut aus. Die Gruppe ist begeistert... und sein feines, inneres Leuchten verstärkt sich noch. Natürlich ist jetzt nicht alles in Ordnung, aber wenn er wieder dieses blöde Gesicht zieht, sagen wir es ihm. Er korrigiert sich dann, und auch später habe ich ihn nie wieder mit dieser verzerrten Miene gesehen.

Diese Gruppe ist wirklich gewaltig. Andauernd explodiert es in ihr... eine wahre Freude ist das. Die Gegensätze prallen aufeinander, entzünden sich und werden ausgetragen. Offen, ehrlich, engagiert. Fast niemand hält sich zurück, und trotzdem ist Liebe zwischen uns. Kein hämisches Verletzenwollen, keine Niedertracht. Das ist wie ein Drahtseilakt unter hoher Zirkuskuppel, aufregend und gefährlich. Wir geben uns ein, so total wie möglich – und unten hat Rajen sein Netz gespannt. Der Sturz kann sehr unangenehm sein, aber er wird eben doch aufgefangen. Liegen wir wirklich zerschunden und verbeult im Netz, dann fischt Rajen uns raus. Er streicht liebevolle Blicke über die Abschürfungen, und bei so viel zärtlicher energy heilen die auch schnell wieder zu. Aber wir müssen uns stellen, mutig sein, auf diesem Drahtseil der Aggressionen, Ängste und seelischen Verbiegungen. Und zur Belohnung gibt's dann Rajens Süßigkeiten. Wer feige ist, wer sich nicht aus seiner Ecke traut, kriegt gar nichts.

In dieser Gruppe ist das nur Marcus. Der, der immer mit so einem bedeutenden Gesichtsausdruck dasitzt und auf eine Weise schweigt, daß wir uns ganz erbärmlich vorkommen. Er weiß wohl auch, warum er das tut. Öffnet er den Mund nämlich wirklich mal, sprudeln nur lauter seichte, unbedeutende Wörtchen heraus. Sie hüpfen munter wie eine kleine Quelle dahin und versickern sofort wieder. Dieses silbrige, nichtssagende Wortgeklingel steht in so krassem Gegensatz zu seinem bedeutungsschweren Gesichtsausdruck, daß wir nur staunen können. Irgendein Guru hat ihm wohl mal erzählt, daß er sehr gute spirituelle Kräfte hätte und die Begabung zur Menschenführung. Das scheint ihm total den Kopf vernebelt zu haben, und so sitzt er jetzt auf den Gipfeln der höheren, geistigen Weihen. So hoch, daß er die kleinen Menschlein gar nicht mehr sieht, die er eigentlich führen möchte.

Die schöne Italienerin mit dem mürrischen Gesichtsausdruck bricht einmal aus ihrer Ecke. Von jahrelangen Quälereien durch eine sadistische Lehrerin erzählt sie uns. Rajen übernimmt sofort diese Rolle. Der Italienerin werden die Hände auf dem Rücken zusammengebunden, und diese Haltung läßt die quälenden Erinnerungen wieder körperlich werden. Sie flippt jetzt an Rajen aus. Tobend sagt sie ihm auf italienisch all das, was sie früher nicht zu sagen wagte. Bei diesem einen Ausbruch bleibt es. Sie hat Sprachschwierigkeiten, aber versteckt sich auch dahinter. Meist sitzt sie nur mürrisch da, und Rajen sagt ihr einmal: »Ma, du bist viel zu unbedeutend, um ständig mißvergnügt zu sein.« Und ironisch fügt er hinzu: »Nur ganz wichtige, ganz bedeutende Leute… die haben ein Recht auf schlechte Laune.«

Hinter dem ständig lächelnden Gartenzwerg verbirgt sich ein todtrauriger, alternder Mann, der sich selbst zu früh aufgegeben hat. Sein Lungi ist schmuddelig, das mitgebrachte Bettzeug sieht schlimm aus, und auf diese äußere Weise betont er seinen inneren Zustand. Vielleicht will er sich und uns auf diese Weise provozieren. Statt Gartenzwerg spielt er später »kleines grünes Männchen vom Mars«. Überall steckt er geil und hibbelig seine Nase hinein. Mal naschen, anfassen, die Finger blitzschnell wieder zurückziehen, schnuppern, wegrennen und sich bewußt in Situationen bringen, wo er abblitzen muß. Aber nicht immer blitzt er ab. In das Mädchen mit dem herrlichen Busen darf er einschlagen. Ganz dezent im Nebenzimmer. Ein paar Tage später haben sie eine wilde Auseinandersetzung, eine todernste Kissenschlacht. In den beiden dramatisiert sich für uns dabei der »Kampf der Geschlechter« in nervenaufreibender Weise. Sie ist eine schöne Frau. Weiblich, klug, sehr erotisch und sexuell. Sie kämpft um ihre Emanzipation, um ihre Anerkennung als Mensch, nicht nur als Betthäschen. Er ist zerbrochen, einsam, fühlt die Überlegenheit der Frau, wie die meisten sensiblen Männer, und wehrt sich auf seine Weise. Mit Kraft, Brutalität und Beschimpfungen. Im letzteren steht sie ihm übrigens nicht nach, und die beiden toben ihre gegenseitige Wut aus, »daß die Fetzen fliegen«. Sie hat genug von Männern, die sie – wie ihr Vater – nur vorzeigen wollen und dann, hätschel, tätschel, wieder abschieben. Er scheint durch Frauen gedemütigt und verletzt worden zu sein, und mit enormer Wucht prallen die unterschiedlichen Erfahrungen aufeinander. Sie ist wunderbar in ihrer wütenden Tapferkeit, und die Herzen aller Frauen in der Gruppe schlagen ihr zu. Wie in einem Gladiatorenkampf scheint es um Leben und Tod zu gehen. Wir bangen und beben für sie, sie kämpft dort auch für uns. Als sie letztlich doch, von seiner größeren körperlichen Kraft überwältigt, am Boden liegt und von ihm brutal niedergehalten wird, hat sie nicht verloren. Im Gegenteil. Glanz umgibt ihre Niederlage – und ihn sieht man innerlich weinen. Er weint, weil alles so ist, wie es ist. Er weint, weil er eigentlich viel lieber zärtlich sein möchte.

Die Gruppe geht zu Ende, und Rajen sagt jedem noch ein paar Worte. Meine Arschleckerei hat ihm nicht gefallen. Ich wehre mich, begründe noch mal… »Jaja, das war auch spontan und witzig, vielleicht hat es dich erleichtert, trotzdem… du hast keine Selbstachtung. Wäre Selbstachtung in dir, dann hättest du das nicht gemacht.« »Du hast Liebe«, sagt er weiter, »aber bei dir ist Gold mit Müll vermischt. Und zur Zeit sitzt du leider noch im Müll.« Und dann gibt er mir noch einen Rat mit auf den Weg: »Du bist jemand, der sich sein Leben lang das Messer ins Herz gestoßen hat. Hör endlich auf damit!«

Wir verabschieden uns voneinander, wir umarmen und küssen uns, es war wunderbar. Von Rajen bekommen wir noch ein Abschiedsgeschenk: »So eine Gruppe, wie diese es war, ist wirklich sehr, sehr selten.«

26

Der Monsun hat in diesem Jahr lange gedauert. Bis November gab es immer wieder schwere Gewitter. Aber jetzt, Anfang Dezember, ist das Wetter sehr schön. Die Wohnungssituation entspannt sich, weil auf den Feldern die Hütten wie Pilze aus der feuchten Erde wachsen. So ein Würfelchen mit einer Grundfläche von 3,50 mal 3,50 kostet etwa 1000 Rupien[1]. Sie steht dann auf Bauernland, und die Sannyasins bezahlen noch mal Miete. Etwa 150 bis 200 Rupien. Für indische Verhältnisse sind das enorme Summen, und die Bauern dort machen das Geschäft ihres Lebens. Wo ich kürzlich noch mit Veepash über die Felder ging, entstanden fast über Nacht neue Hüttendörfer. Wir beide laufen jetzt immer seltener zusammen. Hier und da hat Veepash Beziehungen, schöne Frauen, die von seinem düsteren Charme genauso angezogen sind wie ich. Aber er baut sich seine eigenen Fallen. Ist er wirklich mal interessiert, sind das stets Frauen, deren Rückflugtermin unmittelbar bevorsteht. Er scheint das vorher zu wittern, um dann wieder leer zurückbleiben zu können. Ansonsten quält er sich mit den Frauen dahin und ist auch in ihrer Gesellschaft allein. Kühl, beobachtend und distanziert. Seine Situation im Nest wird immer unhaltbarer. Zweimal schon waren Inder oben und haben es »ausgenommen«. Gegen ihn braut sich etwas zusammen – zumal sich noch ein paar alte, verwilderte Gräber um den Baum scharen. Nach indischem Verständnis befindet Veepash sich somit auf heiligem Boden, und die Landesbewohner wehren sich gegen ihn. So etwa um diese Zeit geht dann auch unsere Bziehung endgültig zu Ende. Ich bin immer noch sehr traurig, ich laufe ihm ein bißchen nach… und das ist es wohl gerade. Sowas erträgt er nicht, er will frei sein, braucht wechselnde Frauenbeziehungen, und ich verstehe das. So wie Bhagwan es uns aufträgt, gehen wir schließlich auseinander: »Mit Würde und Dankbarkeit«.

Trotzdem hänge ich mächtig durch. Die kleine Ashram-Welt geht mir auf die Nerven, immer dasselbe, überall nur Rot… Ich

[1] Eine Rupie = etwa 0,25 DM

finde die Idee eines Ortswechsels nicht schlecht. Ein Bekannter aus Berlin findet das auch. Er ist in einem ähnlichen Zustand wie ich... Herzschmerzen und so... und wir fahren für ein paar Tage in die Berge. Endlich gibt's wieder mal was anderes zu sehen. Während der ersten Stunde im Taxi stöhne ich laufend vor mich hin: »Gottseidank, wie schön, mal raus... gottseidank...« Und es ist wirklich sehr schön in den Bergen. Die sechs Stunden Taxi-Tour lohnen sich. Schluchten, Wasserfälle, Aussichtspunkte über weites Land. Ich atme tief, tief durch. Wie schön Indien ist! Durch die früheren Reisen weiß ich das sowieso. Aber in der kleinen Ashram-Welt mit ihrer täglichen Routine hatte ich es fast vergessen. Und trotzdem. Als wir nach drei Tagen zurückfahren, entzückt mich erneut all das Rot. Ich habe den Staub von meiner inneren Optik gewischt, und die Farbe leuchtet wieder frisch und klar.

Was nun? Etwas tun muß man im Ashram, sonst wird man verrückt. Von Gruppen habe ich erst mal genug. Das Feuer erschöpft sich. Auch das Geld. Obwohl gerade Gruppen den Preisvergleich mit den westlichen Verhältnissen freundlich-lächelnd bestehen. Alles in Ashram ist teuer. Aber die Gruppen nicht. Was ich für die Samapan-Woche bezahlt habe, entspricht zwei westlichen Therapie-*Stunden!*!

Nach den Gruppenerfahrungen ist für viele die Ashramarbeit der nächste Schritt. Wie bereits erwähnt, bekommst du für diese Arbeit keine finanzielle Entlohnung. Und das ist gerade ihre Besonderheit. Du beginnst freiwillig, und genauso leicht kannst du auch wieder aufhören. Die Arbeit ist hier nicht Mittel zum Zweck des Überlebens. Hier ist Arbeit Selbstzweck und eine Möglichkeit, dir selbst zu begegnen. Was fühlst du? Wie erfährst du dich in der Arbeit? Freudig? Lustlos? Angewidert? Es geht dem Ashram wohl nicht um die paar Rupien für dich. Er ist so reich... darauf kommt es nicht an. Aber es geht um dich. Warum arbeitest du? Aus Spaß an der Sache? Aus Langeweile, um eine Struktur in deinem Leben zu haben, um dazuzugehören? Warum kommst du immer wieder, obwohl du die Arbeit vielleicht haßt?... Schau dir zu, begegne dir, finde die Ursachen heraus. Haßt du die Arbeit, oder haßt du dich selber? Warum spürst du Widerstände? Haben sie Ursachen, die nicht in der Arbeit begründet sind? Im Westen wird dieses System der Arbeit ohne finanzielle Entlohnung gelegentlich mit Ausbeutung und Sklaverei verglichen. Das kann man sehen, wie man will. Aber selbst wenn es Sklaverei wäre: Warum arbeitest du dann trotzdem? Warum läßt du dich überhaupt versklaven? Willst du unterdrückt werden? Ist dir schon so das Gehirn gewaschen worden, daß du die Unterdrückung nicht mehr merkst? Schau hin! Was ist los!? Wehre dich!!! Lerne, deine Interessen zu vertreten! Sei mutig und selbstbewußt. Die Arbeit im Ashram ist auf alle Fälle eine Herausforderung, bei der du dir selbst begegnest. Wie auch immer du dich verhältst, was auch immer du fühlst – dafür gibt es Gründe, die du rausfinden sollst.

Etwa eintausend Sannyasins arbeiten direkt im Ashram oder in den angemieteten Häusern. Das größte Department ist das der Cleaner. Viel gibt es zu reinigen: die Gruppenräume und Duschanlagen, Toiletten und Badezimmer. Die Buddhahall, die Wohnungen im inneren Teil des Ashrams, die Büroräume, die Wege, dies und das, und es ist überall beeindruckend sauber. Dann gibt es zwei Großküchen. Die Kantine verpflegt den »inneren Kern« des Ashrams und die Arbeiter mit dem Food-Pass. »Vrindawan« heißt die andere Küche und ist für den äußeren Ashram-Teil zuständig. Für Besucher, für Leute, die kommen und gehen, für Leute wie mich. Oder wenn Gruppenverpflegung ansteht. Die Mahlzeiten werden dann in Vrindawan zubereitet. Viele Swamis arbeiten als Handwerker. Sie stecken in Shorts und sind »Mädchen für alles«. Prachtvolle Mädchen sind sie… mit langen Bärten und dicken Zöpfen. Manchmal ist auch der Bart zum Zopf geflochten, und das sieht dann besonders niedlich aus. Für die weitläufigen Park- und Gartenanlagen ist ein Department zuständig, und ein anderes kümmert sich um unsere Malas. Dort werden die Ketten hergestellt, die wir alle um den Hals tragen. Es gibt Töpfer-, Weber- und Schneiderwerkstätten. Die Schneiderei ist wiederum mit der Boutique gekoppelt, unserem Einkaufszentrum. Dann sind da die wichtigen Leute in den Büros, dem Pressezentrum, der Druckerei, dem Versand, der Post. Nicht zu vergessen ist der Stab der Gruppenleiter, der Guards, der Techniker. Ein Orchester gibt es, eine Theatergruppe… na, und vor allem die Mediziner und Zahnärzte. Wir haben sogar ein gut ausgerüstetes medizinisches Zentrum. Übrigens können sich die Arbeiter für umgerechnet 100 DM im Jahr versichern lassen und werden dann medizinisch gut betreut.

Einige Bereiche habe ich sicher nicht erwähnt. Ich habe sie vergessen, oder sie sind mir gar nicht erst bewußt geworden… aber eins steht fest: Die Arbeit im Ashram hat viele Gesichter.

Nach all dem westlichen Streß kommt die Ashramarbeit vielen doch recht locker vor: Mal aufstehen, andere in den Arm nehmen, ein kleines Küßchen, etwas plaudern, weiterarbeiten… Auch hier mögen sie acht Stunden hinter der Schreibmaschine sitzen... die Atmosphäre ist aber nicht zu vergleichen. Dann gibt es auch Arbeitsplätze, die ganz verrufen sind. »Vrindawan« vor allem. Die Küche für »außen«. Schauergeschichten gehen über die Herrin dieses Departments um. Verrückte Sachen soll sie machen, rumbrüllen, total unberechenbar sein. Und sogar die Hand rutsche ihr gelegentlich aus. Viele Überstunden ordnet sie an, bis nachts muß man in der Küche arbeiten, und selbstherrlich lasse sie die Leute herumspringen. Ein Teufelsweib sei diese Deeksha, geliebt, gehaßt, gefürchtet. Und überhaupt herrsche in der Küche ein wahnsinniger Arbeitsdruck, den viele nicht aushielten. Wie auf dem Kasernenhof gehe das da zu. Ein Teil der Küchenanlagen ist vom Garten des Restaurants nur durch eine weiße Lattenwand getrennt. Von außen kann man reingehen, und obwohl ich dort nichts zu suchen hatte, steckte ich irgendwann mal den Kopf hinein. Viele Sannyasins standen da an langen weißen Tischen und putzten Gemüse. Sehr beschäftigt schienen sie, und mir schlug eine seltsam gespannte energy entgegen. Hektisch, kraftvoll, intensiv. Ich war sehr beeindruckt. Sollte ich je im Ashram arbeiten, dann da... soviel energy... Ich starte erneut Umfragen. Was ist los in der Küche? Verrückt ginge es da zu. Jeden Tag erlebe man da eine Encounter-Gruppe... die Funken würden nur so sprühen. Drei Worte sind das Fazit meiner Erkundigungen: »Himmel und Hölle«.

Ich kenne niemanden, der freiwillig in die Küche gegangen wäre. Daß ich das möchte, läßt tief blicken. Aber eigentlich ist die Art der Arbeit auch nicht dein Problem. Wenn du im Main-Office danach fragst, solltest du bereits im Surrender sein und akzeptieren, was dir zugeteilt wird. Kloputzen, Wäsche waschen, Gräben ziehen, alles, alles... Es geht nicht um das, was du gern machst. Es geht mehr um das, was du nicht gern machst. Genauer gesagt, du sollst dich damit auseinandersetzen und erkennen, daß diese Widerstände Projektionen deines inneren Zustands sind.

27

Im Augenblick habe ich noch viele Widerstände. Ich möchte arbeiten… aber auch wieder nicht… ich umkreise die Entscheidung… heute noch nicht… vielleicht morgen. Und morgen auch noch nicht, und zum Glück gibt es immer wieder gute Gründe, um den Arbeitsbeginn zu verschieben. Bhagwans Geburtstag zum Beispiel. Am 11. Dezember ist der große Tag, und viele Gerüchte sind in Umlauf. Als sein Geschenk an uns werden wir zum erstenmal das Gebiet der neuen Sannyasin-Kommune betreten. Mit fünfzig Bussen werden wir hinfahren. Andere Überraschungen sind vorgesehen… Eine neue Kommune ist schon lange geplant. Der Ashram platzt aus allen Nähten, es gibt ständig Ärger mit der Bevölkerung, wir wollen unter uns sein. Was da am Informationsbrett über die neue Kommune steht, liest sich märchenhaft. Eine richtige Sannyasin-Stadt soll das werden. Viele luxuriöse Dinge werden angekündigt. Leider habe ich alles vergessen… außer dem Swimming-Pool und dem Fünf-Sterne-Hotel für Besucher. An nichts soll es fehlen in diesem neuen Zentrum der Spiritualität.

Aus aller Welt scheinen die Sannyasins zusammenzuströmen, um Bhagwan an seinem Geburtstag nahe zu sein. Viel früher als sonst wird die Buddhahall zur Lecture freigegeben, und morgens um sieben kann ich gerade noch ein hinteres Plätzchen erwischen. Wir rücken zusammen, mehr Leute wollen rein, noch mal rücken… kaum zu fassen, wie viele Menschen heute in der Buddhahall Platz finden. Vielleicht dreitausend… ich weiß nicht genau.

Der Ashram schmückte sich für diesen Tag. Überall hängen bunte Lämpchen und verbreiten fröhliche Volksfeststimmung. Aber auch viel Hektik war zu spüren, und die »Mädchen für alles« arbeiteten noch schneller als sonst. Als Bhagwan jetzt pünktlich um acht kommt, ist er so gelassen wie immer. Dieser ganze Trubel scheint ihn überhaupt nichts anzugehen. Auch wer heute eine besonders zündende Lecture erwartet hat (so wie ich), wird enttäuscht. Geburtstage, Festtage, der Alltag – alles scheint ihm auf beeindruckende Weise gleich-gültig zu sein.

Aber für uns ist es doch ein großer Tag. Der Ashram hat tatsächlich 50 Busse gemietet, und wir fahren damit auf das Gebiet der neuen Kommune. Fünfzig Busse hintereinander! Das ist wie eine Demonstration der Stärke, und den Indern am Straßenrand gehen die Augen über. Knapp eine Stunde fahren wir, und am Zielort ist zunächst gar nichts zu sehen. Nur ein altes Fort steht da, ein sperriger, unfreundlicher Kasten mit dicken Mauern und Schießscharten. Die Busse bewegen sich weiter und fahren an einem kleinen See vorbei. Das Gebiet ist hügelig, heiß und knochentrocken. Bei so viel Staub kann die Bus-Schlange ihr eigenes Schwanzstück nicht mehr sehen. Sie windet sich um einen Berg. Dort oben soll eine Fahne mit neuem Ashram-Emblem gehißt werden. Ich weiß nicht mehr, wie's kommt, aber ich bin als eine der ersten oben. Hochgestolpert über Disteln und lockeres Geröll. Da stehe ich nun, schaue runter, und der Anblick ist atemberaubend. Aus den Bussen steigen immer noch Sannyasins und beginnen zu klettern. Viele sind auf dem Weg nach oben. Pfade haben sich gebildet. Nebeneinander, hintereinander, und wie rote Feuerzungen schieben sich die Sannyasins den Berg hinauf. Als loderte Lebensfeuer in dieser grünlichgrauen Einöde. Wie ein Versprechen, wie lebendiger Atem in der Wüste.

Ich schaue in die Weite. Bis auf den winzigen See ist das ganze Gebiet von dürrer, trostloser Schönheit. Riesengroß soll es sein, das neue Ashramgelände. Gewaltig und öde dehnt es sich bis zum Horizont, über dem felsigen Boden leuchtet karstige Einöde, und die Sannyasins unter mir wie rote Blumen des Lebens... beide Eindrücke verschmelzen jetzt, und ich habe das Gefühl, an einem historischen Augenblick teilzunehmen. Vielleicht war das vor dreitausend Jahren genauso... als Moses den Juden das Gelobte Land zeigte... eine Wüste, so wie hier... ein Versprechen. Ich schaue auf die fröhlichen Sannyasins, die immer noch den Berg heraufströmen, und mein Herz wird weit vor Glück. Ein Ahnen, ein Sehnen, wie eine Vision... was könnten wir gemeinsam aus diesem Gebiet hier machen... ein neues Gelobtes Land... vielleicht.

Ich bin in meinen Tagträumen versunken und versäume größtenteils das Fahnenhissen. Aber viel war wohl sowieso nicht los, die meisten strömen schon wieder runter, und überhaupt steht die ganze Aktion nun unter Zeitdruck. Am Fort halten die Busse noch mal. Es gibt in großen Zelten etwas zu essen, viel Gedränge und Lautsprecher, die unablässig zur Eile mahnen. Also, feierlich ist das gerade nicht. Vielleicht müssen die Busse pünktlich zurückgegeben werden? Normale Linienbusse sind das, und ich glaube sowieso, daß wir durch unseren exklusiven Ausflug den ganzen indischen Nahverkehr lahmgelegt haben. Abends ist öffentlicher Darshan. Wir werden wieder sorgfältig abgeschnüffelt. Die Buddhahall ist innen durch Schnüre abgeteilt, und wer sich setzen will, kann das tun, wenn er das Gedränge in der Mitte auf sich nimmt. Am Rand des Ovals drängeln sich stehend die Bewegungsfreudigen. Sie tanzen und singen nach Musik-Gruppen-Klängen, die in den Tagen zuvor noch mal geübt wurden. Damit sie »sitzen«, damit Bhagwan mit uns zufrieden ist... doch ich glaube, ihm ist das wirklich egal. Ich stehe auch am Rand, ziemlich entfernt vom Podium, an einem Bogen der Längsseite des Ovals. Die Musik beginnt, laut und ausgelassen toben wir herum, soweit die Nachbarn das überhaupt gestatten... viel Platz ist nicht... Und ganz plötzlich steht Bhagwan da. Aus der lauten Fröhlichkeit wird ein jubelnder Orkan. Bhagwan steigt aufs Podium, setzt sich und schließt die Augen. Auf seltsame Weise ist er jetzt anwesend – und auch wieder nicht. Der Orkan umbrandet ihn, aber er scheint damit nichts zu tun zu haben. Oder doch... Es ist, als könne seine Stille unser Toben einfach in sich einschließen. Bhagwan sitzt da, bewegungslos, total bei sich, gesammelt, von zarter, kraftvoller, eindringlicher Schönheit. Gemessen an seiner Stille, wirkt unser Toben noch bizarrer, noch verrückter... er scheint das Zentrum des Zyklons zu sein. Nach etwa zehn Minuten öffnet er die Augen, schwingt mit einer leichten Fußbewegung den Sessel zur Seite und schaut auf die Sannyasins am Rand. Mit kaum faßbarer Langsamkeit bewegt er jetzt den Kopf von einem Ende des Ovals zum anderen. Der Sessel dreht sich mit, und Bhagwan erfaßt auf diese Weise nach und nach alle Anwesenden. Was er sonst mit den Händen vor dem Gesicht tut, macht er nun mit den Augen. Wie Energie-Sender streichen sie sehr, sehr langsam über uns. Seine Ausstrahlung ist so intensiv, daß ich mich reflexartig hinter andere Schultern schiebe, als sie mich erreicht. Dabei stehe ich mindestens dreißig Meter von Bhagwan entfernt.

Ich tanze und singe weiter, aber mein Herz ist schwer. Ich bin traurig, daß ich seiner Energie nicht standhalten konnte... so unwert fühlte ich mich in diesem Moment... so, als hätte ich sie nicht verdient. Ich erinnere mich, damals beim Sannyasnehmen... dieser Blick, plötzlich so scharf, so prüfend... ich erschrak... aber ich saß vor ihm... ganz nahe. Inzwischen habe ich erfahren, daß Bhagwan gelegentlich diesen raschen Energieschub in Leute schickt, um zu sehen, wieviel sie davon aushalten. Also viel war's nicht, mein Herz stolperte ganz schön. Aber hier... auf diese Distanz... was ist los?

An einigen Stellen der Peripherie verweilt Bhagwan länger. Es scheint, als bekämen die Sannyasins dort noch einen Extra-Energieschub… Und wahrscheinlich ist das auch so. Ich habe gehört, das Bhagwan stets auf die Energien respondiert, die er vorfindet. Während der Lecture zum Beispiel. Du kannst dösen, du kannst schlafen… gut, besser, als gar nicht anwesend zu sein. Du kannst aber auch dasitzen, mit abgestelltem Verstand. Einfach nur offen. Dann hast du ein delikates Energiefeld um dich, subtil und sensibel. Dann kann Bhagwan in dich einfließen, dann arbeitet er mit dir, ohne daß du etwas davon merkst. Jetzt schließt Bhagwan die Augen und wird wieder zur »Stille selbst«. Nochmal zehn Minuten etwa sitzt er in kaum faßbarer Bewegungslosigkeit… erhebt sich… und unser Jubel schwillt erneut zum Orkan. Wie ein weißer Gott steht er da… lächelnd… unbeweglich… Er grüßt uns und geht. Sein Auto umrundet die Buddhahall. Es ist innen erleuchtet. Und weil ich wieder mal in der letzten Reihe stehe, kann ich sein Gesicht nun von nahem sehen. Wie schön er ist… ich spüre Tränen… ich weine… Bhagwan…

Durch den allgemeinen Trubel wühle ich mich nach draußen. Meine Schuhe sind weg. Kein Wunder, bei diesem Durcheinander. Ich suche nicht, ich gehe barfuß nach Hause. Seit dieser stürmischen Nacht mit Veepash ist der Neubau neben der Dorm mein Refugium geworden. Oft schleiche ich mich rein, leise, mit klopfendem Herzen… so dunkel ist alles… ich kenne inzwischen jeden Schritt… gehe hoch… und oben auf dem Flachdach ist dann alles gut. Decken habe ich meistens mitgebracht. Darin wickle ich mich ein, lege mich auf die äußere Begrenzungsmauer des Daches… und schwebe. Nicht mal in den Augenwinkeln spiegelt sich noch schattenhaft etwas Irdisches… losgelöst bin ich und blicke direkt in die Sterne. Mir ist, als gehörte ich zu ihnen. Stundenlang liege ich dann da, nur in die Sterne schauend oder in den Mond. Den dunklen Sternenhimmel ohne Mond habe ich aber lieber. Das Ganze grenzt schon an Stumpfsinn, zwei… drei Stunden, ich kann mich nicht sattsehen, und nur Kälte und Müdigkeit treiben mich dann doch zurück ins Zimmer.

Sehr nachdenklich bin ich heute abend. Dieses reflexartige Verstecken vor Bhagwans Energie… Überhaupt laufen da neuerdings so komische Sachen bei mir. Zur Lecture gehe ich nicht mehr in die Buddhahall, sondern bleibe draußen sitzen. Das ist eigentlich nur für die Kranken gedacht. Für die Leute mit Schnupfen, Amöben oder ähnlichen Leiden. Draußen stehen Lautsprecher, du hörst

Bhagwan, aber sehen kannst du ihn nicht. Ein breites Band von Bäumen und Gebüsch schiebt sich zwischen dich und die Buddhahall. Auf diese Weise die Lecture zu erfahren, entspricht nur Second-Hand-Qualität. Die Atmosphäre in der Halle ist unvergleichlich intensiver.

Na ja, aber draußen kann ich auf einer Bank herumliegen, wie ich will, oder es mir sonstwie bequem machen. Ich sehe, wie die Sonne hinter dem Krishna-Haus aufsteigt, wie sie leuchtende Kringel auf die Blätter malt... ich werde nicht abgeschnüffelt, drinnen ist es so eng, da ich immer hinten sitze, sehe ich Bhagwan sowieso nicht... all das rede ich mir ein... als Rationalisierung des wahren Grundes: Ich bin auf einem Minderwertigkeits-Trip. Die Buddhahall ist für alle da, nur für mich nicht. Bhagwan gibt allen seine Energie, nur ich bin nicht würdig genug. Darum sitze ich morgens neben dem Durchgang zur Buddhahall. Die anderen Sannyasins strömen an mir vorbei, und ich schaue ihnen traurig-trotzig nach. Von hinten, aus dem nichtöffentlichen Ashramteil, kommen die Sannyasins des inneren Kreises und gehen auch an mir vorbei. Wunderschön kommen sie mir vor. Zart, kraftvoll, sehr bei sich seiend. Sie haben eine besondere Vibration um sich, laufen so leicht, sind anders... ich weiß nicht... ich fühle das nur. Will ich das fühlen, will ich ihnen wie Aschenputtel nachschauen, ein bißchen neidisch, weil sie wie Prinzen und Prinzessinnen jetzt zum Fest mit dem König gehen? Und ich bleibe draußen vorm Tor? Ja, ich will vor dem Tor bleiben. Ich will einsam sein. Ich will mich klein und unwert fühlen. Auch sowas ist für Rajen ein Super-Egotrip: »Die Existenz hat sich selber geschaffen, alles hat seinen Platz in ihr, alles hat ein Recht auf Leben... nur du nicht. Hach, wie beklagenswert.«

An all das denke ich, als ich auch heute wieder auf der Mauer liege... hoch oben... fern von den andern... exklusiv in meiner Position. Den Sternen so nahe, weil ich auf Erden nicht klarkomme. Meine Freunde sind sie.

Sie schweigen majestätisch... Und auch der Nachthimmel schweigt. Sie wollen nichts von mir... und das ist gut so.

28

Bhagwans Geburtstag ist vorbei, und nun gibt es keine guten Gründe mehr, sich noch länger vor der Arbeit zu drücken. Aber ich will immer noch in die Küche, wenn schon, denn schon... es scheint mein Masochismus zu sein, der mich dorthin zieht. Ich sitze der zuständigen Sannyasin gegenüber, und damit ich auch ja in die Küche komme, falle ich mit einem gewaltigen Wortschwall über sie her. Viele Gründe zähle ich auf... sie schaut mich nur an... und schreibt mit großen Buchstaben »VRINDAWAN« auf den Laufzettel. Sie findet wohl auch, daß ich dort arbeiten sollte. Noch ein paar Formalitäten, und morgen soll es dann gleich losgehen.

Und damit beginnt ein wichtiger Abschnitt meines Poona-Daseins.

Die Küchenanlagen bilden eine weite, U-förmige Figur, die von drei Seiten den Garten des Selbstbedienungsrestaurants einschließt. Im Mittelstück dieser Formation sitze ich jetzt. Genau wie ich es wollte... damals, als ich den Kopf von außen reinsteckte. Nun bin ich drin und kann von dort aus die Leute im Garten sitzen sehen. Die Küche ist sehr hell und freundlich. Alles nur mögliche ist weiß lackiert. Zwei Bäume sind in die Konstruktion einbezogen worden und wachsen jetzt durchs Glasziegeldach. Die Rückwand ist nur halbhoch, und man kann direkt in Bhagwans dschungelartigen Garten sehen. Also wirklich sehr hübsch ist das Ganze und so richtig zum Wohlfühlen.

Mit etwa zwanzig anderen Workern stehe oder sitze ich an langen weißen Tischen, und wir verarbeiten Gemüse in vorgeschriebener Weise. Ich begreife leicht, worauf es ankommt. Für einige gibt es Schwierigkeiten, denn auch dort wird, wie überall, nur englisch gesprochen. Ich arbeite schnell und gut. Berge von Karotten verwandeln sich unter meinen Händen zu Würfelchen, genauso wie Gurken und Tomaten und Kartoffeln. Und aus dem großen Blumenkohl werden entzückende Röschen, und die Petersilie verliert ihre Form und die Erbsen springen aus den Schoten... eine reine Freude ist das. Ich schleppe schwere Gemüsekörbe, die morgens angeliefert werden, spüle unsere Arbeitsschüsseln, baue Küchengeräte auf und wieder ab, mache dies und das, wirble herum und bin selig. Gottseidank! Endlich habe ich etwas Vernünftiges zu tun! Was Nützliches! Ich sehe die Erfolge meiner Arbeit ganz unmittelbar. Das ist nichts Entfremdetes wie Schreibtischarbeit. Das ist körperlich, das macht mich munter, das fordert mich und ist obendrein noch meditativ. Hab' ich so einen großen Gemüsekorb vor mir, dann passiert außen und innen etwas. Außen bewegen sich die Hände schnell, und innen kann ich meinen Gedanken nachhängen. Vieles steigt auf, wird durchdacht und rausgeworfen. Manchmal schaue ich auf, sehe durch die Lattenwand die Sannyasins im Garten sitzen, plaudern, sich einen guten Tag machen... und möchte um nichts in der Welt mit ihnen tauschen. Sogar abends nicht, wenn so gründlich geputzt wird, daß man vom Fußboden essen und anschließend die Regale ablecken könnte.

Für die meisten Ashram-Worker beginnt die Arbeit morgens nach der Lecture und endet gegen sechs. Nicht so in der Küche. Man arbeitet in täglicher Wechselschicht. Einmal beginnt die Schicht mittags und dauert meist bis halbzehn abends. Manchmal noch länger. Sowas bestimmt dann Deeksha, und ihr fallen immer wieder Gründe ein. Wie spät es auch abends geworden ist: pünktlicher Arbeitsbeginn ist am nächsten Morgen um sechs. Diese Schicht läuft dann bis drei Uhr nachmittags. Zwischen 12 und 15 Uhr überlappen sich die Schichten, und dann ist in der Küche der Teufel los. Die Wechselschicht läuft ohne Unterbrechung siebenmal in der Woche. Ohne einen freien Tag. Das heißt, es war so. Gerade als ich anfange, beginnt auch die »Off-Day«-Regelung für alle Ashramarbeiter. So heißt der freie Tag. Sie bekommen einen zugeteilt, und das ist dann der »Sonntag«. Nicht so in der Küche. Dort muß man nach wie vor um den freien Tag bitten, ihn auch noch begründen, und ob er gewährt wird, ist ungewiß. Überhaupt herrschen dort im Küchen-Büro strenge Sitten. Jedes Zuspätkommen über 10 Minuten hinaus wird mit doppelter Nacharbeit bestraft. Falls man mal kräftig verschlafen hat, ist es fast besser, überhaupt nicht mehr hinzugehen. Das ist aber auch wieder nicht gut. Jedes Fehlen wird aktenkundig gemacht und von den Bürodamen mit äußerster Kühle quittiert.

Wie schon erwartet, ist das Arbeitstempo wirklich enorm. Jede Schicht wird beaufsichtigt. Meist von herben Frauen, die ein strenges Regiment führen. Es ist auffällig, wie viele Deutsche gerade in diesen Positionen stehen. Sie scheinen ihr historisches Erbe voll auszuleben… besonders eine… sie treibt an, vor sich hinsingen paßt ihr nicht, ein Schwätzchen mit dem Nachbarn auch nicht, Tempo, Tempo… und dann nimmt sie auch noch die Arbeitsschüsseln und stellt sie woanders hin. Wie in der ersten Schulklasse muß man sich brav umsetzen. »Schäm dich, du hast geschwatzt!« Auweia… Und dann achtet sie auch noch auf die höchst pünktliche Einhaltung der äußerst knappen Pausen und hat einen Befehlston drauf, daß ich um meine Ohren fürchte. Sie könnten wegfliegen. Langsam geht mir dieser Ton echt auf die Nerven. Die Begeisterung des Anfangs kühlt sich an dieser Schroffheit sehr ab. Ich maule innerlich rum, rege mich über dieses und jenes auf… und fange das Naschen an.

Das indische Wasser ist fröhliche Heimstatt unzähliger Amöben. Wir sterilisieren das Wasser, so gut es geht, aber die Hintertürchen bei so einem hektischen Arbeitsprozeß sind für die Amöben weit offen. Da mag der Kohl ruhig eine Weile im keimtötenden Wasser gelegen haben. Die Schneidebretter werden aber nur wieder unter fließendem Wasser abgespült, der Kohl drauf geschnitten, und die Tierchen sind wieder da. Aus Trotz stopfe ich jetzt andauernd etwas in mich hinein und bin geradezu gezwungen, Amöben zu kriegen. Und wie! Nach zehn Tagen Arbeit, bin ich endlich mal zwei Tage lang krank.

Als ich wiederkomme, werde ich bestraft. Ich muß hoch in den ersten Stock über der Küche. Ich muß in die sogenannte »Domestikabteilung«. Das ist ein wichtiges Anhängsel. Unsere Arbeitskleidung wird dort täglich gewaschen, genauso wie die Lappen, die Trocken- und Scheuertücher und sonstwas. Da wir etwa 200 Worker in der Küche sind, ist da ganz schön was zu tun. Waschen, aufhängen, trocknen, bügeln, einsortieren, ausgeben, dies und das… Bei meiner Schneiderinnen-Vergangenheit sollte ich mich wohlfühlen zwischen den Nähmaschinen und Bügelbrettern. Tu ich aber nicht. Und das liegt wieder mal an den Damen, die dort das Regiment führen. Die Aufsicht über eine Schicht wird »charge« genannt. Die Mädchen sind also »in charge«… und jetzt beginnt der Leidensweg der »Namenlosen Glückseligkeit«. Meiner nämlich.

Schon, daß ich von meinen geliebten »vegetables« weg muß, ist schlimm. Trotz des strengen Tons liebe ich die geballte Atmosphäre dort unten. Die Hektik mag ich, das schnelle Arbeiten, und am liebsten habe ich einen großen, vollen Korb vor mir. Dann kann ich nach innen gehen, den Auftrag trotzdem ausführen, und um mich herum zischen die Energien. Ich fühle mich dann als kleine

Insel in einem aufgewühlten Energiemeer, schalte mich gelegentlich ein, tobe auch ein bißchen rum, gehe wieder nach innen, aber da ist immer etwas los. Da gibt es natürlich doch Gespräche, Männer sind da, ein bißchen rumalbern, mal eine Umarmung... Ich verschwinde in dem Trubel und bin gleichzeitig ein Teil von ihm.

Hier oben ist das anders. Hier arbeiten nur wenige Frauen, und mit den Mädchen in charge bin ich andauernd in Tuchfühlung, sozusagen. Lauter Kleinigkeiten sind da zu machen. Mal was wischen, mal was aufhängen, wegtragen, hinlegen, fegen, bügeln, ausbürsten, sortieren, dies und das... Andauernd habe ich Befehle entgegenzunehmen, andauernd muß ich fragen und werde auf eine Art abgefertigt... vor Empörung zieht sich in mir alles zusammen. Wie eine Doofe komme ich mir vor, muß mich kritisieren lassen, mich hin und her schieben lassen, und lauter kleine, nichtige Arbeiten werden mir zugewiesen. Das alles in einem Befehlston, der mir böse ins Rückenmark kraucht. Ich bin wie gelähmt. Die Widerstände werden immer heftiger, Aggressionen kommen hoch, und ich werde sehr »negativ«, wie das hier heißt. Und negativ zu sein, ist etwas sehr, sehr Schlimmes... Die Mädchen in charge sind weit jünger als ich. Mein Ego bäumt sich auf. Muß ich mir das alles gefallen lassen?... Und jetzt mache ich sogar manchmal mit Absicht etwas falsch. Wenn sie mich schon so blöde machen, dann will ich es auch wenigstens sein. Und sowas mir! Wie tief bin ich gesunken! Wo ich doch sonst so penibel bei der Arbeit für andere bin. Wo ich doch immer alles so gut wie möglich mache, um vielleicht gelobt zu werden...

Also, diese Abteilung ist wirklich sehr wichtig. Die Kleider einiger Ashram-Damen des inneren Kreises werden hier gewaschen und gebügelt... und wie! Ganz sorgfältig, ganz genau, und der größte Kult wird um Deeksha getrieben. Ich habe sie bisher kaum zu Gesicht bekommen, und wenn ich nicht wüßte, wer sie ist... spätestens jetzt würde ich das merken. Die Herrin der Küche beschäftigt hier ihren eigenen Hofstaat. Alle ihre Sachen, Höschen und Hemdchen nicht ausgenommen, werden mit einer Ehrfurcht behandelt, als ginge es um Bhagwan selbst. Ich gebe mir auch alle Mühe, wenn ich Deekshas Kleider bügle, warum auch nicht? Noch mal und noch mal, richtige Kunstwerke werden das, aber ansonsten werde ich immer deprimierter. Bekomme Heulkrämpfe ohne sichtbaren Anlaß, werde aufsässig... diese schrille, befehlende Stimme eines jungen Mädchens in charge verfolgt mich noch in meine Träume, und ich bekomme sogar Gänsehaut, wenn sie gar nicht mich meint. Wenn ich diese Stimme nur höre, werde ich ganz krank.

Die Abteilung hat den Spitznamen »das Frauengefängnis«, und genauso kommt es mir dort auch vor. Aber wie immer ist das nur mein Problem. Die anderen Worker, stille, liebe Mädchen, fühlen sich offensichtlich sehr wohl. Sie machen widerspruchslos ihre Arbeit, fließen mit ihr, und für sie ist die Welt hier oben total in Ordnung. Für mich nicht. Ich bin inzwischen dermaßen aus den Fugen, daß ich eines Morgens, als der Wecker um fünf klingelt, einfach nicht aufstehen kann. Es geht nicht. Wie gelähmt liege ich im Bett, unfähig, auch nur den kleinen Finger zu rühren. Ich erwäge ernsthaft, die ganze Arbeit zu »schmeißen«. Am Nachmittag gehe ich ins Büro und sage es ihnen. Sage, daß ich mich dort oben todunglücklich fühle, daß ich wieder zu den Vegetables möchte. Deeksha wird geholt. Sie ist ganz nett. Ein winziges Lächeln spielt um ihre Lippen, na gut, ich könne dann wieder runterkommen. Gottseidank! Ich bin wahnsinnig erleichtert und glücklich und freue mich schon auf die Vegetables von morgen. Am nächsten Tag soll ich aber wieder hochgehen – nur noch heute –, aber den Schock verkrafte ich nicht.

Finster und aufsässig stehe ich in der Domestikabteilung herum, versenge beim Bügeln ein Moskitonetz ein bißchen… und jetzt knallt's! Den Damen in charge bin ich mit meiner Negativität schon lange auf die Nerven gegangen. Sie wiederum haben mich ganz krank gemacht, es wird beiderseits rumgebrüllt, Deeksha wird geholt, ein großer Aufstand, ich muß ins Main-Office, um dort meine Renitenz nun auch höchst offiziell feststellen zu lassen. Ich bin nicht unterworfen, bin nicht im Surrender. Und das ist wirklich das Schlimmste, dessen man sich im Ashram schuldig machen kann. Vidia heißt die Sannyasin, welche in höchster Instanz für alle Ashramarbeiter zuständig ist. Eine kraftvolle Frau ist sie, von starker, durchsetzungsfähiger Ausstrahlung. Als ich ihr gegenübersitze, ist sie aber sehr lieb zu mir, sehr sanft. Ich heule herum, erkläre meine Situation, und sie schaut mich warm an. »Du bist total aus deinem Zentrum geschlagen«, sagt sich weich. »Du mußt dein inneres Gleichgewicht wiederfinden.« An die Vegetables will sie mich aber nicht lassen. »Du hast im Moment so viel schlechte Vibrationen, und andere müssen die dann essen.« Und weil ich die Leute damit vergiften könnte, soll ich erst mal putzen. Auf diese Weise bin ich dann wohl keine öffentliche Gefahr mehr. Na gut, ist mir auch recht. Ich mache alles, alles, nur will ich nicht wieder in den ersten

Stock. Ich kriege einen Putzkittel und bin jetzt Cleaner in der Küche.

Dort gibt es einige Unterabteilungen. Die Bäcker haben ihren Platz, die Abwäscher, die Köche. Es gibt Leute, die für die Herde verantwortlich sind, andere, die Getränke zubereiten. Im vorderen Selbstbedienungsraum müssen die Schalen gefüllt und das Fehlende ersetzt werden. Für Obstschale und Säfte sind andere zuständig. Alles hat seine Ordnung und ist wohlorganisiert. Vor allem aber wird geputzt. Wieder und immer wieder, und alles ist unglaublich sauber und hygienisch. Neben der üblichen Prozedur werden die Wände und Scheuerleisten mit der Zahnbürste gereinigt, der Fußboden kniend geschrubbt, zweimal am Tag sehr gründlich. Täglich werden die Fenster geputzt und Türen gescheuert und die Regale und Kühlschränke und Tische und Bodenleisten, alles, alles... Ich glaube, das ist die sauberste Großküche der Welt. Für jede Unterabteilung sind Sannyasins in charge, und es gibt sogar welche, die die Vorgesetzten der Charge-Leute sind. Alles ist reglementiert, wird kontrolliert und läuft wie am Schnürchen. Die Arbeit wird als Meditation betrachtet, jeder macht das Zugewiesene so schnell und so gut wie möglich. Und wenn nicht, gibt's einen schweren Rüffel. Zweimal am Tag bricht das große Putz-Ritual aus. Die fettigen, rußigen Bleche, auf denen die Herde stehen, werden mit der Hand gescheuert, der Fußboden ebenso. Dann wird gespült und nochmals gewischt und nochmals gespült... Ich kauere im engen Durchgang auf dem Boden, scheuere, andere Worker steigen über mich hinweg, schnell muß alles gehen und gründlich – aber es ist okay so. Hier kann ich die Anweisungen wieder ertragen, ich lerne mich fügen, es ist, wie es ist. Ich bin ständig in Bewegung, der Tag ist lang, die Füße schmerzen. Während des Black-Outs stoppt die Arbeit, und wir sitzen im Garten. Da grüble ich dann finster vor mich hin und frage mich, ob ich verrückt geworden bin. Andere Leute leben prächtig in Poona und gehen nicht durch so einen Schlauch. Ich setze mir Fristen. Noch zwei Tage, höchstens drei... danach ist endgültig Schluß. Mir reichts, ich habe die Nase voll.

Aber nach diesen drei Tagen bin ich immer noch da. Ist der Black-Out zu Ende, helfen wir den Abwäschern, und gegen halb zehn krauche ich dann müde nach Hause. Gegen elf schlafe ich endlich ein, und um fünf Uhr morgens klingelt der Wecker.

Nachmittags bin ich so fertig, daß ich erst mal etwas schlafen muß, und dann ist der Tag eigentlich schon vorbei. Nicht mal die Musikgruppe kann ich mitmachen, weil mir die Füße so wehtun.

Am nächsten Morgen stehe ich um sieben Uhr auf, gehe zur Lecture, und um zwölf ist dann Arbeitsbeginn… bis nachts… schlafen… um fünf aufstehen… Wenn ich aufstehe, ist es noch dunkel und kalt. Auch in Indien gibt es einen Winter, aber der findet nur nachts statt. Ab 11 Uhr vormittags wird es dann wieder wärmer. Von der Nacht noch durchgefroren, laufe ich durch den dunklen Morgen, manchmal begleitet mich der Mond, und immer wieder frage ich mich, warum ich das eigentlich alles tue. Mein Leben besteht jetzt nur noch aus Arbeit, müde sein und schlafen. Ein seltsamer Rhythmus hat sich eingestellt. Täglich wechselnd geht es mir gut und dann wieder sehr schlecht. Ich erinnere mich an einen Abend, kurz vor dem Black-Out. Aus der Buddhahall klingt ein Lied zu mir herüber. Aus lauten Kehlen und verzückten Herzen singen die Leute während der Musikgruppe ein Lied: »Sweet surrender, sweet surrender…« Eine bezaubernde Melodie, so süß, voller Hingabe, genauso, wie es der Text fordert… süße Unterwerfung… An wen? An was?… Sicher wissen sie es auch nicht. Aber ich weiß es. Ihr Arschlöcher! Singen! Nach einem vertrödelten Ashramtag! Einen Tag in der Küche, nur einen, und euch würde das Singen vergehen! Ersticken würdet ihr daran. Süße Unterwerfung!!! Ha, daß ich nicht lache!!! Und ich lache wirklich nicht. Ich schäume vor Wut. Vor Haß. Auf den Ashram. Auf Bhagwan. Dieses Quadratarschloch mit seiner Erleuchtung. Bloß abhauen soll er damit, weg, in seinen Kosmos. Unterwerfung!!! Sauladen!!! In die Luft sprengen könnte ich das alles hier!!!!!!!!!!

Und am nächsten Tag trabe ich doch wieder an. Die Arbeit macht Spaß, und auch das Scheuern des Klos bekommt seine eigene Ästhetik. Dann fühle ich mich dazugehörig, dann gehöre ich sogar irgendwie zu Bhagwans »Opernensemble«. Ein Star werde ich natürlich nie, aber ich schleppe die Kulissen und staube die Requisiten ab. Vorher war ich draußen, war Gast im Ashram. Jetzt bin ich drinnen, am Rand zwar nur, aber eben doch. Ashramworker zu sein, hat hier einen hohen sozialen Stellenwert. Und besonders in der Küche zu arbeiten, trägt Hochachtung ein: »Wer sowas aushält…« Und ich glaube, aus genau dem Grund halte ich durch. Ich habe so eine Art Heimstatt im Ashram. Ich kenne jetzt die anderen, wir sitzen in einem Boot. Wir umarmen uns gelegentlich, und dann geht die Arbeit weiter. Aber diese kleinen Zärtlichkeiten sind so wichtig für mich. Darum mache ich das alles, darum halte ich durch, obwohl mein Leben sonst ziemlich einsam ist. Eigentlich suche ich schon wieder mal. Versuche hier einen kleinen Flirt, und dort… aber nichts läuft. Wieder kann ich mir das Ashramgesetz hinter den Spiegel stecken: Solange du etwas suchst, etwas willst, bekommst du gar nichts. Besonders nach der Arbeit fühle ich mich so einsam. Da ist niemand, der mich abholt, niemand, mit dem ich mal über das Küchengeschehen reden könnte. Und abends, wenn all die vielen hundert Sannyasins nach der Musikgruppe noch vor dem Tor stehen, miteinander plaudern, lachen, vom Tanzen sehr gelöst sind, fühle ich mich so einsam, daß ich laut schreien könnte. Ich schreie nicht, traurig und leer gehe ich nach Hause und verkrieche mich unter meinem Moskitonetz.

29

Die Leere versuche ich dann auf meine Weise zu füllen. Ich nasche in der Küche herum. Besonders als Cleaner hat man's da leicht. Überall komme ich hin, habe die Finger beständig in irgendwas, schlecke sie ab und habe den Mund voll. Das Naschen ist nicht gerade verboten, wird aber äußerst ungern gesehen. Besonders die Bäcker hassen es, und ich entwickle Techniken, um trotzdem an die süßen Sachen zu kommen. Lange ich heimlich hin, durchzuckt mich der Schuldblitz. Der mischt sich mit Scham und dem Triumph, es doch geschafft zu haben. Aber der Triumph verpufft schnell. Zurück bleibt vor allem das Gefühl der Selbstdemütigung und des Versagens. Weil ich doch eigentlich gar nicht naschen darf. Es macht nämlich dick. Und ich kann wieder zuschauen, wie sich die vielen kleinen Fettballons in meinem Körper aufblähen. Dann kommen die Minderwertigkeitskomplexe, ich fühle mich schlecht und elend, bin deprimiert, verachte mich – und das Naschen wird immer rasender. Ich kann einfach nicht aufhören. Und nicht nur unter dem Kittel bläht es sich. Auch im Gesicht. Und weil ich dick und häßlich von mir denke, sehe ich am Ende auch so aus.

Weihnachten war das ganz schlimm. Aus der Bäcker-Ecke duftet es verführerisch… unzählige Herzen werden produziert, und der weggenaschte Teig schmeckt einfach köstlich. Wie Nougat schmilzt er auf der Zunge. Und als ich um 15 Uhr Feierabend habe, stürze ich sofort in den Selbstbedienungsraum. Ich will nun auch die fertigen Herzen kaufen. Nichts zu sehen. Wo sind die bloß? Ich bin mächtig enttäuscht, und da in mir schon alles auf »süß« programmiert ist, kaufe ich anderen Kuchen. Er befriedigt mich aber nicht. Ich habe mich doch so auf die Herzen gefreut. Zum Trost kaufe ich noch mal Kuchen… und jetzt brechen alle Dämme. Die Süßigkeitsgier schwemmt mich weg. Kuchen, Schokolade aus der Boutique, wieder Kuchen und Sahne und noch mal und noch mal… Mit kugelrundem, gespanntem Bauch schleiche ich mich leicht gebückt nach Hause. Im dunklen Zimmer verkrieche ich mich wie ein Tier in seiner Höhle. Und hasse mich. Früher hätte ich mir jetzt Papiertaschentücher in den Hals gewürgt, um mich von den Eßsünden zu reinigen. Ich tue es nicht. Ich höre auf die gequälten Signale meines Körpers, spüre dem Ekel nach, der Wut, der Scham, der Dummheit, der Gewalt gegen mich selbst. Wie wahnsinnig das alles ist, dieser Selbsthaß, diese Zerstörungswut. Ich bin mir selbst ausgeliefert, liege dumpf da und fühle mich trotz der quälenden Überfülle noch immer sehr leer.

Gegen sieben wälze ich mich schließlich vom Bett und gehe zum Ashram. Heute ist Heiligabend. Heute gehe ich in die Buddhahall und singe mit. Nach den üblichen Musikgruppen-Songs werden heute Weihnachtslieder gespielt. Wunderschön ist das, viele Sannyasins weinen, und ganz zum Schluß kommt wieder mein geliebtes »Halleluja«. Diese zärtliche Melodie, von Männern und Frauen in verschiedenen Tonlagen gesungen. Und wieder schmelzen sie zusammen, und ich schmelze auch, bin weit und offen. Tränen fließen über meine Wagen, und ich kann sogar einen Guard in den Arm nehmen, den ich sonst eigentlich hasse. Aus tausend Herzen schwingt sich dieses Lied hoch hinaus in die heilige Nacht. Und für einen Moment kann ich den schweren Körper vergessen. Meine Seele ist nicht dick, nein, sie ist leicht und frei und läßt sich auf den Tönen des »Halleluja« bis zu den Sternen tragen.

Mehr durch Zufall habe ich erfahren, daß nach der Musikgruppe eine Party für Worker stattfindet. Der Restaurantgarten ist jetzt nur für uns da. Und weil ich doch dazugehöre, gehe ich auch hin. Und da liegen nun all die Herzen, an denen ich nachmittags so gierig interessiert war. Mein Bauch ist von dem anderen Zeug noch immer vollgestopft. Trotzdem knabbere ich an einem Herz herum. Wie zarter, schmelzender Sand fühlt es sich auf der Zunge an. Aber jetzt will ich es nicht mehr. Es kommt zu spät.

In diesem Gut-Schlecht-Rhythmus fließen die Tage dahin. Wie eine emotionale Achterbahn ist das, rauf… runter… rauf… aber langsam füge ich mich. Ich bin einsam, okay. Es ist, wie es ist. Ich akzeptiere meine Situation, das Naschen bekomme ich etwas unter Kontrolle, und die Arbeit ist mein Lebensinhalt geworden. Ich putze, ich nehme, was kommt. Eigentlich bin ich traurig, aber es ist nun mal so.

An diesem Abend habe ich eine Verabredung mit einem schwulen Sannyasin-Freund aus Berlin. Er versucht hier mit dem Ekel vor seiner Mutter fertigzuwerden, und gelegentlich reden wir miteinander. Ich warte vor seiner Hütte auf ihn, aber er ist nicht da. Wir wollten ins neue Teehaus gehen. Ich schaue mich um. Schön ist es hier. An dieser Asphaltstraße parallel zum Poona-River stehen auf beiden Seiten ein paar indische Lehmhäuser, klein, niedrig, dörflich. Dahinter, auf der Feldseite, scharen sich um einen rechteckigen Platz ein paar Strohhütten. Hier wohnen Sannyasins auf Bauernland und leben in einem eigenen Dorf. In unmittelbarer Nachbarschaft zu den Indern. Aber die kümmern sich nicht darum, was ein paar Meter hinter ihnen passiert. Ich warte, mein Freund kommt nicht, und jetzt passiert etwas. Ich gehe auf die größte Hütte zu, Kerzenlicht schimmert durch die Tür, ich frage jemanden nach dem Teehaus... und damit beginnt eine denkwürdige Poona-Story. Schön, gewalttätig, schlimm... und meine Erinnerung versagt. Wie eine alte, müde Bulldogge liegt sie hinter dem Ofen und will sich nicht vorlocken lassen. Sie knurrt unwillig... nein, bloß nicht der schon wieder... Die Erinnerung will ihre Ruhe haben. Aber weil sie so reagiert, ist das ein Zeichen von Verdrängung. Viele Dinge scheinen noch unerledigt zu sein. Ich hangle mich hinter den Ofen, schubse die Erinnerung an. Sie kommt nun doch vor, trottet unwillig los, und ich hinterdrein. Ich bin selbst gespannt, wo sie mich hinführt. Zwei Teile hat die Geschichte, und wir laufen zögernd auf Teil eins zu.

30

Mahant heißt er. Ist lang, mager, sehnig. Hat ein pickelnarbiges Gesicht und ist eher häßlich als hübsch. Wenn da nicht die blauen Augen wären, warm, schimmernd. Wenigstens jetzt. Gemeinsam gehen wir ins Teehaus, reden dies und das. Aus London komme er, habe sich jahrelang in der Drogenszene herumgetrieben, steckte früher voller Depressionen. Er sei Bhagwan begegnet, und nun sei alles ganz anders… die übliche Geschichte. Später bringt er mich zur Rikscha, vor »Prems«, diesem Gartenrestaurant. Ich will nach Hause fahren… und da passiert es. Mahant saß neben mir im Teehaus, nett, nett, aber das war auch alles. Als er mich nun abschiednehmend in seinen Armen hält, trifft unerwartet ein heißer Energiestrom meinen Körper. Er scheint aus seinem Bauch zu kommen… entzündet wohl meinen… ich weiß nicht… er scheint zu glühen – und ich verliebe mich in Mahant.

Fortsetzung von Teil eins am nächsten Tag. Wir schlafen miteinander. Nach all meiner Einsamkeit während der letzten Wochen erfahre ich diese Begegnung besonders intensiv. Da ist plötzlich jemand. Ich blühe auf wie ein vertrocknetes Gänseblümchen. Regen, Sonne, alles auf einmal. Meine leicht verwelkten Blätter richten sich auf, werden prall und saftig, leuchten in kräftigem Grün… Hübsch sehe ich wieder aus und um viele Jahre jünger. Und jung muß ich auch sein neben ihm. Nicht nur, daß er erst 25 ist. Nein, was er sonst noch an jugendlicher Aktivität liefert, ist wirklich erstaunlich. Er selbst und alles um ihn scheint ständig zu vibrieren. Ruhelos läuft er in der Hütte auf und ab. Redet andauernd, fragt mich ständig etwas, hört sich kaum die Antwort an, ist ungeduldig, wenn ich nach Worten ringe. Und das tue ich wirklich, denn sein Englisch ist eine Katastrophe. Finsteres Cockney oder sonstwas. Manchmal meine ich, so eine Sprache noch nie gehört zu haben. Er redet mit mir, als seien wir zusammen in der Kneipe seines Vaters aufgewachsen. Ich bin laufend verunsichert… habe ich ihn auch richtig verstanden? Ich traue mich nicht, andauernd nachzufragen… dann wird er noch ungeduldiger. Ich glaube, daß vor lauter innerer Spannung meine Antworten ziemlich läppisch ausfallen. Ich lasse mir im Büro Urlaub geben, und wir beide leisten uns einen kurzen Goa-Trip. Die Tage sind gezählt, Mahant muß pünktlich zurück sein, und das Goa-Leben setzen wir auf eine Karte. Kurz und intensiv. Dort lerne ich eine neue Seite an ihm kennen. Anläßlich einer Strandfete kreist der Joint. Bei Mahant bleibt der andauernd hängen. Dann schluckt er noch was, dann schnüffelt er an Opiumdünsten, dann ißt er Haschisch-Kuchen, dann zieht er wieder kräftig an den Joints, so dick wie Ofenrohre... Wo mir längst das Schädeldach abgeflogen wäre, hält er durch. Zunächst. Aber seine Aktivitäten gehen hektisch weiter... bis zum Kollaps. Er bricht zusammen, und ich lerne auf diese Weise etwas tief Selbstzerstörerisches an ihm kennen. Trotzdem, ich liebe ihn. Das finde ich jedenfalls. Ich bin fasziniert von seiner Stärke. Diese verrückte Lebendigkeit, und da hänge ich mich an. Ich will was abhaben, will auch so lebendig sein... Aber das geht nicht lange gut. Drei Tage nach unserem Goa-Trip fängt das Gemeckere an. Andauernd kritisiert er mich, ist nun besonders ungeduldig und aggressiv. Nanu? Was ist los? Ich verstehe das nicht und bin verstört. Hat er ein anderes Mädchen? Es scheint so. Blond sei sie, jung, und Hand in Hand ginge er mit ihr spazieren. Schmerz, verletzter Stolz, Tränen... ich hole meine Sachen aus der Hütte und verschwinde. Aus. Ende von Teil eins. Zwei Wochen, kurz erzählt, aber darauf folgen schlimme Tage.

Ohne diese Begegnung hätte das Gänseblümchen weiter vor sich hin gewelkt, okay... es war gerade daran gewöhnt... Aber Sonne kam und Regen und Sex und Zärtlichkeit. Die Ahnung von etwas sehr Schönem kam... von Wärme... und nun ist da wieder der Frost. Das Gänseblümchen friert, läßt die Blätter hängen, senkt das Köpfchen und versucht zu verstehen. Was ist passiert? Was hat ihn am Ende so gegen mich aufgebracht? Aus seiner luftigen Hütte, in die nachts der Mond und die Sterne schienen, bin ich wieder zurückgefallen in meine muffige Schlafstatt.

Ich liege auf dem Bett und starre die gekalkten Wände an. Irgendwann mal pastellfarben gestrichen, heute grau und fleckig. Nicht ein bißchen Liebe ist in diesem Raum. Billig sieht das alles aus... mir fällt was ein... das kleine Mädchen, das die abgelegten Kleidungsstücke einer Bekannten aufträgt... meine Mutter nennt mich schon jahrelang »Zumpellieschen«... ohne sich aber weiter darum zu kümmern. Das macht meine Oma gelegentlich. In Westberliner Warenhäusern kauft sie etwas Billiges für mich. Aus dem ganzen abgelegten Zeug versuche ich noch was zu machen, versuche mich anzuziehen, versuche die Eitelkeit einer Zwölfjährigen zu befriedigen... es scheint nicht zu klappen. Als ich wohl mal ganz unmöglich aussehe, sagt meine Mutter es mir: »Du siehst billig aus.« Und angewidert setzt sie hinzu: »Jemanden ›billig‹ zu nennen ist das Verächtlichste, das ich mir vorstellen kann.« Vielen Dank! Das hat sie fein gemacht. Und sowas bohrt dann weiter... »siehst du, du bist billig... billig...« Und dieses »Billige« kraucht dann auch zäh durch mein Leben. Für mich selbst ist das Billigste immer gerade gut genug. Das »Zumpellieschen« lugt später wieder durch meine Wohnkultur. Die hübschen Räume der gemeinsamen Hinterhofwohnung sehen gelegentlich aus, als hätte eine Bombe eingeschlagen. Carlos trägt's mit Fassung. Meine Papiere liegen immer wild durcheinander, die Schranktüren scheinen sich von allein zu öffnen, die Zahnpastatube dreht sich hinter meinem Rücken einfach wieder auf, ewig muß ich suchen, und aus den Ecken lächelt mich das Chaos freundlich an. Es fühlt sich wohl bei mir. Nach außen ist dann aber alles wieder in Ordnung. Wenn Besuch kommt, führe ich ein Puppenstübchen vor, so schön, so ordentlich... Für andere bin ich so perfekt wie möglich. Und wahrscheinlich kommt niemand je auf die Idee, daß es auch anders sein könnte.

Und hier in Poona? Ich schaue durch die Tür nach draußen, sehe den Hinterhofdreck der Dorm. Stinkende Abwasserlachen, Müll, ein paar Ratten, Baugerümpel... Sechs Monate lebe ich hier schon und habe das alles noch gar nicht richtig wahrgenommen. Das heißt, ich habe es doch wahrgenommen, aber romantisch verklärt: Haach, wie exotisch! Es ist aber nicht exotisch, nicht fremdartig-interessant. Es ist ein Teil meiner Realität, und hätte ich Selbstachtung, würde ich hier nicht wohnen. Auch diese ewige Rumnascherei während der Arbeit. Ich suche neuerdings die alten Kuchenbleche ständig nach Krümeln ab und stecke mir überhaupt Reste in den Mund, die wohl sonst niemand mehr anrühren würde. Essen wie aus dem Schweinetrog ist das! Und obendrein mag ich das auch noch! Ich spüre eine perverse Lust dabei... wie beim Suhlen im Dreck... Die Kleiderfrage ist durch Mahant wieder aktuell geworden. Er hätte mich so gern mal ein bißchen verrückt gesehen, vielleicht in fantasievollem Zigeunerlook... Er meint, daß die Art der Kleidung Rückschlüsse auf das Selbstbewußtsein zuließe. Sicher ist da was dran. Hier im Ashram greife ich ständig zur roten Einheitssauce. Langweilige, weite Schlabberkleider... und bin zufrieden. Mit einem Tuch, mit einem bißchen Fantasie läßt sich die Einheitssauce raffiniert verfeinern. Ich tu' es aber nicht. Der fade Geschmack ist mir genug. Und so kommt eins zum andern… die Mahant-Geschichte hat mich mit der Nase auf Zusammenhänge gestoßen… ich muß ihnen begegnen, da hilft alles nichts. Schöne Seidentücher hängen in seiner Hütte, selbstgemalte Bilder, liebevolle Dekorationen. Er braucht sowas Kreativ-Feminines zum Ausgleich seiner stets präsenten Aggressionen. Er braucht starke, selbstbewußte Frauen, um sich an ihnen aufzurichten. Er braucht eine liebevoll-heile Welt, um seine innere Zerrissenheit nicht ständig zu fühlen. Ein Vulkan voller Haß und Gewalt ist er eigentlich, mühsam abgedeckt durch eine neue Spiritualität à la Bhagwan. Verschleiert durch zarte Ästhetik der Wohnkultur. Sowas wie ich erinnert ihn nur ständig an das, was er eigentlich vergessen möchte. Er haßt an mir, was er in sich selber vorfindet.

31

Traurige Tage folgen dieser Psycho-Inventur, und wenn ich Mahant mal von weitem im Ashram sehe, wird mein Herz sehr schwer. Dann krampft es sich zusammen und brennt wie Feuer. In diese Zeit fällt aber etwas Außergewöhnliches. Ein Buch, das mir jemand aus dem Westen mitbringt. Schon als Kind habe ich eigentlich nur gelesen. Schöne Bücher gab's damals in Ostberlin, hochwertige, wissenschaftliche Kinderbücher. Die verschlinge ich. Und meine Fantasie wandert oft durch den Weltraum und durch das Innere der Atome, und es ist alles so wunderbar. Für einen Groschen kann ich am S-Bahnhof durchs Fernrohr den Mond begucken, und als der erste Sputnik in den Himmel schießt, steht die DDR schier kopf. Seine Pieptöne werden dort zu gewaltigen Signalen, und in der Schule wird wochenlang von nichts anderem geredet als von der Eroberung des Weltalls. Mein Herz glüht, mein Kopf glüht... oh, was ist das alles aufregend! Und ich lese und lese. Über die Entstehung des Universums und der Planeten, über die Entwicklung des Lebens und über die wundersamen Veränderungen durch die Evolution. Durch meine kindlichen Träume traben gewaltige Dinosaurier. Die zeichne ich immer wieder. Als ernsthafte Konkurrenz meiner schmalhüftigen Modepuppen stampfen sie durchs Mesozoikum und über meine Zeichenblätter. Große, naturwissenschaftliche Bildbände schenkt mir mein Vater, und ich kann gar nicht genug davon kriegen. Meine Mutter bringt den mystischen Aspekt in meine spannende Kinderbuchwelt. Sie hat die Fähigkeit zu Vorausahnungen und ist an seltsamen Dingen wie Seelenwanderung, Leben nach dem Tode und telepathischen Phänomenen interessiert. Wir reden manchmal darüber. Zum Beispiel, daß ein Mann eine Schloßruine besichtigt und sich plötzlich an Gänge und andere architektonische Einzelheiten erinnert, die außer ihm niemand kennt. Also hat er hier schon mal gelebt? Oder doch nicht? Meine Fantasie überschlägt sich. Ich weiß es natürlich auch nicht. Aber mein Herz klopft aufgeregt, ein unbestimmtes Sehnen nach etwas sehr Geheimnisvollem.

All die seelischen Verbiegungen durch intensive christliche Erziehung sind mir erspart geblieben. Mein Vater ist Kommunist, ich werde nicht getauft, der liebe Gott spielt in unserer Familie keine Rolle, und meine Oma haßt ihn geradezu. Der liebe Gott hat ihr den Sohn vor Stalingrad genommen, und das verzeiht sie ihm nie. Mit höchst gemischten Gefühlen schaut sie auf meine religiösen Aktivitäten, die ich dann mit 16 in Westberlin entfalte. Ich bin verliebt in meine Religionslehrerin. Sie ist eine hochphilosophische Frau. Zufällig wohnen wir nahe beieinander, und ich verbringe viele nächtliche Stunden mit ihr. Bei Beethovenmusik und religiösen Gesprächen. Mit 18 lasse ich mich evangelisch taufen. Schwebe vor Heiligkeit zehn Zentimeter über dem Erdboden, dränge allen Leuten Diskussionen über Religion auf und lege mich gleich mit dreißig Mormonen auf einmal an. Die missionieren nämlich gerade sehr intensiv in Berlin. Und ich mache mir ein Vergnügen daraus, ihre Sonntagsschule ein bißchen aufzumischen. Jede Nacht lese ich mindestens ein Kapitel in der Bibel... und es ist überhaupt mal wieder berauschend, was ich inzwischen alles weiß. Ein paar anti-christliche Bücher lassen bereits meine religiösen Felle davonschwimmen. Dann passiert die Sache mit der Abtreibung. Und weil ich damit vor mir selber nicht fertig werde und vor Gott schon gar nicht, kehre ich ihm der Einfachheit halber gleich ganz den Rücken. Mehr und mehr lehne ich dann die christliche Kirche ab. Und trete wieder aus. Dagegen erreichen mich die religiösen Einflüsse aus dem Osten. Die Sehnsucht nach Gott ist immer noch da, aber sie ist jetzt facettenreicher. Viele Dinge fließen zusammen: Zen-Buddhismus, Meditationstechniken, Yoga, Naturheillehren, Philosophie, wissenschaftliche Erkenntnisse, parapsychologische Phänomene... und in mir reift das Verständnis der Zusammenhänge. Scheinbare Gegensätze fließen ineinander und heben sich auf.

Für Jahre wird das populär-wissenschaftliche Buch von Hoimar von Ditfurth *Am Anfang war der Wasserstoff* meine Bibel. Es ist unglaublich spannend, wie er die Geschichte des Lebens auf diesem Planeten erzählt. Wie es ein paarmal dabei war, sich selber umzubringen... und doch rettet sich das Leben immer wieder selbst. Ein Molekül mag es nur gewesen sein, die Mutation einer einzigen Mikrobe, und es geht weiter. Klar und deutlich stellt er fest: Intelligenz und Bewußtheit sind nicht in die Welt getreten, seit es den Menschen gibt. Es ist gerade umgekehrt. Weil es seit Jahrmilliarden Intelligenz und Bewußtsein gibt, haben wir einen Hauch davon abbekommen. Ohne daß er es ausspricht, schimmert durch dieses Buch

Gott hindurch. Er wehrt sich gegen Gott, und gleichzeitig spricht jede Zeile von seinem Staunen, von seiner Hochachtung vor so viel intelligenter Bewußtheit des Lebens. In uns, in jeder Körperzelle, im genetischen Code zum Beispiel, und um uns. In einem großartigen Crescendo endet dieses Buch. Nachdem er den höchst mühevollen Prozeß der Strukturierung einer Einzelle zum Vielzeller beschrieben hat, schrumpft jetzt bei ihm die Erde zum kosmischen Einzeller. Durch eine bestimmte Entwicklung des Bewußtseins wird sie vielleicht Kontakt zu allen anderen möglichen Lebensformen dieses Universums aufnehmen. Wie eine Zelle ist die Erde jetzt, die sich einfügt in das kosmische Bewußtseinskonzert vieler anderer Zellen. Zu einer neuen, höheren Einheit fügen sie sich. Und arbeiten gemeinsam an einem gewaltigen Opus, den das Leben sich selbst zu Ehren aufführt.

Ist Gott die Summe aller möglichen Bewußtheiten dieses Universums? Gibt es viele Universen, die sich wieder zu höherer Einheit fügen?... Geht das weiter und weiter?... Und was hat es mit der Zeit auf sich? Gibt es sie überhaupt? Ist nicht alles im immerwährenden Nun? Ist »Zeit« nur eine Täuschung? Sind alle Ereignisse unseres Lebens determiniert? Sind wir nur Energiepotentiale? Bewegen wir uns in einem kosmischen Energienetz lediglich nach den Gesetzen von Ursache und Wirkung? Oder gibt es einen freien Willen? Gibt es den Zufall? Warum gibt es überhaupt etwas? Warum gibt es nicht einfach nur Nichts?

Gelegentlich kreist der Joint oder ein LSD-Trip wird mal »geworfen«. Dann reißen die Vorhänge meiner üblichen Wahrnehmungsfähigkeit, dann fliege ich los. Ein paar Freunde gibt es, die mitfliegen. Höher und höher, und alle uns bekannten wissenschaftlichen und mystischen Phänomene können wir auf diesen Flug mitnehmen. Widersprüche lösen sich auf, Fragen fließen ineinander und glätten sich zu glasklaren Antworten. Die Türen zu nie zuvor betretenen Räumen des Geistes tun sich auf. Wir erfahren Gott auf unsere Weise. Das Geheimnis löst sich in uns auf. Wir selbst sind das Geheimnis. Wir sind Frage und Antwort zugleich – die Dualität war nur scheinbar.

Und doch ist das mit den Drogen so eine Sache. Die wunderbaren Spiele des Geistes, die atemberaubenden Höhenflüge, all die Erkenntnisse sind am nächsten Tag merkwürdig leer. Jaja, ich kann mich schon noch erinnern. Aber es kommt mir jetzt vor wie die Wanderung durch einen herrlichen Blumengarten – aus Plastik. Wunderbar sehen sie aus, diese Blüten, sie leuchten und strahlen, aber sie leben nicht. Sie sind künstlich. In diesen außergewöhnlichen Zuständen *denke* ich, daß ich fühle, und betrüge mich damit selbst. Ich glaube, für viele von uns war damals, vor rund zehn Jahren, der Joint, der LSD-Trip eine Form des religiösen Suchens. Der Ausdruck einer Sehnsucht nach Einheit mit sich und der Welt. Es war der Versuch, sich selber für eine Weile loszueisen und in neuen, fantastischen Räumen zu verschmelzen mit… ja, womit eigentlich? Über die Jahrtausende hinweg beschreiben Menschen die tiefen spirituellen Erfahrungen mit ihren eigenen Worten und sagen doch alle immer dasselbe. Buddha, Meister Eckhart und auch ein zeitgenössischer Wissenschaftler zum Beispiel (John C. Lilly, »Im Zentrum des Zyklons«). Es ist genau wie Bhagwan sagt: Viele Finger zeigen auf den Mond. Der Mond ist für ihn die Wahrheit, und was die Wahrheit ist, wollten wir damals rausfinden. Ich suche nach dieser Wahrheit immer noch… aber soviel weiß ich inzwischen schon: Über die Wahrheit gibt es nur etwas zu erfahren, mit dem Körper, mit dem Herzen, und über Drogen geht der Weg *nicht*.

Als ich Bhagwan das erstemal in seinen Büchern begegnete, spürte ich es sofort: Die Suche ist zu Ende. Von vielen Wogen ist mein spirituelles Schiffchen geschüttelt worden… und scheint nun im Hafen zu ankern. Hier in Poona erlebe ich lebendige Religiosität. Dieses »Halleluja« ist vielleicht das schönste und freudigste Aufjubeln zu Gott, das es zur Zeit auf diesem Planeten gibt.

Und nun schlägt dieses bereits erwähnte Buch wie der Blitz in mich: »Der Geist der Materie« von Jean E. Charon. Offenbar gehört Monsieur Charon zur französischen Physiker-Elite. Die Einsteinsche Relativitätstheorie hat er zur »komplexen« fortentwickelt. Unter großer Anerkennung der Fachwelt, wie er sagt. Seine Forschungen führen zu einem sensationell neuen Bild der Naturwissenschaft, und ich wage nur sehr zögernd, so verkürzt darüber zu reden. Trotzdem… Die Materie ist aus Atomen aufgebaut. Protonen und Neutronen bilden den Kern. Um ihn bewegt sich das Elektron. Obwohl das Elektron noch 2000mal kleiner ist als das Proton, scheinen sich in ihm erstaunliche Dinge abzuspielen. Man kann es sich als eine Seifenblase vorstellen, welche Photonen in sich eingeschlossen hat. Photonen sind Impulse, »Lichtwirbel«, die sich mit der Geschwindigkeit des Lichtes bewegen (300 000 Kilometer in der Sekunde). Ein Computer, der nach dem binären System arbeitet, kommt mit zwei Zahlen aus, 1 und 0. Mit diesen beiden Zahlen, in bestimmter Reihenfolge, lassen sich alle möglichen Informationen in einen Computer speichern und auch wieder abrufen.

In der Kernphysik gibt es den Ausdruck »Spin«. Damit wird die Drehbewegung eines Impulses bezeichnet. Entweder links oder rechts herum. Dementsprechend bekommt die Bewegung ein Vorzeichen. Entweder plus (+) oder minus (–). Was in einem Elektron passiert, ähnelt der Computerprogrammierung auf verblüffende Weise. Mit Spin (+) oder Spin (–) speichern die Elektronen alle Informationen, die je auf es treffen. Nichts geht verloren. Alles kann wieder abgerufen werden. Ein Elektron ist so alt wie das Universum selbst und im Prinzip unsterblich. Daraus folgt: Du bestehst aus einer Anzahl von Elektronen, ausgedrückt durch eine 4 mit 28 Nullen. Du trägst bereits alle Informationen in dir, die es in diesem Universum überhaupt geben kann. Du trägst Elektronen in dir, die schon auf anderen Sonnen existierten, die den Evolutionsweg über Steine, Pflanzen und Tiere gemacht haben. Die in den Wolken, im Meer, in anderen Menschen gesteckt haben. Überall haben sie Informationen gespeichert, mehr und mehr, und vor allem haben sie keine Information verloren. Aufgrund bestimmter Gesetzmäßigkeiten im Elektronenraum ist das nicht möglich. Neben den individuellen Erfahrungen jedes einzelnen Elektrons auf seinem Weg durch die Jahrmilliarden speichert es nun noch dein »Ich«. Charakter, Persönlichkeit, Erfahrungen. Du trägst nicht Elektronen in dir, du bist ein Volk von Elektronen. Wenn du denkst, dann denken eigentlich sie. »Du« bist nicht mehr als die Summe ihrer Aktivitäten. Vergleichbar der Bemerkung eines Kritikers: »Dem Publikum hat das Stück gefallen«. Die Elektronen *sind* Geist und Intelligenz. So bist du selbst daraus gemacht und lebst in einem riesigen Bewußtseinsmeer. Die Sterne, Gase, Pflanzen, Tiere, alles, alles besteht aus Elektronen (Atomen) und somit aus Bewußtsein. Der Qualitätsunterschied scheint lediglich in der Anzahl der gespeicherten Informationen zu liegen. Die Elektronen stehen in bestimmter Affinität zueinander, das heißt, bei ähnlicher Informationsqualität ziehen sie sich an. Sie fügen sich zu einem Körper, als Mittel zum Zweck weiterer Informationsspeicherung. Je differenzierter der Körper ist, je feiner die Wahrnehmungsorgane (Sinne) arbeiten, desto umfassender sind die Informationen. Nach der Auflösung der körperlichen Form (Tod), werden die Elektronen eventuell von höher qualifizierten Körpern aufgenommen oder bewegen sich noch mal auf gleicher Bewußtseinsstufe.

Wie auch immer, das umfassende Spiel des Lebens scheint aus Speicherung von Informationen zu bestehen, mehr und mehr, höher und höher. Und sicher noch weit über den Menschen hinaus.

Du bestehst aus Elektronen, die »schon immer« in dieser Welt waren und auch »immer« in ihr sein werden. Du hast bereits das ewige Leben, und genau wie Bhagwan das sagt, sagt es auch dieser Wissenschaftler: »Du bist nie geboren worden, und du wirst nie sterben.« Auch das parapsychologische Phänomen der Telepathie läßt sich mit der Elektronen-Theorie erklären: Elektronen erregen sich über große Entfernungen hinweg, schwingen auf gleicher »Frequenz« und tauschen Informationen aus. Auch was hier im Ashram passiert, könnte auf diese Weise der wissenschaftlichen Deutung zugänglich werden. Vielleicht so: Bhagwan ist erleuchtet, seine Elektronen schwingen auf einem extrem »höheren« Niveau als die der anderen Menschen. Nur indem wir hier leben, uns in seinem »Buddhafeld« aufhalten, schwingen nach und nach auch unsere Elektronen in »höherer« Intensität. Durch Meditation scheint es möglich zu sein, sich viel direkter in das Energiefeld eines Meisters einzuschwingen. Die Informationsqualität deiner Elektronen steigt an, und dein spirituelles Wachstum beschleunigt sich. Hast du durch die Meditation Ruhe in deinem Kopf, mag es passieren, daß du Zugang zu uralten Informationen bekommst. Erinnerungen an deine Wanderung durch Jahrmilliarden vielleicht... Bei Elektronen mit Affinität zueinander passiert es, daß sie spontan ihre Informationen austauschen. Genauer, sie nehmen sofort die anderen Informationen in sich auf, ohne die eigene zu verlieren. Diesen Vorgang im atomaren Bereich nennt der Wissenschaftler »Liebe«. Liebe scheint also der direkteste, spontanste Vorgang zu sein, um das Informationspotential zu verdoppeln. Und spätestens an diesem Punkt treffen nun doch Mystik und Naturwissenschaft zusammen. Was, wissenschaftlich gesehen, Ziel des Lebens sein könnte, nämlich höchstmöglicher Informationszuwachs, ist auch das spirituelle Ziel aller Religionen. Die Liebe als »Himmelsmacht«, die Liebe als der Weg zu Gott. Und über den Umweg der Elektronen scheint sich Bhagwans Auffassung erneut zu bestätigen: »Leben, Liebe, Gott... alle diese Begriffe sind synonym.«

Während einer Lecture spricht Bhagwan darüber: Das wichtigste Ereignis unserer Zeit sei das erneute Zusammenfallen von Mystik und Wissenschaft. In den Laboratorien der Experimentalphysiker zum Beispiel geschehen geisterhafte Dinge. Sie lernen mehr und mehr, in paradoxen Kategorien zu denken... genau wie das die Zen-Buddhisten schon seit Jahrtausenden tun. Wir könnten die Wichtigkeit, das Ausmaß dieser Entwicklung noch nicht erkennen, sagt Bhagwan... und ich fahre wie elektrisiert auf. »Doch Bhagwan, doch, ich habe mein ganzes Leben hindurch nach dieser Einheit gesucht. Und ich ahne wenigstens, daß sich gerade still und leise eine Revolution des Bewußtseins anbahnen könnte... die sogar das Schicksal der Menschen auf diesem Planeten verändern mag.«

32

Auf dieses Buch habe ich schon so lange gewartet, und nun ist es da, und mein Kopf läuft auf Hochtouren... tagelang... bis mir irgendwann diese absurde Situation auffällt: Das ist wie damals, als wir auf unseren Drogen-Reisen in hohe Regionen des Geistes alle bekannten Phänomene mitnehmen konnten. Dieses Buch ist jetzt meine Droge. Denken als Droge. Denken statt Fühlen, Denken als Lebensersatz. Die Gedanken und Spekulationen überschlagen sich im Universum, und hier auf Erden komme ich mit den banalsten Sachen nicht klar. Das soziale Resümee nach sechs Poona-Monaten ist niederschmetternd. Zwei schiefgelaufene Beziehungen und ansonsten die große Einsamkeit.

Auch in der Küche sehe ich, was los ist. Den Bürodamen haben meine Eskapaden gar nicht gefallen. Sie sind eiskalt, und Deeksha schneidet mich. Das heißt, sie ist so gleichgültig, daß sie mich nicht mal schneidet. Ich bin eigentlich nicht vorhanden. Wie der gefürchtete Chefarzt einer großen Klinik rauscht sie durch die Räume, gefolgt vom aufgescheuchten Stab der Unterärzte. Jedes Stirnrunzeln wird erschreckt registriert, mein Gott, sie hat was... Und die meisten Küchen-Worker sind heilfroh, wenn sie wieder weg ist. Wie eine absolute Monarchin herrscht sie in der Küche, sich barock verschwendend in Liebe und Ablehnung. Traurig sehe ich, wie sie ihre Lieblingskinder verhätschelt. Und für mich gibt's nicht mal einen netten Blick. Weil ich eine Woche lang verreist war, bekomme ich auch keinen Lecture-Pass. Und weil sie mich überhaupt im Büro nicht leiden können, werde ich sogar beim Darshan übersehen. Alle Küchenarbeiter haben 14tägig Darshan – nur ich nicht. Und ich komme mir vor wie ein geprügelter Hund.

Das ist meine Realität, und die intellektuellen Weltraumfahrten scheinen nur Fluchtaktionen zu sein. Ich stehe da, mit meinem vollgestopften Kopf... vielleicht ist das die »Mauer um meine Gefühle«, wie Rajen es ausdrückte? Während dieser fürchterlichen »Leela«-Gruppen-Abrechnung bezweifelte Somendra sogar meine Intelligenz. Das ärgerte mich damals am meisten. »Was? Ich, und nicht intelligent… spinnt der?« Aber bin ich intelligent, wenn ich mich so selbstzerstörerisch verhalte? So lebens-negativ? Weil ich mich eigentlich selber hasse, hasse ich auch das Leben in mir und hasse darum auch Gott. Und produziere dadurch meine eigene Hölle. Das Leben zu hassen, ist nach Bhagwans Auffassung die einzig mögliche Sünde. Und die Konsequenzen folgen sofort: Einsamkeit und Depressionen, die bis zum Selbstmord gehen können. Lieber gar nicht sein – als *so* sein. Lieber gar nicht existieren – als diese gräßliche Einsamkeit zu ertragen. Einsam und abgeschnitten vom Strom des Lebens. Mit dem Kopf(!) sehe ich natürlich auch das wieder ein… aber es nutzt nichts. In diese Zeit fällt mein Geburtstag. Für wohlgelittene Küchenarbeiter gibt es eine Aufmerksamkeit. Ein richtiges kleines Fest wird während der Kaffeepause veranstaltet. Es gibt Extrakuchen, ein kleines Geschenk, und für mich gibt es mal wieder gar nichts. Niemand beachtet mich, niemand gratuliert mir… ich schmore in meinen Depressionen und stopfe Kuchen in die Leere.

Die psychische Achterbahn rattert wie verrückt, und ihr Von-Tag-zu-Tag-Rhythmus hat sich noch verkürzt. Morgens geht es mir immer so schlecht, daß ich mir das Leben nehmen möchte. Am Nachmittag habe ich dann resigniert. Okay, es ist nun mal so. Statt mich morgens umzubringen, raffe ich mich nun aber doch endlich mal zum »Sufidance« auf. Jeden Tag kurz nach der Lecture beginnt er. Therapeutisches Ashram-Anliegen hinter der schmissigen Musik, dem Singen und dem permanenten Partnerwechsel ist, dich mit »so vielen Energien wie möglich« zusammenzubringen. Mein Ego gebot mir sechs Monate lang die Vermeidung dieses »Kindergartens«. Es fand, daß dieses alberne Rumgehopse in der Buddhahall nichts für mich sei. Ich fand das auch und lief stets hochmütig vorbei, wenn mir die fröhlichen Klänge in den Ohren dröhnten.

Jeden zweiten Tag startet meine Schicht ja erst um 12 Uhr, und diese Stunden zwischen Lecture-Ende und Arbeitsbeginn sind besonders trostlos. Meist hänge ich dann finster grübelnd im Ashram herum, beständig essend. So ist das heute mehr ein Verzweiflungsakt, daß ich mich nach vielen Widerständen doch mal zum »Sufidance« herablasse.

Nun stehe ich mit den andern im Kreis. Wir halten uns an den Händen und singen miteinander. Andere kommen dazu. Es bilden sich zwei Kreise, die Partner stehen sich gegenüber. Nicht lange, vielleicht eine halbe Minute. Sie singen, haben sich angefaßt, schauen sich in die Augen. Der Kreis bewegt sich weiter, der nächste ist dein Partner, du schaust ihm in die Augen… wie eine seelische Momentaufnahme ist das. In diesen dreißig Sekunden erfährst du den anderen sehr intensiv. Du spürst seine Offenheit, seine Verkrampfungen, seine Ängste, seine Zärtlichkeit. Ich begegne vielen Erscheinungsformen des Mensch-Seins. Alten und jungen, schönen und nicht so schönen, dicken und dünnen. Menschen mit körperlichen Defekten. Mit weichen, zärtlichen Energien oder mit harten und unglücklichen. Und alle leben, und alle sind einfach »da«, und wie es auch kommt, wem ich gerade in die Augen schaue und wen ich an den Händen halte... ich akzeptiere sie, wie sie nun mal sind. Und offensichtlich akzeptieren sie mich auch, und alle Augen blikken mich freundlich an, und in mir wird es warm und hell und weit. Mein Gott... sie akzeptieren mich ja... Und ich juble herum mit ihnen und finde diesen ausgeflippten Kindergarten herrlich, und mit einem Lachen im Herzen beginne ich später meine Arbeit.

Zu den Vegetables hat mich das Küchenschicksal wieder verschlagen. Ich sitze da, in mich gekehrt, putze, schäle, mache sonstwas... viele Gedanken und Gefühle... und am Nachmittag knallt's. Es ist, als platze in mir eine Blase, und ich springe raus. Oh, was ist das alles für ein Psycho-Supermist, in dem ich mich da herumsuhle!!! Was ist das für ein egoistischer Wahnsinn!!! Ich bin genau wie alle anderen, denen ich heute in der Buddhahall begegnete. Alle sind glücklich und unglücklich, sind nicht superschön, nicht perfekt. Alle haben ihre Ängste, ihre Komplexe, ihre Probleme, haben dies und das... es ist alles dasselbe. Ich mag ein paar Pfund zuviel wiegen. Na und? Ganz dicke Leute habe ich getroffen und ganz traurige und ganz einsame und versehrte. Ein junges Mädchen, dem eine Brust abgenommen wurde zum Beispiel und einen Swami mit einem zerstörten Auge, und alle, alle sind, wie sie sind... niemand ist perfekt. Was bin ich bloß für ein Idiot, mit diesen extremen Ansprüchen der Vollkommenheit... der Schönheit, der Schlankheit... dieser maßlosen Gier nach einem vollendeten Körper... und all mein Selbsthaß, weil ich eben nicht vollkommen bin... dieses Dukken und sich Demütigen... der absolute Wahnsinn ist das... verrückt!... Macke!... Ich spinne!... Und der ganze Mist sitzt nur im Kopf!!! Nur dort... das ist alles nur eingebildet!!!

Mich überspült ein heißes Glücksgefühl. Ich sitze da und lache. Laut, heftig, ich schüttle mich geradezu. Es ist alles zusammen: Stöhnen, Seufzen vor tiefer Erleichterung, vor Freude, vor Überwältigung... ich lache und lache... und weil alle hier verrückt sind, wird das von den anderen kaum zur Kenntnis genommen. Solche Anfälle gibt's öfter. Wie ein glühendes Engelchen sitze ich da, und mir ist, als könnte ich zum erstenmal wirklich »sehen«. All meine Körperzellen scheinen weit offen zu sein, es strömt etwas in sie ein... LEBEN...ja, Leben und die anderen strömen in mich ein... all die jungen Leute um mich... wie schön sie sind... als sähe ich sie zum erstenmal... Die Küche, meine Vegetables, die Welt um mich herum, alles, alles... ich scheine mit dem Seienden zu verschmelzen... Gehöre dazu, ich bin ein Teil des Ganzen... wie das Tröpfchen im unendlichen Bewußtseinsmeer...

Wow, Ekstase beim Kartoffelschälen!

Ganz schön verrückt, so ein Zustand, und trotzdem sehr real. So, als sei in meinem Kopf wirklich eine Wundblase geplatzt. Als hätte der Knall mir bewußt gemacht: *Hey, außer dir gibt es noch was auf der Welt!* In meiner grandiosen Nabelscheu scheine ich das völlig übersehen zu haben. Ich habe gar nicht gemerkt, daß es noch andere Menschen gibt, daß die Blumen blühen und daß die Sonne scheint. In wuchtiger Eindringlichkeit habe ich es nun aber doch gemerkt. Mir ist, als sei ich für Sekunden aus einem tiefen Schlaf erwacht, und die Erinnerung daran verändert nun auch ein bißchen meine Normalität. Vor allem rattert die emotionale Achterbahn nicht mehr. Ausgeglichen bewege ich mich durch den Ashramtag. Ein Lächeln ist in mir, Heiterkeit, Zufriedenheit, und die Arbeit wird wie Musik. Ein Gleiten, ein Schwingen, ein Tanz mit den anderen. Sogar im Büro wird das wohl bemerkt. Ich bekomme nette Blicke, ein freundliches Lächeln, und ich bekomme sogar einen Darshan! Die Küchen-Arbeiter haben wieder ihren 14tägigen Darshan, und diesmal bin ich dabei. Mit den anderen stehe ich vor dem schmiedeeisernen Tor und fühle mich beschenkt wie ein Kind zu Weihnachten.

An früheren Tagen eines emotionellen Hochs habe ich gelegentlich erfahren: In Augenblicken der Zufriedenheit wird aus der Arbeit so eine Art heiliger Handlung. Kloputzen, Treppenscheuern und Wändewaschen... alles ist schön. Vielfach verstärkt strahlt die Arbeit zurück, was ich an Liebe in sie hineinlege. Diese seltenen Momente erfahre ich in den Tagen nach dem Großen Knall als Dauerzustand. Ich habe gelernt zu fließen, die zugewiesene Arbeit sofort zu akzeptieren, ohne innerlich erst mal »nein« zu sagen. Ich erfahre das Glück des Ja-Sagens. Ich höre auf zu naschen, das Gesicht wird wieder schmaler, und aus den Fettballons entweicht langsam die Luft. Und weil ich mich mag und schön von mir denke, sehe ich auch bald wieder so aus. Aufrecht laufe ich, nicht mehr so geduckt. Offen schaue ich das Leben an, ich liebe es, und darum liebt es mich auch. Schöne Tage sind das, und ich mache meinem Namen alle Ehre: Ich bin die »Namenlose Glückseligkeit«.

Eigenlich wollte ich nur zwei Monate arbeiten. Das ist jetzt so weit, aber ich will weitermachen. Aufhören? Das kommt gar nicht in Frage. Fließen will ich mit den anderen, sie umarmen, dabeisein...

Der Einbruch kommt diesmal von außen. Auf unerwartete Weise.

33

Während meiner zweiten Indienreise, damals vor acht Jahren, habe ich einen Inder kennengelernt, der auch Inder heißt. Es war eine kurze, heiße, intensive Liebesaffaire, die vor allem in ihm tiefe Spuren hinterlassen hat. Die Verbindung in den Jahren danach war lokker, aber immer seltsam vertraut. So, als vollendeten wir mal gerade eben den Satz, der damals offen blieb. Inder ist in Delhi, will in ein paar Tagen nach Nepal fahren und fragt mich am Telefon, ob ich mitkommen wolle. Oh Mann, das ist ja vielleicht was! Na klar will ich! Da mag die Arbeit fließen, wie sie will, und überhaupt alles ganz toll sein… Das ist mal wieder etwas Außergewöhnliches, ein Abenteuer, und dafür war ich schon immer zu haben… Hals über Kopf sage ich im Büro Bescheid, morgen wird mein letzter Arbeitstag sein, ich mache alles klar und will nach Delhi fahren. Und dann nach Nepal, obwohl mein Visum abgelaufen ist und ich deshalb das Land gar nicht verlassen darf. Aber es wird schon eine Möglichkeit geben. Er als Inder kriegt das sicher hin… Vier Wochen will ich wegbleiben, kündige meine Schlafstatt, stelle die Sachen bei einer Freundin unter, und in zwei Tagen soll es losgehen.

Auf den Feldern, dicht neben Mahants Hütte, gibt es jetzt auch eine Disco. Sannyasins haben die als Privatunternehmen gestartet, und zwischen den vier Strohwänden, unter offenem Himmel, ist zweimal in der Woche ganz schön was los. Immer mittwochs und samstags, und ich zähle ungeduldig die Tage zwischen diesem Glück. Heute abend will ich auch wieder zur Disco gehen und kürze den Weg ein bißchen ab. Er führt dann an Mahants Hütte vorbei. In meiner Leidenszeit schlich ich da gelegentlich rum… nur mal von weitem… ein Blick vielleicht… um die Herzschmerzen zu lindern. Nie habe ich ihn gesehen, immer war die Hütte dunkel, und auch heute nehme ich gleiches an. Aber heute steht Mahant davor. Auf sein Rad gestützt, plaudert er mit einem Nachbarn und fragt sich gerade laut, wie es denn so der »Namenlosen« ginge. Verrückt ist das mit den Zufällen. Gerade als er das wissen möchte, komme ich vorbei. Ich brauche es ihm gar nicht zu sagen. Er sieht es selbst.

Die jüngsten Ereignisse haben mich schön gemacht. Locker, offen und lustig bin ich und kann ihm frei begegnen. Mahant ist beeindruckt. Wir gehen erst mal in die Hütte… ich gefalle ihm gut… und aus der Disco wird in dieser Nacht nichts mehr. Ganz toll findet er meinen Nepal-Trip. Wir haben in verliebten Zeiten gemeinsam davon geträumt… und es gefällt ihm sehr, daß ich nun allein losziehen will. Allein? Nun ja… meine umfassende Ehrlichkeit hat an dieser Stelle mal Sendepause. Ich unterschlage den Inder einfach und habe auch gleich die passenden Rationalisierungen zur Hand. Es könnte schließlich sein, daß wir uns inzwischen fremd geworden sind, nicht wahr? Sowas passiert doch. Vielleicht haben wir uns gar nichts mehr zu sagen. Und dann seile ich mich ab. Dann gehe ich allein in die Berge. Allein! Das liegt nahe… wer weiß… also möglich ist das ja… und im übrigen… warum sollte ich unnötige Komplikationen in diese neue, schöne Begegnung tragen? Und schön ist diese Begegnung mit Mahant wirklich. Der nächste Tag ist sein Off-Day, und wir haben Zeit füreinander. Am Nachmittag treiben wir ein paar mystische Spielchen: Wir streichen mit dem Pendel unsere Körper ab und stellen Energiezentren fest. Danach enthüllt er mir aus den Tarotkarten die Zukunft und sagt einen blendenden Nepaltrip voraus. Wir schwingen miteinander, sind uns sehr nahe, und plötzlich passiert etwas Ähnliches wie beim Großen Knall in der Küche. Alle meine Körperzellen scheinen sich zu öffnen, verströmen sich, und über den Karten, auf zwei Meter Distanz zu ihm, verschmilzt mein Körper mit seinem.

Am nächsten Tag fahre ich. Er nimmt mich noch mal in den Arm, und wie am ersten Abend trifft mich auch jetzt wieder dieser heiße Strom von zärtlicher Energie. Wo er den bloß immer herholt? Tschüß, bye, bye, alles Gute, take care of you, und mit einem Gefühl von Wärme mache ich mich auf den Weg nach Delhi. Auf Gepäcknetzhöhe gibt es hier noch eine Holzpritsche, auf der sitze ich jetzt und lasse die Beine baumeln. Der Zug fliegt durch die Landschaft, und wieder mal spüre ich meiner Liebe zu Indien nach. Es gibt keine Erklärung dafür. Es ist einfach so. Vom ersten Augenblick an war diese Liebe da, zum Land und zu den Menschen. Ich liebe ihr Lächeln, ihre natürliche Freundlichkeit und die Gelassenheit, mit der sie den Widerwärtigkeiten ihres Lebens begegnen. Wenn ich darüber im Westen erzähle, kriege ich meist die Bettler um die Ohren gehauen. Und die Entrüstung über mein Wohlergehen angesichts all des Elends. Diese Vorwürfe sind aufrichtig. Einerseits. Andererseits wird's auch nicht besser, wenn ich gar nicht erst hinsehe. Ich stelle mich dem Elend, schaue es an, mache mir meine Gedanken und versuche meiner Betroffenheit durch ein paar Rupien Herr zu werden. Aber letztlich kann ich auch nichts dafür, ich bin nicht der liebe Gott. Das Elend ist historisch bedingt, hat seine Wurzeln im Kolonialismus, in der Religion, und ist in seinen Ursachen überhaupt sehr komplex.

Indien kann aber auch sehr viel lehren. Persönliche Bescheidenheit zum Beispiel. Ich erkenne, wieviel unnützes Zeug wir im Westen mit uns herumschleppen, und lerne mich mit wenigem zu begnügen. Und dann habe ich die strahlenden Augen der armen Leute gesehen, die gemeinsam auf dem Feld etwas gearbeitet haben. Entspannt waren sie, wie beim Kaffeekränzchen, und schauten alles andere als gequält drein. Und dann habe ich die vielen armen Kinder gesehen, die von ihren Müttern ständig liebevoll herumgeschleppt werden. Mit natürlicher Zärtlichkeit werden sie umfangen, und Prügeleien zwischen den Kindern scheinen unbekannt zu sein. Und dann habe ich an den Westen gedacht, an das psychische Elend in all dem Wohlstand... ich weiß nicht, ich weiß nicht... Das Leben in Indien ist schwer. Die Armen rackern sich ab und das, was wir »Lebensqualität« nennen, gibt es auch für den Mittelstand kaum. Aber wie sie damit fertig werden, nötigt mir meine ganze Hochachtung ab. Ich liebe dieses Land und seine Menschen.

Im Abteil sitzt eine indische Familie, die sehr nett zu mir ist. Ich soll andauernd etwas mitessen, und es sieht auch richtig lecker aus, was da aus vielen Gefäßen hochduftet. Weil ich ablehne, sind alle ganz enttäuscht. Schließlich erkläre ich ihnen, daß ich faste. Und dafür haben sie dann wieder Verständnis. So richtig faste ich aber doch nicht. In irgendeiner anderen Ecke des Zuges esse ich Paneer mit grünen Gurken. Paneer ist so eine Art fester, sehr magerer, fader Weißkäse. Das ist meine Schlankheitsdiät. Mit Gurken ist sie genießbar. Und wenn ich konsequent bin, nehme ich rapide ab. Natürlich ist das wieder die Eitelkeit. Seit einigen Tagen ernähre ich mich auf diese Weise und bin jetzt wieder so schlank wie in meinen besten Stewardessentagen. Inder soll mich hübsch finden, so wie »damals«.

Damals haben wir uns auf der Straße angelächelt, weil zwei selbstbewußte Bettlerjungen sich vor meiner Freundin und mir aufbauten. Mit drolliger Bestimmtheit wollten sie zwei Rupien von uns: »Eine für mich und eine für ihn«, wobei der ganz Pfiffige auf seinen Freund wies. Ich mußte lachen, sie kriegten eine Rupie für beide, und über diese Szene kamen wir mit Inder ins Gespräch.

Eine muntere Gesellschaft ist das, in der er sich bewegt. Diplomatensöhne, junge Männer mit Geld und einer gewissen Freiheit von familiären Bindungen. Inder hat in der Sowjetunion studiert, dort seinen Pilotenschein gemacht und sucht Arbeit. Das ist schwierig, denn wegen einer minimalen Augen-Insuffizienz nimmt ihn die Air-India nicht. In der Sowjetunion hätte er fliegen können, der Augenfehler ist unbedeutend, aber nur unter einer Bedingung: Er darf dann nie wieder nach Indien zurückgehen. Diese Bedingung ist von ihm nicht zu erfüllen. Inder liebt seine Eltern über alles. Sein Vater ist sein Gott, sein Guru, sein Heiliger. Inder liebt seine Familie auf eine Weise, die ich einfach nicht nachvollziehen kann. Schön ist Inder, groß, stattlich, und mit den modischen längeren Haaren, den dunklen Augen und dem schwarzen Bart sieht er aus wie ein indischer Gott höchstpersönlich. Er ist intelligent, voll tiefen Humors, offen und von einer seltsamen Schlichtheit, die mich berührt. Und sexy ist er auch. Wir schmusen für ein paar nächtliche Stunden in einem Park. Wild und aufregend ist das. Weil sowas aber bereits verboten ist, wollen uns die Wächter aufs Polizeirevier schleppen, als wir ihnen später begegnen. Inder stellt sich doof, spricht nur englisch, und weil denen das alles zu kompliziert ist, lassen sie uns schließlich laufen. Dabei ist nichts Unsittliches passiert. Nur wild rumbeißen, in seinen Arm und so...

Meine Freundin und ich, wir ziehen weiter. Nach Agra, nach Benares, und da geschieht etwas Komisches. Wir übernachten in einem billigen Zimmer, ich starre an die Wand, und da toben Geckos herum. Das sind kleine, eidechsenartige Tiere, die Insekten verzehren. In diesem Fall scheinen sie aufeinander Appetit zu haben. Einer liegt auf dem anderen, beißt ihn in den Nacken, es blutet sogar... Auf alle Fälle ist diese Szene gewalttätig, brutal... aber auch sehr sexy. Ein Liebeskampf scheint das zu sein, und plötzlich klickt etwas in mir. Dieser heiße Kampf mit Inder im Park– diese aufregende Szene an der Wand – ich bin wie elektrisiert. Mein Körper ist schlagartig heiß geworden, scheint zu glühen – und mit einer gewaltigen Fehlzündung verliebe ich mich in ihn. Mein Sex läuft auf Hochtouren. Nach einem Nepal- und Ceylontrip, mal eben locker im Flugzeug über den Kontinent, komme ich ohne die Freundin zurück nach Delhi. Inder hat auf mich gewartet, meine Telegramme haben ihn nicht erreicht, und er will gerade in seinen Heimatort zurückfahren. Buchstäblich in letzter Sekunde treffen wir uns doch noch, fliegen uns auf der Straße in die Arme – und unsere Geschichte beginnt. Wir ziehen in die Berge, leben auf einer Farm und sind uns sehr nahe. Wir sind verliebt und glücklich, und nachdem ich weg bin, rührt er fast ein Jahr lang keine Frau mehr an. Für mich laufen die Dinge im Westen weiter. Da ist Carlos, mein buntes Stewardessenleben… Später kommt dann dieser Selbstzerstörungstrip, ich schließe mich ab und spiele totsein. Keine Briefe mehr, nichts, und trotzdem – als später wieder zaghafter Kontakt aufkeimt, ist das seltsam vertraut. So, als hätten wir uns gestern das letztemal gesehen. Nach acht Jahren und allem, was inzwischen geschehen ist, werden wir uns nun also wirklich wiedersehen.

Ich bin ganz schön aufgeregt.

34

Inder ist am Bahnhof. Ich will ihn stürmisch begrüßen. Er wehrt kühl ab. In der Öffentlichkeit gehört sich sowas nicht. Oh, pardon, das hatte ich vergessen… Er sieht noch schöner aus als damals. Das Haar ist jetzt kurz, an den Seiten schon etwas grau… sehr attraktiv… Doch nicht nur äußerlich hat er sich verändert. Härter scheint er zu sein. Nicht mehr so locker und unbekümmert. Enttäuschter ist er, das Leben hat ihn wohl ganz schön gebeutelt. Daß ich Bhagwans Disciple geworden bin, ist ihm höchst unverständlich. So wie viele Inder haßt er Bhagwan aus tiefster Seele. Schon dieser Name! Er erklärt mir, daß »Bhagwan« in seiner Sprache schlicht und einfach »Gott« bedeutet. Jeder, der sich so nennt, muß verrückt sein. Gotteslästerlich sei sowas – oder krankhaft.

Die indische Heiligentradition ist beeindruckend. In bunter Reihe marschieren die Heiligen durch die Jahrtausende. Das heißt, sie marschieren nicht, sie sitzen staubbedeckt unter den Bäumen, leben in äußerster Armut, ständig meditierend, oder sind mit seltsamen Riten beschäftigt. Nagelbretter, sich kasteiend, oder in akrobatischen Yogapondituren verharrend. Alle möglichen Verdrehungen ihrer Heiligen sind die Inder gewöhnt, und die weltliche Entsagung ist Voraussetzung für ihren Respekt. Nun kommt einer daher, nennt sich »Gott« und macht alles ganz anders. Die indische Verachtung läuft auf Hochtouren.

Zum Beispiel, daß Bhagwan sich in einem Mercedes chauffieren läßt: »Dreihunderttausend Rupien hat der gekostet«, erklärt mir Inder entrüstet. »Das ist das teuerste Auto, das es je in Indien gegeben hat.« Inzwischen fährt Bhagwan einen Rolls Royce. Ich würde gerne wissen, was Inder wohl dazu sagt.

Indien ist immer noch ein sehr armes Land, und darum ist es im Grunde sehr materialistisch. Bhagwan meint kühl: »Sie geben mit ihrer Religiosität an, weil sie sonst nichts zum Angeben haben.« Indien schaue stets und ständig neidisch auf den Westen. Gerade weil sie so arm sind, sind sie nicht religiös. Nur in reichen Ländern, zwischen all dem Überfluß, entsteht auch der Ekel darüber und die

Sehnsucht nach etwas anderem. Es entsteht eine spirituelle Sehnsucht. Solange Menschen noch um ihr Überleben kämpfen müssen, sind sie naturgemäß dem Materiellen verhaftet. Sie sind unfrei, sich spirituellen Dingen wahrhaft hinzugeben. Ihre Religiosität ist sehr oberflächlich. Zur wahren Armut, zum wirklichen »Heiligsein«, gehört tiefes Verständnis, ein umfassendes Gefühl für die Nichtigkeit der materiellen Dinge, gehört totales Losgelöstsein von ihnen und gehört Weisheit. Und an diesem Punkt ist es dann schon wieder keine Frage mehr, ob arm oder reich. Dem wirklich heiligen Menschen ist alles gleichgültig. Dazu erzählt Bhagwan eine kleine Geschichte:

Ein sehr heiliger Mann wird vom König aufs höchste verehrt. Er geht oft zu ihm, sie sitzen unter einem Baum und reden miteinander. Die Worte des Heiligen berühren den König tief. Nun plant er, den Heiligen bei sich im Palast wohnen zu lassen, um ihm näher zu sein. Der König richtet alles aufs beste, der Heilige soll es gut haben ... und tief in seiner Seele hofft der König natürlich, daß er nicht kommen wird. Ein Heiliger hat unter seinem Baum zu sitzen und sonst gar nichts. Nun lädt der König den Heiligen ein und ist peinlich berührt, als der tatsächlich annimmt. Nicht nur das, er scheint sogar entzückt zu sein, zieht die goldenen Kleider an, macht sich in der Kutsche neben dem König breit und genießt den Jubel des Volkes. Der König ist verstört. Im Palast führt sich der Heilige jetzt auf, als sei er selbst der Herrscher. Er genießt allen Luxus, läßt es sich wohlergehen, und der König ist sauer. »Worin besteht eigentlich der Unterschied zwischen ihm und mir?« fragt er sich. Er fühlt sich schamlos ausgenutzt. Dieser Heilige genießt nur die Annehmlichkeiten des Palastlebens, während er, der Herrscher, auch noch die Verantwortung zu tragen hat. Der König wird immer finsterer, die schönen Gespräche gibt es schon lange nicht mehr, er meidet diesen Scharlatan. Eines Tages hält der König das nicht mehr aus und fragt den Heiligen direkt: »Wo ist eigentlich der Unterschied zwischen deiner angeblichen Heiligkeit und meinem weltlichen Königtum?« Der Heilige lächelt. Auf diese Frage hat er schon lange gewartet. »Begleite mich ein Stück«, sagt er, »dann will ich deine Frage beantworten.« Sie laufen los, der König wird ungeduldig, und nach einem längeren Marsch erreichen sie die Grenzen des Königtums. Hier zieht der Heilige die goldenen Kleider aus, reicht sie lächelnd dem König und sagt: »Siehst du, das ist der Unterschied. Ich hänge nicht daran. Ich benutze sie, aber ich bin nicht von ihnen abhängig. Sie bedeuten mir nichts, genausowenig wie der Palast. All dieser Luxus hat mit mir nichts zu tun. Ich werde nun in die Wälder gehen. Kommst du mit mir?« Der König kann nicht. Der Verpflichtungen, die Familie, und in einer Höhle zu leben, ist auch nicht sein Stil. Der Palast gefällt ihm nämlich ganz gut. Und jetzt, als der Heilige sich lächelnd vor ihm verneigt und in den Wäldern verschwindet, erkennt der König den Unterschied. Der wahre Heilige benutzt die Dinge der Welt, aber er haftet nicht an ihnen. Losgelöst und unabhängig, wie er ist, ist ihm alles gleich-gültig... der Palast wie die Höhle.

Und so ist es letztlich auch egal, ob Bhagwan in einem Rolls Royce zur Lecture kommt oder auf einem Elefanten. Außerdem besitzt er nichts. Rechtlich ist der Ashram eine Stiftung, und die Millionen sind nicht Bhagwans Privateigentum. Ich rede mit Inder über diese Dinge, aber genausogut könnte ich mit dem Finger auf Wasser malen. Das hätte den gleichen Effekt... er versteht gar nichts. Oder besser, er will nichts verstehen. In Indien ist Bhagwan eine grandiose Provokation, und er erfüllt kaum eine Forderung, die die Inder an ihre Heiligen stellen. Im Gegenteil. Es scheint Bhagwans Vergnügen zu sein, allen Erwartungshaltungen stets und ständig eins auszuwischen. Darum ist es für mich sehr erstaunlich, daß doch noch, nach meinen (!) Schätzungen, etwa 10 Prozent aller Sannyasins Inder sind. Die Gesamtzahl wird mit etwa 100 000 angegeben.

Und Bhagwans Ansichten über Sex bringen die Inder vollends auf die Palme. Er rührt damit an tiefe Tabus der indischen Gesellschaft. Die Ehe wird auch noch heute weitgehend arrangiert und ist vor allem eine Kinder-Aufzuchts-Institution. Frühes Heiraten ist Pflichtübung, von Liebe ist nicht viel die Rede, und der Sex wird prüde verdrängt. Auch wenn sich die Sexmüdigkeit schwer auf die Ehebetten legt, sind Seitensprünge fast unmöglich. Man lebt dahin, es ist halt so, und in vielen Gesichtern steht Apathie. Weil ihr eigener Sex so unterdrückt ist, fallen die Inder entrüstet über alle her, die sich mehr Freiheiten herausnehmen. So bricht Bhagwan in alte, erstarrte Traditionen ein, er ist eine Bedrohung, und die Inder hassen ihn. Sex... Reichtum... unmöglich! Und sowas nennt sich auch noch »Gott«!!! Warum schenkt der Ashram seine Millionen eigentlich nicht den Armen? Wieder mal schlägt Bhagwan den Erwartungen ins Gesicht.

Was Bhagwan anstrebt, ist nach seiner Auffassung die erste wirkliche Revolution auf Erden. Um das zu verstehen, muß man seine spirituelle Lehre akzeptieren. Für Bhagwan schlafen wir alle. Wir träumen vor uns hin, träumen, daß wir leben, und auch all unsere Handlungen ähneln denen von Schlafwandlern. So waren auch die historischen Revolutionen nur Aktionen von spirituellen Schläfern. Lediglich die gesellschaftlichen Strukturen haben sich verändert. Inhaltlich ist alles beim alten geblieben. Die Betten derer, die einst gequält auf harten Holzpritschen ruhen mußten, sind weicher geworden, angenehmer – und um so tiefer ist nun ihr Schlaf. Die einzige Revolution, die es für Bhagwan geben kann, ist die des Bewußtseins. Diese Revolution entspricht dann einem spirituellen Qualitätssprung von einer Bewußtseinsdimension in die nächsthöhere. Und das zieht dann tatsächlich eine totale Veränderung, eine Revolutionierung des Menschen nach sich. Dieser Sprung vom unbewußten, somnambulen Dahinleben zu bewußter Wachheit, zum »Sehen«, das ist Bhagwans Revolution. Und nach seinem Verständnis die einzig wahre. Was würde es also ändern, wenn er die Millionen unters Volk streute? Die Armen würden für eine Weile angenehmer leben. Individuell wäre geholfen, aber am Zustand der Welt hätte sich nichts geändert.

Und nur darum geht es Bhagwan. Es geht um viel mehr als um karitative Hilfe. Es geht um das Schicksal des Menschen auf diesem Planeten. Wer ein bißchen aufmerksam ist, sieht, welche katastrophalen Entwicklungen sich angebahnt haben. Lauter Schlafende sitzen in einem Wagen zusammengepfercht, der ohne Bremse den Abhang hinunterzurollen scheint. Sie fühlen sich unbehaglich, es zieht ganz schön, der Fahrtwind pfeift in ihre Träume, und sie kriegen Kopfschmerzen. Und wenn sie nicht ganz schnell aufwachen, könnte der Wagen irgendwo zerschellen. Wenn sie aufwachen, ist vielleicht noch etwas zu machen, vielleicht läßt sich der Wagen unter Mühen anhalten... vielleicht... Vielleicht aber auch nicht. Vielleicht ist sowieso schon alles zu spät – aber trotzdem. Die Idee der neuen Kommune ist nicht nur ein elitärer Spleen. Vielleicht ist es noch möglich, ein spirituelles Zentrum zu schaffen, mit intensiver Ausstrahlung, das den Wagen ins Schlingern bringt. Das eine Art Schrei ist, der den Schläfern in die Ohren gellt. Und so wandern die Millionen in solche Projekte zum Beispiel und nicht in das indische Elend. Dort würden sie verschluckt, und alles bliebe beim alten – und das Alte steht kurz davor, sich selber umzubringen.

Ich kann mir den Mund fusselig reden, es erreicht Inder nicht. Es prallt an seinem Mißtrauen und an seinen Vorurteilen ab. Bhagwan ist für ihn die Inkarnation des Bösen, ist ein Scharlatan, und was er mühsam gerade noch aufbringt, ist Toleranz für mich. Ich bin zwar verrückt, nun gut, aber er mag mich immer noch. Zwar bin ich als verirrtes Schäfchen dem Wolf in den Rachen gerannt. Aber wenn ich es da gut finde, dann ist das meine Angelegenheit. Daß ich ruhiger, gelassener, kontemplativer geworden sei, gibt er zu. Aber ansonsten hätte ich mich doch wohl zu meinem Nachteil verändert. – Ich finde das, was ihn betrifft, übrigens auch. Die Pilotenträume haben sich nicht erfüllt. Er ist in den letzten Jahren in der Welt herumgereist, hat versucht Geschäfte zu machen, aber nichts hat richtig geklappt. Sein Vater war hoher Offizier in der Armee, seine Brüder haben alle eine ähnliche Karriere gemacht, und er fühlt sich als »schwarzes Schaf«. Eigentlich müßte er Farmer sein, eine zärtliche Frau haben und viele Kinder. Seine liebevolle Schlichtheit, seine Sehnsucht nach Geradheit und Einfachheit wären bei diesem Leben voll erfüllt. Jetzt ist er aus der Bahn geworfen und ein bißchen verdorben worden. Er hat viele Frauen gehabt und haßt sich eigentlich selbst dafür. Und vor allem ist er nicht verheiratet und darum nach indischem Verhältnis auf einem schweren Außenseiter-Trip. Irgend etwas Zerrissenes ist jetzt in ihm, etwas tief Unglückliches. Diese Reise nach Nepal ist sein letzter Versuch, bei der Royal-Nepal-Airlines eine Anstellung zu finden. Seine letzte Hoffnung, mit 33 Jahren vielleicht doch noch Pilot zu werden. Ein paarmal gibt es Momente, da schwingt die einstige Nähe zwischen uns. Aber im Grunde sind wir uns fremd geworden.

Mit dem Visum ist das so eine Sache in Indien. Es wird bei der Einreise für drei Monate gewährt, und dann ist eigentlich Schluß. Mit viel Geld kann man – zum Beispiel auf Goa – dieses Visum verlängern lassen, aber das ist auch nicht ganz problemlos. Dehnt sich der Aufenthalt über mehr als sechs Monate, muß man einen Arzt finden. Für viel Geld bestätigt der dann, daß eine schwere Krankheit die Ausreise verzögert hat. Sich ohne gültiges Visum im Land aufzuhalten, ist ausgesprochen gefährlich. Jeder Dorfpolizist könnte mich dafür ins Gefängnis stecken. Und wenn bei dem Delinquenten Geld vermutet wird, kostet die Entlassung ein Vermögen. Ich habe in Poona nicht aufgepaßt. Einmal ist mein Visum schon mehr oder weniger illegal verlängert worden. Aber als ich in Delhi ankomme, bin ich schon wieder zwei Wochen über der erlaubten Zeit. Ich war so arglos-nichtsahnend. Er als Inder könnte da sicher etwas machen, dachte ich. Er kann nicht. Und ist ganz fassungslos, als ich mit meinem überzogenen Visum ankomme. Wir versuchen dies und das. Er ist wirklich sehr bemüht, aber nichts klappt. Mit jedem Tag in Delhi wird klarer, daß ich das Land wohl nicht werde verlassen können. Die Berge entfernen sich mehr und mehr – und irgendwie ist mir das auch recht. Eigentlich will ich mit Inder nicht mehr nach Nepal fahren. Mein Herz sehnt sich in die andere Richtung. Da ist Bhagwan, da ist der Ashram... na, und vor allem ist da Mahant. Ich schätze Inder sehr, ich mag ihn, ich finde ihn wundervoll in seiner aufmerksamen Fürsorge... aber der Graben ist zu tief geworden. Wir haben uns beide verändert. Ich lebe nicht mehr so ganz in seiner Welt, ich will zurück in meine. Ich spüre sehr deutlich, was diese kleine Welt in Poona mir inzwischen bedeutet... ich verzehre mich vor Sehnsucht. Als ich dann 14 Tage nach meinem Aufbruch ins Abenteuer wieder dort bin, ist das viel glückhaft-aufregender für mich, als je ein Abenteuer es hätte sein können.

Obwohl ich doch nicht mehr so ganz von dieser Welt bin, wie ich Inder zuliebe gemeint habe, laufe ich nicht gerade mit Räucherstäbchen im Mund herum. Im Gegenteil. Ich hab' in Delhi etwas ziemlich Unspirituelles gemacht – eine wilde Dauerwelle ziert mein Haupt. Damit laufe ich jetzt herum und finde die toll. Die Haare sind nachgewachsen in all den Monaten, und weil sie vorher kurz und stufig waren, hing das Ganze glatt und dünn und ein bißchen traurig runter. Aber jetzt... Mann, jetzt habe ich eine wellige Fülle auf dem Kopf, es ist kaum zu fassen. Ein richtiges Löwenhaupt ist das, und ich sehe nun genau so schön aus wie all die Ashrammädchen, die ich früher so um ihre Haare beneidet habe.

35

Jetzt ist Teil zwei der Mahant-Geschichte fällig…

Oh, kaum gedacht, saust meine Bulldoggen-Erinnerung wie der geölte Blitz hinter den Ofen. Mit diesem Teil will sie nun wirklich nichts mehr zu tun haben. Ich rufe… ich locke… ich rede mit ihr. »Sieh mal«, sage ich, »da war doch nicht nur Schlimmes. Die schönen Sachen… erinnere dich.« Sie kläfft empört. Das Schlimme sitzt ihr noch ganz schön in den Knochen. »Das Schöne, das Schöne…«, beschwöre ich die Erinnerung. »Die Sache mit dem Mädchen, die Gitarre, die Leute…« Na ja, ist gut… mißmutig schiebt sich die Dogge hinter dem Ofen hervor. Sie weiß, daß ich sie überlistet habe. Das Schöne, okay. Aber an das Schlimme muß sie dann auch ran, und sie schaut mich böse von der Seite an.

Zunächst beginnt Teil zwei, als hätte es Teil eins nie gegeben. Mahant ist ganz begeistert über meine unerwartete Rückkehr, und wir feiern sie drei Tage lang. Meistens im Bett. Der Honig tropft nur so vom Mond. Ich schlecke ihn ab und denke, das sei der schönste Geschmack meines Lebens. Haach, so toll bin ich in diesen Tagen. So schön, so schlank, aber ich halte das natürlich nicht lange durch. Ein bißchen naschen am Verbotenen, Erdnußbutter auf Brötchen zum Beispiel, und das jauchzende Pendel der Hoch-Seite knirscht ein Stückchen tiefer. Aber noch geht's.

Mahants Hütte ist das gesellschaftliche Zentrum unseres kleinen Sannyasin-Dorfes. Abends ist immer was los. Und Mahant liebt laut-fröhliche Geselligkeit. Er ist dann stets im Mittelpunkt, die Leute himmeln ihn an, und das ist sein Lebenselixier. Ich genieße diese Atmosphäre ausgiebig. Diese Ungezwungenheit! Einfach reinkommen, jemand brüht Tee, reden, Musik machen, und wenn's spät wird, in irgendeiner Ecke liegenbleiben. Morgens wühle ich mich unter unserem Moskitonetz hervor und steige manchmal über fünf Leute. »Ach ja, die haben bei uns geschlafen? Wie schön.« Wenn die Musik in vollem Gange ist, trau' ich mich auf Bongos mitzutrommeln und bin dann sehr stolz auf mich. Mein schönstes Musikerlebnis beschert mir Mahant nach dem Kauf einer neuen Gitarre. Ich habe seine alte im Arm. »Weißt du was, wir werden jetzt mal miteinander spielen«, bestimmt er. »Was, ich?… ich kann doch gar nicht…« Er guckt mich mit seinen blauen Augen lieb an. »Wir vertrauen einfach unserem inneren Führungsengel«, schlägt er vor. »Und im übrigen, warum sollten wir nicht miteinander spielen können?« »Ja, warum eigentlich nicht?« Er hat mir Mut gemacht – und ich trau' mich. Ich folge intuitiv seinen Läufen. Hauptsache, die Tonhöhe stimmt… und es geht tatsächlich. In meinen Ohren hört sich das himmlisch an. Ich bin ganz begeistert und hole mir am nächsten Morgen bei einem Freund weiteren Unterricht. Mahant arbeitet im Ashram, und ich will ihn abends mit ein paar Griffen überraschen. Leicht schwebe ich nach dem Üben durch den Ashramtag, so, als hätte ich ein Geheimnis entdeckt…

So, das wär's dann eigentlich schon mit den schönen Erinnerungen. War da nicht noch was? Nun ja, die sexuelle Attraktivität füreinander und dann die Sache mit dem Mädchen. »Später«, bestimmt die Erinnerung und quält sich jetzt mühsam in das andere, das Schlimme…

Das knüpft an Teil eins an. Ich beschwere mich ständig über seine höchst verschliffene Sprechweise, aber es kümmert ihn nicht. Mehr instinktiv erfasse ich seine ständige Fragerei und bin sehr verunsichert. Ich komme mir doof vor und rede dann auch doof und fange sogar an zu stottern. Dazu Mahants unglaubliche Vitalität. Vielleicht ist er so mager, weil er ständig seine eigene Lebenskraft verzehrt? Ich weiß nicht, es sieht fast so aus. Er hat diese Stärke, die mich an Männern so fasziniert und die mich gleichzeitig so klein macht! Ständig habe ich ein schlechtes Gewissen, weil ich nicht auch so überaus aktiv bin. Nein, nach diesen langen, verrauchten Nächten hänge ich ganz schön durch. Dieses schlechte Gewissen stülpt sich dann noch zusätzlich über mein mattes Vitalitätsflämmchen und erstickt es fast. Statt strahlendes Leuchten produziere ich in seinen Augen wohl dunklen Smog. Halbgelähmt stolpere ich hinter ihm her. Was gemacht wird, bestimmt er, und ich kann bestenfalls noch reagieren. Und diese Ungeduld! Mit unverhohlener Ironie kommentiert er mein ständiges Versagen, weil ich seinen Ansprüchen an weibliche Idealität einfach nicht genüge. Und dann finde ich auch noch, daß er recht hat. In seinem Spiegel erblicke ich meine eigene Häßlichkeit und bin ganz zerknirscht. So ein schlechtes Mädchen, wie ich es bin… was habe ich für ein Glück, daß er überhaupt mit mir zusammen ist…

Und ich werde immer verkrampfter. Das jubelnde Hoch-Pendel

ist in maximale Tiefe gerutscht. Ich esse mal wieder zuviel. Und da ich Angst vor ihm habe und schlank für ihn sein will, weil er mich sonst noch abfälliger behandelt, esse ich sehr viel. Um dann alles wieder auskotzen zu können. Nach neun langen Poona-Monaten ist es mal wieder soweit!!! Mein höchst instabiles Gleichgewicht ist total aus den Fugen geraten. Ich stopfe Peanutbutter-Brötchen in mich rein. Und wie!!!

Auf dem Feld haben die Inder ein primitives Klo gebaut. Ein Loch in der Erde und drei leichte Strohwände als Sichtschutz, mehr ist das nicht. Und man hat intimen Einblick in die Ausscheidungen der Nachbarn. Diese Toilette ist wirklich nur ein Notbehelf. Man benutzt üblicherweise die hochhygienischen Ashram-Anlagen oder geht zu »Prems«, dem indischen Gartenrestaurant. Aber in dieser Situation ist mir alles egal. Und wie in alten, schlechten Zeiten würge ich mir Taschentücher in den Hals. Aber die Erdnußbutter ist ein so schwerer Brocken, mein Magen schafft das einfach nicht. Und so hänge ich über dem ekelhaften Feldklo, würge erfolglos herum und habe so richtig Zeit, über meine Situation nachzudenken. Dieses gräßliche Klo mit alten, vertrockneten, stinkenden Ausscheidungen scheint plötzlich wieder so ein Symbol zu sein. Und ich schaue richtig hin und spüre dem Ekel vor mir selbst nach und würge und würge, und nichts passiert. Halbtot wanke ich zur Hütte zurück, kriege einen Heulkrampf und tu' mir entsetzlich leid. Ich Arme. So weit ist es also wieder gekommen mit mir...

Mahant ist ziemlich unbeeindruckt, als er mich später daliegen sieht. Er legt sich neben mich, ich erzähle von früher, von meinen jahrelangen Kotzarien und laß mich richtig reinfallen in den alten Schutt. Mein Gesicht ist abgewandt, ich kann ihn nicht sehen, aber ich spüre genau: Wenn wir jetzt am Tisch säßen, würde er sich leicht gelangweilt seine Fingernägel anschauen. Und dann sagt er auch etwas danach. Diese alten Geschichten säßen nur in meinem Kopf, das wäre längst alles vorbei, ich würde mir darin gefallen, so negativ zu sein und immer wieder darin rumzuwühlen. Und falls mir je einfiele, das noch mal zu erzählen, dann sollte ich es auf eine Weise tun, als sei das der größte Witz, den ich kennte. Die lustigste Geschichte meines Lebens. Und ausschütten vor Lachen sollte ich mich dann... Meine Wut wächst. Er nimmt mich nicht ernst, dieses Arschloch, was versteht der schon... da sind aber die Spannungen, die sind da... und wie... und plötzlich fange ich an zu schreien. Ganz laut, wie in der Gruppe. Das schallt durch alle dünnen Strohwände unseres kleinen Dorfes, das geht den Indern durch und durch, und sie denken wohl, daß Mahant mich gerade umbringt… mir ist das in diesem Moment egal. Ich schreie und schlage aufs Kissen und tobe und brülle weiter… und nach einer ganzen Weile hockt Mahant hinter mir, umfaßt mich von hinten und flüstert in mein Ohr: »Du bist wundervoll, jetzt lebst du wirklich, jetzt sitzt du nicht nur in deinem Kopf, ich liebe dich…«

Was, Liebe? Liebt er mich etwa? Ich weiß nicht… Er liebt meine Potenz, liebt all die Möglichkeiten, die in mir stecken, seine Traumfrau zu sein. Aber ich kann mit meinen Möglichkeiten nicht umgehen. Und um so ärgerlicher ist er. »Du bist so beschäftigt damit, mich zu lieben, daß du dabei völlig verschwindest. Wo bist du? Ich will auch etwas lieben können?« Und in der Tat, neben ihm bin ich kaum noch zu sehen. Die Spannung wächst. Wir geraten immer wieder heftig aneinander. Zornig-empört flackert gelegentlich mein kümmerliches Vitalitätslichtchen auf… um dann durch seinen kalten Guß zu erlöschen: Ich verbitte mir, »ständig powertrips mit mir zu reiten«. Und höhnisch kommt es zurück: »Daß ich diese Stärke-Trips mit dir reiten kann, liegt daran, daß du selbst *überhaupt* keine Stärke hast.« Zack! Das sitzt! Und leider hat er auch noch recht. Jedenfalls finde ich das. Angstgelähmt starre ich als Mäuschen auf die Schlange, und diese Beziehung hat inzwischen Alptraumqualität.

Warum bleibe ich überhaupt? Warum trete ich ihm, bei so viel Hohn und Spott, nicht einfach in den Hintern und gehe weg? Meine Bulldoggen-Erinnerung runzelt gequält die Stirn, aber sie weiß es nicht. Vielleicht, weil es doch immer wieder Momente von Nähe und Innigkeit gibt? Weil es mit dem Sex so gut klappt? Weil ich wie hypnotisiert bin? Oder liegt es an ganz etwas anderem? Wie auch immer. Der Abschied nähert sich. Er fliegt zurück nach London. *»Gott sei Dank!«* Um dem Chaos seiner Hüttenauflösung zu entgehen, werde ich aber noch ein paar Tage vor seinem Rückflugtermin nach Goa fahren. Wie eine ausgequetschte Zitrone fühle ich mich. Diese Beziehung hat mich ganz schön ramponiert, und ein paar Tage Goa-Glück werden mir sehr guttun.

Puuh, das wäre geschafft… das Schlimme… Meine Erinnerung ist durchgeflitzt, wie beim Hunderennen. Immerhin dauerte der ganze Spaß fast drei Monate. Doch ich verstehe diese Eile, leichtgefallen ist ihr das sowieso nicht. Eines hat sie aber noch vergessen… Ooooouuu… meine Erinnerung heult los, als hätte ich ihr auf den Schwanz getreten. So peinlich ist ihr das. Nun ja, aber es muß sein.

Also, nicht nur, daß ich all diese Demütigungen hinnahm, nein, ich habe auch noch dafür bezahlt. Richtiggehend ausgehalten habe ich ihn. Keine Rupie hatte er zeitweilig in der Tasche, und ich habe mir sein Wohlwollen erkauft. Und der Swami war nicht billig. Und hat in Mini-Zuhälter-Manier die Hand aufgehalten, und hat mir ein freundliches Lächeln dafür geschenkt, und ich war obendrein noch dankbar. Mein ewiges Schuldbewußtsein habe ich durch großzügige Zahlungen erleichtert. Als Ablaß – weil ich doch so ein schlechtes Mädchen bin.

36

Du meine Güte, was war das alles bloß? Was ist da wirklich passiert? Ich stütze mein Kinn auf Mahants alte Gitarre, während der Bus nach Goa rumpelt. 15 Stunden lang kann ich nachdenken. Diese Beziehung ähnelte der zu Carlos auf fast lächerliche Weise. Auch Carlos hat mich mit seiner Stärke fasziniert, auch bei ihm bin ich zu einem Mäuschen geschrumpft. Auch bei ihm die angstvolle Lähmung, die mich zum Stottern brachte. Mahant habe ich auf ein Podest gestellt, genauso wie Carlos. Damit ich ja recht klein sein konnte. In Gedanken schaue ich mir die Männer an, hoch über mir... und plötzlich steht da mein Vater.

Richtig gut sieht er da oben aus. Weithin strahlt sein Intellekt, funkelnd, blendend, faszinierend... Die Frauen knien vor dem Podest, er beugt sich runter und beehrt sie mit seiner Männlichkeit. Eigentlich spielt er Tennis, aber der Waidmannslust pflegt er bei den Frauen auch und schießt – nach eigenen Worten – ab, »was ihm vor die Flinte kommt«. Und das Jagdglück ist ihm hold. So vielseitig ist er, so charmant, so brillant, und meine Mutter ist sehr beeindruckt. Beim ersten nächtlichen Rendezvous erläutert er ihr die »Darwinsche Eistheorie« auf dem Mond. Sie ist hingerissen. Was für ein Mann! Der Krieg hat gerade begonnen, und sie lernt nun auch noch andere Seiten an ihm kennen. Sehr mutige. Mein Vater ist Kommunist. Seine Brüder, er und auch meine schöne Tante Eva arbeiten aktiv im Untergrund und verstecken sogar Juden. Nachts gibt es lange, leidenschaftliche Diskussionen, und allen steht das KZ in diesen Jahren sehr nahe. Meine Mutter bewundert diese Menschen. Sie sind anders als alle, denen sie bisher begegnete. Meine Eltern heiraten während des Krieges. Warum er das tat, fragt sich meine Mutter nun öfter.

Nach der Teilung Berlins geht mein Vater mit uns in den Ostsektor der Stadt. Er gehört dort zu den Männern um Ulbricht, zur ersten Garnitur des Staates, und seine Karriere ist schwindelerregend. Eine »Wirtschafts-Gipfelkonferenz« der Ostblockstaaten löst die andere ab, und überall hat mein Vater etwas zu sagen. Er läßt seinen beeindruckenden Intellekt spielen... und nicht nur den. Sonst ist auch ganz schön was los. Meine Mutter erlebt auf demütigende Weise, daß er der Waidmannslust in ungebrochener Leidenschaft ergeben ist. Ihre ohnmächtigen Tränen entfärben das rote Bettinlett. Und diese Farbe paßt dann gut zur blutig-roten Unterwäsche, die er nach Hause bringt. Sie hatte wohl gerade ihre Tage.

Wenn es einen feierlichen Staatsempfang gibt und der Herr Direktor nun wirklich mal mit Gattin erscheinen muß, kommt meine Mutter an wie Aschenputtel. Alle Damen tragen lange Abendkleider. Sie hat als einzige ein kurzes und schämt sich entsetzlich. Nicht mal das merkt mein Vater. Er hat sich schon wieder abgesetzt und flirtet gezielt mit einer heißblütigen Ungarin.

Von meiner Geburt im Februar 1945 erfuhr er in Ostpreußen. Ein Junge sollte ich unbedingt werden. Ein Junge, hoffentlich ein Junge! Das enttäuschte Schweigen über das Mädchen liegt minutenlang schwer in der Telefonleitung. Meine Mutter wird nochmal schwanger. Die Frucht stirbt ab, ein Junge war es, und um ein Haar folgt sie dem toten Kind. Das Fieber ist extrem hoch, der Kampf geht um ihr Leben. Als sie wieder nach Hause kommt, findet sie ein breites Goldarmband unter der Couch. Mein Vater hatte inzwischen wohl Besuch. Er demütigt sie ständig. Da ist ihr Dickerwerden, da ist dies und das... und wenn sie empört in Flammen steht, dann findet er sie schön. Herrlich, wie aufregend sie in ihrem Zorn ist! Und er nimmt sie und schüttet seine männliche Kraft über sie, bis meine Mutter den Mund hält.

Wie weit ich das alles mitbekommen habe, weiß ich nicht mehr. Ich weiß nur eines: Die Oma kommt uns in Berlin besuchen. Und wenn sie abends zurück in ihre Siedlung will, dann stehe ich als Dreijährige bereits an der Tür. Das Mäntelchen habe ich nachdrücklich in der Hand. Ich will mitkommen... Es gibt Aufregung, Tränen, aber meist darf ich dann doch mit der Oma fahren. Offensichtlich ist da schon bei diesem kleinen Mädchen das Gefühl: »Bloß raus hier!« Die Ehe wird unhaltbar. Gedemütigt, tief verletzt und voll Zorn stimmt meine Mutter schließlich der Scheidung zu.

Danach erfährt sie ihr Wunder. Aus dem kleinen Lämmchen voller Komplexe und mangelndem Selbstwertgefühl wird eine starke Frau. Ihre Karriere passiert fast über Nacht. Mit 35 Jahren wird sie die jüngste Objektleiterin Ostberlins und managt Renommiercafés. Später dann große Ausflugslokale. Sie dirigiert ein Angestelltenheer, kalkuliert, disponiert und ist sehr erfolgreich. Vorher habe ich bei der Oma gewohnt, nun wieder bei ihr, aber ich sehe sie selten. Meine Mutter kann nachts oft nicht mehr in die Stadt kommen. Wenn sie's tut, schlafe ich schon. Stehe ich auf, um zur Schule zu gehen, schläft sie noch. Tagelang bin ich allein in der Wohnung. Mit meinen zehn Jahren bin ich so brav, so artig, man kann sich so sehr auf mich verlassen. Schön, wie ich das alles mache. Ich schlukke die Lobeserhebungen, und bei den finanziellen Abrechnungen klafft dann immer eine große Lücke. Es fehlt eine Menge Geld, und es ist mir peinlich zuzugeben, daß ich soviel Kuchen gekauft habe.

Aber eines hat meine Mutter nie gemacht: schlecht über meinen Vater geredet. Im Gegenteil. Mein Vater hat so tiefe Spuren in ihr hinterlassen, daß sich wohl sein Bild verklärte. Was für ein Mann! Sie stellte ihn auf einen Sockel, und ungebrochen funkelte seine Vollkommenheit durch meine Kindheit. Und da ich ihn nie in seinen höchst menschlichen Aspekten kennenlerne, wird sein Glanz von keiner Patina angefressen. Oh, was bin ich stolz auf ihn. Andere Kinder in der Klasse beklagen sich über ihre Väter. Sie seien »oll« und würden hauen… mir krampft sich das Herz zusammen. Bitteschön, auch wenn er oll wäre, auch wenn er mich haute, Hauptsache, er wäre da. Er ist aber nicht da.

Wir haben jedoch losen Kontakt, und so gut es geht, kümmert er sich auch um mich. Zu Weihnachten breche ich immer unter der Geschenk-Last zusammen. Vor allem sind das Bücher. Er hat nochmal geheiratet, seine neue Frau wird schwanger, und der heiß ersehnte Junge ist endlich da. Gelegentlich darf ich glückliches Familienleben erfahren, und ganz deprimiert komme ich dann wieder nach Hause. Vielleicht wäre es gut gewesen, meine Mutter hätte mich in so einem Zustand umarmt. Wir hätten dann vielleicht beide geweint, weil alles so ist, wie es ist. Wir hätten miteinander geweint, weil wir ihn lieben… aber das hat sie nie gemacht. Im Gegenteil. Mit ihrem beleidigten Gesichtsausdruck schnauzt sie mich vorwurfsvoll an: »Immer wenn du von Vati kommst, hast du so schlechte Laune.« Schlechte Laune… oh Gott… wenn's doch nur schlechte Laune gewesen wäre… Das geht alles viel tiefer. Aber sie sieht es nicht. Oder will es nicht sehen. Statt dessen ist sie beleidigt. Und überhaupt ist sie eigentlich nie richtig ärgerlich. Nur immer vorwurfsvoll und beleidigt, und ich hasse diesen Gesichtsausdruck, weil er mich so wehrlos macht. So klein und so voller Schuldgefühle, und ich weiß nie richtig, warum.

Nach diesen Besuchen bei meinem Vater grüble ich auf dem Nachhauseweg finster vor mich hin. Sehr leer fühle ich mich und weiß genau, daß er mich nicht liebt. Daß er mich auch nie geliebt hat, sonst hätte er sich ja nicht scheiden lassen. Jedenfalls ist das meine kindliche Logik in dieser Angelegenheit. In jener Zeit formt sich wohl auch die Überzeugung, daß Männer nicht lieben können. Daß Männer gefühllose Monster sind, denn anders kann ich mir das in meiner Traurigkeit nicht erklären. Die Spaltung ist zutiefst. Das strahlende Monument und das kalte, lieblose Ungeheuer. Das ist mein Männerbild, und für beide Aspekte habe ich mir in meinem Leben genug Anschauungsmaterial besorgt. Der Kampf um meinen Vater wiederholt sich in diesen starken Männern, immer wieder… dabei ist er schon lange tot. Herzinfarkt, ganz plötzlich. Schlimm war das damals für mich, ich war einundzwanzig, aber auch wieder nicht zu schlimm. Ich habe ihn ja kaum gekannt. In meinem Kopf hat er nur gesessen, und da sitzt er wohl heute noch. Ich denke wie ein Mann, rede so klug wie ein Mann… vielleicht, weil mein Vater mich immer gern so gesehen hätte?

Und Bhagwan? Habe ich mir nun einen Super-Daddy gesucht? Einen, der wirklich jeden Morgen auf dem Podest sitzt? Vielleicht. Aber noch eher ist Bhagwan meine Wunschmutter. Das Prinzip der bedingungslosen Liebe ist weiblich. Erich Fromm in *Die Kunst des Liebens* führt das näher aus: »Dieses Erlebnis, von der Mutter geliebt zu werden, ist ein passives Erlebnis. Ich brauche gar nichts zu tun, um geliebt zu werden, denn Mutterliebe ist bedingungslos. Ich brauche nur *zu sein,* ihr Kind zu sein. Mutterliebe ist Seligkeit, ist Friede; sie braucht nicht erworben, braucht nicht verdient zu werden.«[1] »Die bedingungslose Liebe entspricht einer der tiefsten Sehnsüchte nicht nur des Kindes, sondern jedes menschlichen Wesens…« – »Open your eyes«, sagte Bhagwan zu mir, als ich vor ihm saß, und dann traf mich dieser warme Strom von Liebe und *Akzeptiertwerden.* Er akzeptierte mich, bedingungslos… etwas, das meiner Mutter einfach nicht möglich war.

Und nun? Habe ich mich aufgegeben, abhängig gemacht, habe ich mich unterworfen? Ich glaube, daß Bhagwan so eine Art Königsgaukler ist. Ein großer, göttlicher Hofnarr. Er lacht sich ab und zu ins Fäustchen, wenn er unser Spiel spielt. Solange wir Vater und Mutter in ihm sehen *wollen,* tut er uns den Gefallen. Er steht im Zentrum und bietet sich als Liebesobjekt an – aber die meisten von uns sind zunächst noch liebesunfähig. Gelingt es dir nun aber doch, eine Liebesbeziehung zum Meister aufzunehmen, gleicht das einem Riß in deinen inneren Mauern. Liebe »sickert« in dich ein. Der Riß

[1] Es braucht wohl kaum betont zu werden, daß Fromm hier vom idealtypischen Fall spricht, der nicht unbedingt auch der alltägliche ist.

wird nach und nach breiter… und dann liebst du nicht nur den Meister. Dann liebst du schließlich das Leben und alles Seiende, dann liebst du zum erstenmal auch dich selbst. In dieser umfassenden Liebe verschwindet der Meister wieder, verschwindet die Fixierung auf seine Person. Er war nur Mittel zum Zweck. Du selbst bist der Zweck! Ich glaube, daß diese für uns so anstößige »Unterwerfung« nur ein Vorwand ist. Ein Trick des Königsgauklers, sozusagen. Unterwerfung, Hingabe, Demut, Liebe… In der Liebe begegnest du dir selbst, du begegnest Gott in dir. Und *darauf* kommt es an. In der Liebe löst sich Bindung an den Meister auf. Der Umweg hat dich zu dir selbst geführt… und Bhagwan lacht sich ins Fäustchen.

37

Goa ist ein Küstenstreifen am Indischen Golf. Eine ehemalige portugiesische Kolonie ist das, und ein Strand liegt hinter dem anderen. Diese Strände haben Namen und je nach den ausgeflippten Europäern, die dort wohnen, auch ihren eigenen Charakter. Jet-Set- oder Fixer-Strand, je nachdem, aber gekifft wird überall. Wie zu alten Hippie-Zeiten. Man schläft am Strand, baut sich leichte Hütten oder wohnt in den Häusern der Goa-Einwohner. Hinter dem Strand stehen diese Häuser, zwischen hohen Palmen und sonstigem Grün. Langgezogene Fischerdörfer sind das, obwohl die Fische immer weniger werden. Und sehr liebe, ruhige, schöne dunkle Menschen wohnen dort. Mit lila Seidenhosen, dunkelrotem T-Shirt, rotem Samtjäckchen und einem gleichfarbigen gehäkelten Käppi auf den Locken bin ich angekommen. Tasche und Schlafsack auf dem Rücken, die Gitarre im Arm… und so sehe ich wohl aus, wie ein unbekümmerter Spăthippie. Und ich fühle mich auch so. Jung und frei und lustig. Für ein paar Rupien ziehe ich in ein staubiges Zimmer, und das ganze Dorf steht lachend um mich herum. Ich soll ihnen auf der Gitarre etwas vorspielen. Die Frauen wackeln aufmunternd mit den Hüften, sie wollen tanzen. Au ja, und die Kinder springen an mir hoch. Bitte, spielen soll ich… dabei kann ich doch gar nicht. Und das bedaure ich in diesem Moment zutiefst. Zum Üben habe ich die Gitarre mitgebracht, heimlich, allein, irgendwo am Strand… aber das kann ich ihnen alles nicht sagen.

Abends ist der Raum stickig und heiß. Ich kann nicht schlafen, doch wenn ich die Tür aufmache, überschlägt sich der Hofhund. Der Luftmangel treibt mich aber trotzdem raus. Der Hofhund hat seine Kumpels aufmerksam gemacht, und von höllischem Hundelärm begleitet, schlage ich mich um Mitternacht zum Strand durch. Oh, was für eine schöne Nacht! Das Licht des fast vollen Mondes hat den Strand in eine Schneelandschaft verwandelt. Überall glitzert es. Auf den langen Palmenblättern, den Schaumkronen des Wassers… ich werfe mich mit Schwung rein… und plötzlich glitzert es auch um mich. Wie in einem weißen Funkenregen stehe ich da.

Nach dem ersten Schreck fallen mir phosphoreszierende Algen ein... sowas ist das sicher... und nun mache ich mir einen Spaß daraus. Wieder und immer wieder schütte ich das funkelnde Wasser über mich. Eine Märchenprinzessin bin ich, Diamanten glitzern auf meiner nackten Haut, wie schön, wie wunderschön... Ich juble im Wasser herum, spiele mit mir, bin glücklich und atme tief durch... diese Beziehung zu Mahant... aus, vorbei, die Welt ist herrlich... aber die Geschichte mit dem Mädchen. Da gibt es viel, das ich am liebsten für immer vergessen möchte in bezug auf Mahant... aber diese Geschichte, schmerzhaft und schön... nein, die will ich nicht vergessen und noch einmal bemühe ich meine Erinnerung.

In Mahants Hütte finden manchmal nächtliche Tarot-Gruppen statt. Tarot, dieses uralte Kartenspiel, dessen Bilder die Vielfältigkeit des menschlichen Lebens symbolisieren. Der Frager zieht ein paar Karten und läßt sich aus ihnen die Zukunft enthüllen. Lange dauern diese Gruppenabende. Wir machen anschließend noch Musik, und einige Leute schlafen meist bei uns. Nicht so in dieser Nacht. Alle gehen. Eine junge Frau verabschiedet sich an der Tür, Mahant umarmt sie – und läßt sie gar nicht mehr los. Die beiden stehen da... bewegungslos... immer noch... noch länger. Nanu? Ich werde schon ein bißchen unruhig. Nicht die geringste Bewegung... und trotzdem passiert mit den beiden etwas Ungeheures. Ich sehe es nicht, aber ich spüre es. Energie. Und was für eine! Da fließt ein starker, zärtlicher Strom zwischen ihnen, und wie in einen Kokon gehüllt stehen sie da. Zehn Minuten, fünfzehn Minuten, ich liege inzwischen schon im Bett. Sehen kann ich sie nicht mehr, aber meine Ohren kriegen Elefantengröße. Was ist los??? Ein Geräusch. Die beiden fallen auf eine Matratze. Wieder Stille. Dann ein einziges, sehr, sehr tiefes Stöhnen von Mahant. Auch danach nur Stille... Stille... Stille... ich werde fast verrückt. Diese Stille ist nicht zum Aushalten. Ohhh, ich bin eifersüchtig. In meinem Bauch wühlt heißer Schmerz, brennender, heißer Schmerz. Wenn er nur mal eben mit ihr Liebe machen würde, das wäre okay, das ist kein Problem. Aber zwischen ihnen passiert viel mehr.

Diese außergewöhnlichen Momente totaler Nähe, ekstatischen Einsseins, haben wir beide nur selten erlebt. Und mit ihr hat er das jetzt alles. Lange und intensiv. Ich glühe vor eifersüchtigem Schmerz. Wie Bhagwan es vorschlägt, schaue ich mir meinen Schmerz an, umkreise ihn von außen und denke daran, was er noch sagt: »Liebe ist Freiheit. Alles, was den Geliebten glücklich macht, sollte auch dich glücklich machen.« Jaja, Bhagwan, aber es tut so höllisch weh... Und da passiert etwas. Als kippte der Schmerz an seinem Höhepunkt um, breitet er sich nun schlagartig im Körper aus und ist jetzt... ich weiß nicht... Glück. Das schmerzhafte Glühen hat sich in glückliches verwandelt. Ich liege nur noch da und empfinde Mahants Glück. Weil er glücklich ist, bin ich es nun auch. Es ist nicht zu fassen. Jede Zelle meines Körpers scheint aufzuglühen vor Liebe. In diesen Minuten liebe ich ihn. Heißes, verrücktes Glück ist in mir, selig, schwebend, umfassend. Die Tür klappt. Sie ist weg. Langsam schiebe ich mich zu ihm rüber. Nur einen Satz sagt er: »You know, I'm really very happy.« Und dann schläft er sofort ein. Ja, ich weiß, wie glücklich er ist. Ich bin es auch. Aber wie sehr, wird er wohl nie erfahren. Das Mondlicht fällt in die Hütte. Unnatürlich weiß sieht er jetzt aus. Dunkle Schatten liegen unter seinen Wangenknochen... ausgezehrt wirkt er und sehr erschöpft. Mit den Blicken streichle ich ihn... das Gesicht, den mageren Körper... jede Hautpore möchte ich küssen... er schläft, und wie eine leichte Decke lege ich meine Liebe über ihn.

Dieses Gefühl einer Nacht... dabei bleibt es. Als Mahant am nächsten Abend mit ihr herumturtelt, bin ich wieder eifersüchtig. Und begegne ich ihr später im Ashram, spiele ich zwar lässige Lokkerheit, aber im Grunde kann ich sie nicht leiden. Trotzdem. Ich bin sicher, in dieser Nacht habe ich geliebt. Tief und umfassend, und für dieses Gefühl bin ich dankbar.

38

Noch vor meinem Goa-Trip habe ich mir eine kleine Hütte gekauft. Die steht unmittelbar neben Mahants großer, aber da wohnen jetzt andere Leute drin. Ein bißchen komisch ist das schon... Mein kleines Würfelchen, etwa 3,50 m² im Grundriß, mache ich mir jetzt aber sehr schön. Viele Seidentücher, Bilder, hübsche Dekorationen... ich habe wohl etwas von Mahant gelernt. Und diese Hütte liebe ich nun. Mein kleiner Strohpalast ist sie, meine eigenen »vier Wände«, auch wenn das nur dünngeflochtene Matten sind. Ich flegle mich auf das Bett mit der roten Decke. Es ist nur schmal, aber für mich reicht es. Wie schön ist es, ein Bett für mich allein zu haben! Ich halte die Hütte stets sehr ordentlich, zünde nachts ein paar Kerzen an und spüre der Harmonie nach. Innen und außen... die Zustände bedingen einander. Schon viel eher hätte ich meine eigene Hütte haben sollen. Als Refugium, als Insel, um diesen entwürdigenden Szenen mit Mahant zu entgehen. Etwas Eigenes... das ist so wichtig. Ich denke an Berlin. Da habe ich nie allein gewohnt. Zehn Jahre mit Carlos, und danach bin ich dann zweimal »mit Sack und Pack« zu meinen Männern gezogen. Wie wichtig eine eigene Wohnung ist, merke ich jetzt erst richtig. Wenn ich wirklich erwachsen und unabhängig sein will, ist sie wohl das erste, wonach ich in Berlin zu suchen habe. Und das ist auch gar nicht mehr so lange hin. Nur noch knapp zwei Monate. Aber die letzte Zeit hier will ich nutzen. Viel meditieren will ich, viel alleine sein, in Ruhe und Gelassenheit soll das Poona-Jahr ausschwingen...

Aber wieder mal kommt alles ganz anders.

Zunächst einmal habe ich, als Abschiedsgeschenk an mich, noch zwei Gruppen gebucht. Die erste heißt einfach »The Body«, der Körper, und das ist kein Zufall. Bhagwan redet immer wieder über das Akzeptieren. »Akzeptiere dich, wie du nun mal bist, so wie du aussiehst, nimm dich an, vergleiche dich nicht, akzeptiere deinen Körper.« Und da hapert's immer noch bei mir. Nach wie vor kreise ich um meinen Körper, ihn aufmerksam beobachtend. Nach wie vor hängen Selbstvertrauen und gute Laune von einigen Gramm mehr oder weniger ab. Schlanksein – gutes Kind, Dicksein – böses Kind. Das ist die tiefe Prägung meines Lebens, und das Poona-Jahr hat diese Rillen im Daseinsprogramm auch nicht löschen können. Wenn ich mich dick fühle, ist es mir unmöglich, mich zu akzeptieren. Dabei bin ich gar nicht dick. Aber schon das hauchfeine Kribbeln meiner Fettballons nach einem Stück Kuchen zum Beispiel reicht aus, um in Depressions-Abgründe zu versinken. Niemand findet mich dick. Nur ich, aber das reicht.

Es gibt Situationen, da sind die Rillen zwar nicht gelöscht, aber ich springe einfach raus. Springe über meine negativen Schatten und veranstalte einen magischen Hexentanz, um mich selbst zu beschwören. In der Disco zum Beispiel. Wie üblich tanzt auch dort jeder für sich allein. Den heißen Rhythmen gibt man sich selbstbezogen hin... und ich mache dann daraus eine narzißtische Supershow. Um die abzuziehen, muß ich allerdings etwas getrunken oder geraucht haben. Ein bißchen Rausch, und ich kann aus den Rillen springen... sie weit unter mir lassen... ich bin frei!!! Ich tanze gut, aufregend und sexy. Und wenn ich spüre, daß ein paar Leute mir zuschauen, wachse ich über mich hinaus... oh, soo groß bin ich dann... Ich tobe herum als superheiße Eule. Wild, erotisch und manchmal sogar ein bißchen obszön... unanständige Bewegungen, raffiniert angedeutet. Ich produziere die heiße Sexshow. Wow, wo das bloß alles herkommt? Aber das ist nur ein Spiel mit mir selbst, eine Geisterbeschwörung der tiefempfundenen Frigidität. Für Stunden entkomme ich mir, finde mich toll und spiegle mich in den Blicken der anderen. Und habe ich mich auch so aufgeführt, als wollte ich dreißig Männer auf einmal vernaschen... nach dem Tanzen verdrücke ich mich schnell und gehe übers Feld allein nach Hause... Daß mich bloß niemand anspricht! Passiert das doch, bin ich kühl und abweisend.

Was ist das bloß für ein kaputtes Spiel?! Sex als Narzißmus, und ich erinnere mich an all die früheren Geschichten. Mit Männern bin ich ins Bett gegangen, um mir zu beweisen, wie toll ich doch bin. In ihnen habe ich mich gespiegelt. Der Sex hat nur im Kopf gesteckt. Der Körper diente als Instrument, um den Kopf zu befriedigen. Und hier passiert eigentlich das gleiche. Nach dieser mehrstündigen Disco-Sexshow liege ich erschöpft auf meinem schmalen Bett und fühle mich sehr leer. Manchmal glaube ich zu explodieren. Da scheint viel Sexualität in meinem Körper zu sein, aber sie ist wie verkümmert. Verzerrt, verbogen, kleingemacht. Wie eine dicke Decke liegt wohl die Angst über ihr und erstickt sie fast. Die Sexualität schreit, sie will raus. Sie tobt im Körper herum, und weil sie keine frische Luft bekommt, zieht sie gequälte Fratzen. Durch winzige Deckenfalten entweicht sie hier und da. Aber die Sexualität ist jetzt entstellt. Häßlich, kraftlos und als solche gar nicht mehr zu erkennen. Alle möglichen Gesichter scheint sie nun angenommen zu haben und zeigt sich in Form von Macken und Neurosen. Das glaube ich jedenfalls, und sicher hat auch meine Esserei damit etwas zu tun. Bhagwan sagt, daß Frauen aus zwei Gründen zuviel äßen. Weil sie sich nicht geliebt fühlen, oder weil sie nicht geliebt werden wollen. Ich würde da gar keinen Unterschied machen. Eins bedingt das andere. Das sind ein paar freudlose Reflexionen nach meinem einsamen Super-Sexspiel in der Disco.

Aber manchmal ist da noch etwas anderes. Da tanze ich nicht so selbstbezogen. Da ist plötzlich mehr... Da ergibt sich Blickkontakt, ein Lächeln, die Energien ziehen sich an, und ähnliche Bewegungen lassen auch psychische Ähnlichkeiten spürbar werden. Für Minuten oder Stunden erlebe ich mit dem anderen ein Abenteuer. Wir wissen nichts voneinander und sind uns doch durch die Bewegungen sehr nah. In ihnen enthüllen wir uns und können dann tief ineinander hineinschauen. Wir sind ehrlich und gestatten uns intime Nähe, trotz körperlicher Distanz. Die schönsten Erfahrungen dieser Art mache ich mit Frauen. Eine kleine Spanierin scheint das Tanzen genauso zu lieben wie ich. Etwas mollig ist sie, hat dunkle Haare, schwarze Augen und trägt Kleidung im exotischen Zigeunerlook. Hmmm... sehr romantisch und feminin sieht sie aus. Selbstbewußt und in sich gekehrt tanzt die schöne Spanierin, mit weichen, ausholenden Bewegungen. Ich bin angezogen von ihr, ich werbe um sie, bewege mich in einer Weise an ihr vorbei, daß sie auf mich aufmerksam werden muß. Sie schaut mich an. Das ist immer der entscheidende Augen-Blick. Diese Sekunde bestimmt den weiteren Verlauf der Beziehung. Aber sie lächelt spontan! Sie ist offen, sie läßt meine Nähe zu. Nicht nur das, ihr scheint diese Nähe zu gefallen! Gemeinsam schwingen wir uns jetzt in unsere Bewegungen ein und gleichen uns aus. Wir gleiten in eine Art Liebestanz. Ich lasse sie kaum aus den Augen, sauge ihre weichen, weiblichen Bewegungen in mich ein und ergänze sie mit meinen. Wir passen uns an, ohne uns aufzugeben. Wie durch viele feine, unsichtbare Fäden fühle ich mich zu ihr hingezogen. Ich spüre sie, mein Körper weiß, wer sie ist. Ich mache sie zu einer Märchenprinzessin. Bewege mich als fordernder Prinz um sie, bewundere sie, fühle mich wie ein Mann. Bezaubert, verzückt und total ihrer Schönheit ergeben. Ein Spiel ist das, dessen Regeln wir beide kennen. In Hingabe füreinander vergessen wir während des Tanzens die Realität. Wir schaffen uns den zärtlich-entrückten Raum des Miteinander. Wir lächeln uns an, fließen durch die Musik ineinander und sind nur im Hier und Jetzt. Wenn das Stück zu Ende ist, gehen wir aufeinander zu, umarmen uns, küssen uns vielleicht auf die Wange... und trennen uns wieder. Vielleicht werden wir nochmal miteinander tanzen... vielleicht.

Ab und zu kommt es zu solchen Begegnungen, und wie gesagt, die erotischsten dieser Art sind die mit Frauen. Wie aufregendes Neuland ist das. Noch nie betretene Räume der weiblichen Nähe tun sich auf. Eigentlich habe ich tiefes Mißtrauen gegen Frauen. Durch meine Körperfixierung fühlte ich mich lebenslang anderen – vor allem schlankeren – Frauen unterlegen. Und habe sie instinktiv gemieden. In Gruppen hatte ich viel Körperkontakt, und langsam bauten sich da wohl Gefühle wie Neid und Mißtrauen ab. Außerdem lernen wir, in den Gruppen-Duschräumen sehr selbstverständlich mit unserer Nacktheit umzugehen. Eine Szene dort werde ich nicht vergessen. Das passierte gleich zu Beginn meiner Poona-Zeit. Eine junge Frau steht neben mir unter der Dusche. Sie hat gerade ihre Periode. Ein kleines Schleimhautstückchen rutscht über die Innenschenkel das Bein hinab und dann in den Abfluß. Dort bleibt es hängen. Sie stubst mit dem Zeh ein bißchen nach und spült sich dann noch mal ab, das Bein dabei etwas auswärts drehend. Dann führt sie rasch einen neuen Tampon ein, und die Sache ist erledigt. Ganz nebenbei habe ich das alles registriert... und plötzlich ist das wie ein Erkenntnisschlag: Es ist ja alles dasselbe! Genauso würde ich das machen. Oder habe es schon so gemacht! Es ist alles dasselbe. Bei mir so wie bei anderen Frauen. – Im Grunde ist das eine banale Geschichte, aber auf diese Weise summieren sich die Erfahrungen. Den anderen Frauen geht es wohl ähnlich, und allmählich verlieren wir unsere mißtrauische Distanz. Es ist einfach wunderbar, wie offen und zärtlich sich Frauen im Ashram begegnen können. Wir umarmen uns, wir kuscheln uns aneinander und genießen unsere gegenseitige Weichheit. Die Zartheit der Wangen und die Wärme des Gefühls.

Meine »Body«-Gruppe beginnt, und es ist erstaunlich. Alle Frauen außer einem jungen Mädchen mit Babyspeck sehen aus wie Mannequins. Das ist selten. Meist sind die körperlichen Erscheinungsformen so vielfältig wie das Leben selbst. Zu Beginn bin ich deprimiert und muß mich mit Neidgefühlen auseinandersetzen. Irgendwie schaffe ich das dann auch. Zumal ich sehe, daß auch schlanke Frauen psychische Probleme haben. Nie konnte ich mir das vorstellen. Wer schlank ist, wer einen schönen Körper hat, *muß* einfach glücklich sein. Was sonst?

Diese Gruppe läuft über zehn Tage und ist nicht »residential«. Das heißt, sie ist gegen fünf Uhr zu Ende. Die Gruppe hat verschiedene Inhalte: Tanz und Bewegung, Massage und abschließend Bioenergetik, wobei die Reihenfolge aber variieren kann. In meiner Erinnerung ist aber doch nur die Erfahrung eines Vormittags sehr lebendig.

Neben den vielen schönen Mädchen gibt es auch einen bemerkenswerten jungen Mann. Er ist etwa 22 und schaut sehr ernst und gesammelt drein. René heißt er, kommt aus Luxemburg und spricht deutsch mit einem weichen Akzent. René ist schlank und hat sehr lange Beine. Wenn er tanzt, erinnert er an einen graziösen Storch, der sich im Teich einer Liebesbalz hingibt. Samtig-braun ist er am ganzen Körper, weich und verhalten sind auch all seine Bewegungen.

Wir lernen massieren auf Ashram-Art. Zärtlich, ohne starken Druck, wobei der Masseur eine bestimmte Vorstellung haben muß. Nämlich, durch die Hände auszuatmen. Dadurch entsteht ein Energiekreislauf zwischen den Partnern. Auf diese Weise massiert zu werden, ähnelt dem Schweben auf rosa Wölkchen. Während der drei Massage-Tage wird der Körper in Sektionen aufgeteilt, und an diesem Vormittag sind die Beine dran. Die meisten Handbewegungen beginnen am Bauch. Über die Oberschenkel verlaufen sie dann schließlich zu den Füßen. Aber der Bauch ist als Körper- und Gefühlszentrum besonders wichtig. Der Masseur legt seine warmen Hände rauf, atmet entsprechend, läßt sie in Uhrzeigerrichtung langsam kreisen und zieht diese Bewegung dann zu den Oberschenkeln. Alles passiert mit größter Aufmerksamkeit und liebevoller Hinwendung zum Partner.

Mein Partner ist René. Ich mag ihn, seine Berührungen sind mir angenehm, und ich schließe wohlig die Augen. Schöne Berührungen gibt René mir. Weiche, zärtliche, sich verströmende. Die Berührungen eines jungen Mannes ohne sexuelle Vibrationen sind das, ohne Forderungen, ohne Erwartungen. Ich bin sehr rezeptiv, ohne Schuldgefühle kann ich ihn annehmen. Ohne innerlich »auf dem Sprung« zu stehen, nun auch sofort das Empfangene zurückgeben zu müssen. Wie ein Baby fühle ich mich, geliebt und gestreichelt. Voller Vertrauen lasse ich mich tief in diese Empfindungen gleiten.

Die Reinheit seiner Berührungen erschüttert etwas in mir. Tränen kullern aus den Augenwinkeln, und ich spüre Trauer. Trauer, daß da soviel in meinen Beziehungen schiefgelaufen ist. Dieser schlimme Anfang, brutal und schmutzig. Voller Kälte und Verzerrung die frühen Jahre nach der Vergewaltigung. Häßlicher Sex ohne Liebe und Zärtlichkeit. Und ich hab' solche Sehnsucht nach einer heilen Welt der Gefühle. Dahin möchte ich, wo alles klar und sauber ist. Und vielleicht habe ich mich so oft zu jungen Männern hingezogen gefühlt, um einen schönen, liebevollen Anfang nachzuerleben? Aber sowas ist Illusion. – René berührt mich, und neben meiner Trauer ist auch Glück. Ich spüre, was mir in all den Jahren immer gefehlt hat. Was ich nicht zugelassen habe, wovor ich mich eigentlich fürchtete. In Sex bin ich gegangen statt in Zärtlichkeit. Und habe mich damit ständig selber betrogen. Ich bin erschüttert. Renés sanfte Berührungen sind zu einem Sprengkörper geworden, der eine tiefe Bresche in meine Schutzmauern schlägt. Wehrlos liege ich da, aber ich habe keine Angst. Renés Zärtlichkeit fließt durch die Bruchstelle, und ich lasse sie zu. Ich nehme sie an und bin voller Vertrauen.

Während der Mittagspause fahre ich mit meinem Rad zum Ashram. Mit diesem alten Gestell scheine ich immer noch durch Wölkchen zu schlenkern. Sehr leicht fühle ich mich, wie ein glückliches Federchen, und die Dusche streichelt jetzt noch zusätzlich meinen Körper. Dreimal duschen am Tag ist nun wirklich notwendig geworden. Sparsam zwar, das Wasser wird sehr knapp, aber die Hitze zwingt zu häufigen Abspülungen. Anfang Mai ist es jetzt, und der indische Sommer zeigt sich in heißer Pracht. Nach dem Duschen trödele ich noch ein bißchen im Ashram herum und höre in Bhagwans Tape-Lecture. Jeden Nachmittag werden ältere Lectures in der Buddhahall wiederholt. Sie sind sehr beliebt, nicht zuletzt, weil viele sich von Bhagwans Worten in einen sanften Mittagsschlaf wiegen lassen. Ich mach' das auch immer so, aber heute darf ich nicht einschlafen, ich muß zur Gruppe zurück.

Diese Erfahrung vom Vormittag hat mich dem René sehr nahegebracht. An mir ist es jetzt, ihn zu massieren. Ich habe den Wunsch, ihn zu beschenken, ihm all das Schöne auch zu geben... und schon wieder ein bißchen mehr. Ich kann es einfach nicht lassen. Hat mich seine Reinheit berührt, sein zärtliches Geben ohne Nebengedanken... krauchen die jetzt schon wieder durch meinen Kopf. So blütenrein wie seine Massage ist meine am Ende nicht mehr. Im Gegenteil, ganz schön sexuell ist die nun. Und eigentlich will ich diese Begegnung nun doch wieder auf konkreterer Ebene weiterführen. Sex – da kenne ich mich aus, da fühle ich mich sicher… Mit der Zärtlichkeit kann ich wohl noch nicht umgehen. Vielleicht erschreckt sie mich sogar und macht mich hilflos, ich weiß nicht… René spürt, was ich will und zieht sich scheu zurück. »Es gibt Frauen, von denen fühle ich mich vereinnahmt. Und bei dir ist das so.«

39

Neben der Gruppe habe ich auch gerade eine sehr seltsame Beziehung zu einem jungen Mann. Achtzehn ist der erst. Aber die Sache mit dem Vereinnahmen sieht da gerade umgekehrt aus. Jedenfalls finde ich das. Ich habe ihn schon während meiner Mahant-Zeit kennengelernt. Dicht neben unserer Hütte, auf der anderen Seite, die flußwärts gewandt ist, steht die »Pyramide«. Das ist eine große, pyramidenförmige Zeltkonstruktion, bei der nur die unteren zwei Drittel mit Tüchern bespannt sind. Innen liegen wir nachts auf Decken und können in die Sterne schauen. Oder wir schauen uns an, reden miteinander, rauchen oder schmusen ein bißchen. Tee gibt es und viele Musikinstrumente. Die Stimmung ist lässig-sanft.

Eines Nachts fällt mir Aman auf. Was der alles spielen kann! Gitarre, Flöte, und unter seinen Händen vibrieren die Bongos in aufregenden Rhythmen. Ich bin hingerissen. Leute, die Musik machen können, sind für mich sowieso die Größten. Dazu sieht er bezaubernd aus. In seinen dunklen Augen glitzert das Kerzenlicht, und die langen schwarzen Haare schütteln sich durch seine Bewegungen auf der Schulter. Wie ein junger Gott sitzt er da, in seiner scheinbaren Vollkommenheit. Und so ein männlich-schönes Prachtexemplar will ich nun auch kennenlernen. Ich schiebe mich in den Kreis um ihn, und als eine Bongo frei wird, trommle ich mit. Ich suche seinen Blick, lächle ihn an… die Rhythmen verbinden… der Blickkontakt wird intensiver… wir gefallen uns. Schließlich geben wir die Instrumente weiter und rutschen aus dem Kreis in eine dunklere Ecke. Dort treiben wir die üblichen Ashram-Energiespielchen miteinander: Handflächen berühren, mit geschlossenen Augen der energetischen Fingerspitzenladung nachspürend. Wir erfühlen gegenseitig die Pulsation des »Dritten Auges«, eines Energiezentrums über der Nasenwurzel. Er gleitet mit den Händen über meinen Körper, ohne ihn zu berühren. Trotz geschlossener Augen spüre ich genau, wo sich die Hände befinden. Umgekehrt ist das genauso, und wir verlieren uns aufgeregt in einen langen, intensiven Energieaustausch. Mit Bedauern sieht Aman mich schließlich doch mit Mahant abziehen. Wo es doch so vielversprechend anfing zwischen uns... Aber Energie hin oder her. Zu jener Zeit bin ich noch viel zu abhängig von Mahant, um eine Nacht in Amans Hütte ernsthaft zu erwägen.

Danach begegnen wir uns öfter. Eine Mondscheinnacht verbringen wir auf einem Brunnenrand, und die Energien wabern wieder ganz schön. Aber wir reden auch miteinander. Von seinem depressiven Vater erfahre ich. »Er ist in London ein bekannter Therapeut, aber er hat selber eine schwere Macke«, findet Aman. Als Kind habe er alle Dinge zerbrochen, unabsichtlich, aber der Vater beschuldigte ihn: »Du machst alles nur kaputt, weil du beschimpft werden *willst*.« Ich staune. Aber der Vater wird schon recht haben. Wenn er dem Jungen sonst keine Aufmerksamkeit gibt, versucht der es eben auf diese Weise. »Die Mutter war auch nicht besser«, sagt Aman. »Beide waren sehr unglücklich miteinander und haben sich durch ständiges Herummeckern und Kritisieren an mir entladen.« Bei den Eltern seiner Schulkameraden frißt Aman immer die Kühlschränke leer. Zu seiner Beliebtheit hat das wohl nicht beigetragen. »Oh Mann«, stöhnt er. »Ich wurde überall dermaßen gehaßt, das kannst du dir überhaupt nicht vorstellen.«

Nein, ich kann es mir nicht vorstellen. Er ist doch so süß, finde ich. So schön, so musikalisch. Aber wenn ihn auch alle gehaßt haben... ich mag ihn dafür um so mehr... und streichle ihn zärtlich. Der arme Aman. »Also, ich finde dich wunderschön.« Mahant ist weg, ich bin wieder allein, und es gibt nun keinen Grund, ihn nicht doch mal in meiner Hütte zu beherbergen. In dieser Nacht erlebe ich Erstaunliches. Nichts da mit Zärtlichkeit, mit sensiblen Energiespielen. Ich erfahre ihn unglaublich hart. Hart fühlt sich sein Körper an, hart sind seine Vibrationen, und wo er hinfaßt, »wächst kein Gras mehr«. So ähnlich geht das auch weiter. Beim Betreten der Hütte reißt er die Tür fast aus den Angeln, die Kette fliegt ins Unkraut, und ich muß lange nach ihr suchen. Er wirft sich auf die Hängematte, sie knallt runter. Oder er wirft sich aufs Bett, dann folgt ihm das Moskitonetz, und er wühlt sich wieder heftig darunter hervor. Seine Sandalen, die Tasche, irgendwelche Sachen pfeffert er irgendwohin, und im Nu ähnelt die kleine Hütte einem Schlachtfeld.

Mit fast wissenschaftlicher Neugierde schaue ich mir das zunächst nur an. Dieser Widerspruch zwischen dem ersten Eindruck und dem, was er nun tatsächlich liefert, ist wirklich gewaltig. Drei Tage später steht er mit Sack und Pack vor meiner Tür. Seine Hütte sei zusammengebrochen. Er wolle sich eine neue bauen, ob er wohl solange bei mir wohnen könne? Ein unangenehmes Kribbeln in der Magengegend warnt mich. Aber wenn ich so direkt angesprochen werde… und weil ich dann immer schlecht »nein« sagen kann, sage ich okay. Okay, er kann bleiben. Mit der Ordnung und Trautheit in meiner Hütte ist es nun endgültig vorbei. Ich habe eine Ecke für ihn freigemacht, und da sieht's jetzt aus wie im Mülleimer. Wenn er nachts kommt, knallt er sich zu mir ins Bett, macht sich riesig breit und fängt im Nu an zu schnarchen. Ich krieg' dann kaum noch Luft, kann nicht schlafen und bin sauer. Morgens mache ich ganz schnell, daß ich aus der Hütte komme. Ein letzter Blick zurück aufs Chaos… und ich schließe heftig die Tür von außen. Meine schöne Hütte, mein Plätzchen, mein Heim. Die erste eigene Wohnung meines Lebens. Und nun sowas!!!

Ich grüble finster. Eigentlich möchte ich ihm endlich sagen, daß er seinen Kram nehmen und verschwinden soll. Aber mit dieser Geschichte am Brunnenrand hat er mich richtig wehrlos gemacht. Der arme Junge, niemand hat ihn je geliebt, überall ist er abgewiesen worden… Und nun kann ich doch nicht dasselbe mit ihm machen. Ich weiß doch, wo's herkommt. Ich spüre doch, daß er sich durch all das Kritisieren hart und unsensibel machte. Daß er sich einen dicken Panzer zugelegt hat, um nicht noch mehr verletzt zu werden. Dann habe ich doch auch damals in der »Pyramide« seine Energie erfahren, seine sensible Musikalität. Ganz weich ist er innen. Für seinen Panzer kann er doch nichts. Er ist schuldlos. Ich würde ihm jetzt sicher sehr wehtun mit meinem Rauswurf… Also, ich schaffe es einfach nicht. Ich bringe es einfach nicht fertig, meine Interessen durchzusetzen. Und nicht nur in diesem Fall. Auch früher schon. Bei berechtigten Lohnforderungen, bei Benachteiligungen… immer habe ich den Schwanz eingeklemmt.

Und hier? Mitleid… Helfenwollen… wichtig sein? Hier bläht sich mein Ego auf. Ach, der arme Junge, die Welt versteht ihn nicht… aber *ich*. Toll fühlt sich mein Ego. So unersetzlich… Obendrein hat Aman mir auch noch erklärt, daß ich »the only rock I can lean on« sei… und mein Ego jubelte auf. Nützlich sein, wichtig sein, der einzige Halt für jemanden… Mein Ego konnte sich kaum einkriegen, aber nun ist es in seine eigene Falle getappt. Ich sehe meine Situation, aber wie komme ich da wieder raus? Langsam bin ich nämlich wirklich am Ende. Ich will wieder allein sein, und das ist zur fixen Idee geworden. Ich will endlich wieder allein sein!!! Mach, daß du rauskommst!!! Aber so kann ich ihm das natürlich nicht sagen. Nein, sehr lieb werde ich heute abend zu ihm sein, ihm die Situation erklären, freundlich, so daß er nicht verletzt ist... Ich denke mir einen feinfühligen englischen Vortrag aus. Den übe ich andauernd und nehme all meinen Mut zusammen, als es draußen raschelt.

Zu jenem Zeitpunkt liege ich schon im Bett. Er rutscht mit Schwung dazu... und strahlt mich an. Sehr offen ist Aman heute ausnahmsweise mal. Er hat etwas Schönes erlebt und erzählt es mir begeistert... Ich höre zu... in seinen dunklen Augen glitzert das Kerzenlicht... wie ein Engel sieht er aus... Und der Vortrag, wohlgeübt, verkraucht sich beschämt vor so viel jugendlicher Schönheit. Unmöglich, ich schaff' das einfach nicht! Wir reden miteinander und sind uns so nahe wie schon lange nicht mehr. Und aus dieser zärtlichen Stimmung versuche ich nun gleich noch Kapital zu schlagen .. Er ist so sanft heute, so aufgebrochen... vielleicht klappt es jetzt besser... Es klappt wieder nicht. Auch heute ist er hart und unsensibel, und als ich gerade erst anfangen will zu »essen«, räumt er bereits wieder die Teller ab... »Ich bin müde«, quäkt er ungeduldig und macht sich auf meiner Matratze breit. Nun reicht's mir wirklich. Ich bin mächtig sauer und knalle die Hüttentür wieder mal von außen zu. In mir toben viele Gefühle. Verletztheit, Empörung, sexuelle Frustration... Also, wenn das doch wenigstens klappen würde. Dann würde ich sowieso alles hinnehmen. Den Zustand meiner Hütte, sein Chaos, alles... Aber nichts ist!!!

Heute nacht sieht der Himmel besonders schön aus. Die Milchstraße schimmert geheimnisvoll, und bei so viel Erhabenheit um mich her glätten sich auch meine Zorneswogen. Ich laufe übers nächtliche Feld und kriege ein paar klare Gedanken. Was ist bloß los? Diese Szene eben hat meine Nase noch auf einen anderen Aspekt dieser Geschichte gestoßen. Einerseits sind da dieses verquastete Mitleid und mein Helfersyndrom. Okay. Aber wäre Aman häßlich, hätte er keine sexuelle Attraktion für mich, könnte ich das Helfersyndrom mit der Lupe suchen. Und darunter sehen, wie es mir den Vogel zeigt: »Spinnst du?« würde es mich fragen. Als wäre Mitleid und egoistische Hilfe nicht schon schlimm genug: beides gibt's nur, wenn dabei noch was extra für mich rausspringt. Geschmeichelt habe ich mich gefühlt, als dieser »junge Gott« mir in der »Pyramide« seine Aufmerksamkeit schenkte. Ich wollte ihn haben – und habe ihn auch gekriegt. So viele schöne junge Mädchen gibt es in Poona... und er kommt zu mir. An seiner Schönheit habe ich mich hochgezogen. Wie ein Schmuckstück habe ich ihn vorgezeigt.

Und daß auch eine Freundin Aman mit verzückten Augen »göttlich« findet, hat seinen Glanz für mich nur noch verstärkt. Dieses Schmuckstück, dieser glänzende junge Gott hat meine Hütte in einen Müllplatz verwandelt, sich auf meinem Bett breitgemacht und schnarcht jetzt dort. Und das verzeihe ich ihm am wenigsten. Wenn er mit mir schlafen würde... zärtlicher Sex... mir ist das so wichtig... Wirklich?

Daß in dieser Beziehung bei mir was nicht stimmt, weiß ich ja nun schon. Trotz meiner zahlreichen Abenteuer kann ich die liebevollen, schönen Erfahrungen noch an zwei Händen abzählen. Und hier spiele ich schon wieder mal rum. Sex, um mich vor mir selbst aufzublasen. Wie eine Droge ist das. Je jünger die Männer, desto schöner der Trip. Meine Söhne könnten sie sein, und ich finde das ungeheuer aufregend. So, als hätte ich die ewige Jugend mit Löffeln gefressen, ist mir dann. Als könnte ich der Zeit ein Schnippchen schlagen – und die tiefe Angst vorm Altern unter dem Wust meiner eitlen Aktionen ersticken. Geht der Sex wirklich mal tiefer, so wie mit Mahant, muß ich dafür bezahlen. Sex ist dann gekoppelt mit psychischer Erniedrigung. Was habe ich mir nicht alles bieten lassen um dieser wenigen Augenblicke willen. Aber war es wirklich nur das Glück der wenigen Augenblicke? Ich bin tief verwirrt. War es nicht viel mehr die Sehnsucht nach Abhängigkeit? Die Lust am Leid? Abhängigkeit von Sex, als Ausdruck von Masochismus? Ich sei jemand, der sich sein Leben lang das Messer ins Herz gestoßen hätte, sagte Rajen damals nach der Samapan-Gruppe zu mir. Ich fühle, daß wieder mal alles in Beziehung zueinander steht, daß sich die Verhaltensweisen gegenseitig bedingen. Aber heute Nacht blikke ich da nicht mehr durch. Müde bin ich jetzt, gehe zur Hütte zurück und versuche Aman zur Seite zu schieben. Der brummelt unwillig, und ich kämpfe zäh um ein bißchen Raum für mich.

Diese Geschichte schleift sich ungeklärt dahin. Aus meinem Bett habe ich ihn nun aber doch geworfen. Er schläft im Schlafsack auf dem Boden oder zieht es gelegentlich vor, gar nicht zu erscheinen. Das ist mir sehr recht, aber die Tatsache, daß er jeden Augenblick kommen *könnte*, macht mich richtig krank. Doch ich sage nichts... Ich fresse den Ärger in mich hinein und hasse ihn jetzt genauso wie all die anderen, die das je taten.

Als die ersten Gewitter über uns hereinbrachen, die Vorboten des kommenden Monsuns, will ich mir seine Gummijacke leihen. Die kriege ich aber nicht. Die ist nun wiederum für einen Freund. In diesem Moment lodert mein Haß hoch auf. ›Dieses Arschloch, ausgenutzt und belästigt hat er mich. Wochenlang! Aber nicht mal diesen kleinen Gefallen tut er mir. Für die letzten Tage muß ich mir nun noch einen Scheiß-Regenmantel kaufen, obwohl ich pleite bin! Theatralisch ziehe ich Amans Jacke aus, knalle sie ihm vor die Füße und rausche beleidigt ab. Vor Wut über mich selbst, könnte ich mir später in den Hintern beißen: Wieder habe ich nichts gesagt. Nur beleidigt war ich. Verdammt noch mal, nur beleidigt, genau wie meine Mutter!!!!!!!!

40

Mit der Erwähnung des Regens habe ich zeitlich etwas vorgegriffen. Jetzt, Mitte Mai, scheint die Sonne noch strahlend vom wolkenlosen Himmel. Noch sind die Nächte warm, noch glitzern hell die Sterne. Über »Prems« zum Beispiel, dem indischen Gartenrestaurant. Es liegt an der Peripherie des Koregaon-Parks, dahinter dehnen sich die Felder, und für viele Hüttenbewohner ist »Prems« zu einem Treffpunkt geworden. Mister Prem fing ganz klein an. Kochte in seinem flachen Steinhaus für Sannyasins, denen schmeckte das, und seitdem läuft der Laden. Schwerreich ist Mister Prem inzwischen geworden. Im Vorgarten stehen Tische, aber bezahlt wird im Haus. Dazu stellt man sich mit vielen anderen Sannyasins in eine lange Reihe und bekommt an der Kasse für das Gewünschte eine Nummer. Damit setzt man sich in den Garten, und nun geht alles schief. Wie die aufgescheuchten Hühner fegen die Kellner zwischen den Tischreihen umher, beständig laut Nummern aufrufend. Die Sannyasin plaudern vor sich hin. Niemand paßt auf. Und das Rufen steigert sich gelegentlich zu Verzweiflungsschreien. »Verdammt noch mal, wer hat denn nun endlich die Nummer 102!?« Jetzt suchen alle mit. Über die Tischreihen hinweg fragt man sich. Schließlich schlendert die Nummer 102 aus der Toilette. Hat nichts gehört. Aber andere hören auch nicht hin, und so ähnelt das Servieren einem gewaltigen Bingospiel. Nummer 211? Ich!! Gewonnen!!! Und es ist wirklich ein Glückstreffer, wenn das Bestellte endlich vor einem steht. Meist ist es aber gar nicht das Bestellte. Oder es fehlt die Hälfte, oder es ist kalt und schmeckt nicht. Zu »Prems« zu gehen, ähnelt einem kulinarischen Abenteuer. Man weiß nie, wie es ausgeht. Aber viele scheinen das spannend zu finden. Zum Frühstück und abends nach der Musikgruppe ist es immer sehr voll. Und das Bingo läuft auf Hochtouren. Es ist seltsam, aber ich liebe »Prems« sehr. Mir gefällt diese Im-Perfektion, diese vielen kleinen und großen Pannen. Ich mag die Stimmung unter den Sannyasins. Besonders abends, wenn sie nach dem Ashramtag noch mal zusammenkommen.

In einer dieser Nächte lernte ich Tina kennen. Sie ist gerade erst mit ihrem Sohn aus Deutschland gekommen, fragt viel, dies und das, und ich komme mir vor wie ein alter Poonahase. Schließlich weiß ich inzwischen über alles gut Bescheid und habe sogar im Ashram den vollen Durchblick. Als ich ihr am Ende auch noch die Elektronentheorie um die Ohren knalle, ist sie völlig fertig. »Himmel, was für eine Frau«, denkt sich Tina wohl. Sie zieht ein aufmerksames Gesicht und versteht gar nichts. Klein und ein bißchen verschüchtert nimmt sie schließlich ihren Sohn an die Hand und verschwindet. Ich schaue ihr nach. Jung ist sie wohl noch, höchstens zweiundzwanzig, und ich fühle mich sehr erwachsen.

Am nächsten Abend treffe ich Tina wieder. Hübsch sieht sie aus. Nicht mehr so erschöpft wie gestern, und ihre Augen sind blank. Eine runde, koboldhafte Brille hat sie auf der kleinen Nase, und ihre hennaroten Haare sind glatt und lang. Das Auffälligste in ihrem Gesicht ist aber der Mund. Etwas aufgeworfene, volle Lippen. Weich, sinnlich, warm. Ich schaue ihr immer darauf, wenn sie redet. Und heute lasse ich Tina auch mal zu Wort kommen.

Mit 17 wurde sie Fixerin, wahrscheinlich vorbereitet durch Drogen- und Alkoholtrips. Als sie zur Spritze greift, ist ihr Sohn bereits geboren. Vielleicht fühlt sie sich in der Mutterrolle überfordert. »Er hat etwas damit zu tun«, deutet Tina an, und ich verbiete mir weiteres Hinterfragen. Nach kurzer Zeit ist sie völlig zerrüttet, kann ihre Situation nicht mehr einschätzen, und der Junge stirbt fast. Er wird dann von der Stiefmutter betreut. Tina heiratet mit 19, alles wird besser für sie, aber von der Spritze kommt sie erst nach ihrem zehnten Entzug runter. Heute ist Tina clean, raucht nicht, trinkt nicht und sieht so lieb aus, wie ein Mädchen aus wohlbehütetem Hause. Dabei war sie damals gar nicht lieb, eher hart war sie und ist anschaffen gegangen. Es fällt mir schwer, ihr das alles zu glauben. Aber ab und zu spüre ich dann doch noch etwas von dieser einstigen Härte. An der Kasse bei »Prems« wird sie betrogen. Zehn Rupien fehlen, und wo ich mich gleich – ärgerlich – gefügt hätte, wird Tina zu einer Furie. Sie kämpft um ihr Geld, daß ich nur staunen kann. »Donnerwetter! Eine Glanzleistung war das«, gratuliere ich ihr. Tina lächelt nun wieder lieb. Daß wir uns jetzt immer noch abends bei »Prems« sehen, wird zu einer Art Ritual. Schon lange vorher freue ich mich auf sie. Wir fliegen uns in die Arme. Halten uns fest. Ich spüre ihren schmalen Körper und fühle mich sehr geborgen. Wie zwei alte Freundinnen sitzen wir dann da und tratschen. Dies und das, und vor allem natürlich über die Männer. Seltsame Typen hat sie. Das heißt, Tina »hat« sie gar nicht, sie tut nur immer so, als wollte sie die Männer haben. Kleine, zarte Jungs sind das, hilfebedürftig, schutzsuchend, und Tina findet die toll. Sie verliebt sich. Aber passieren tut nie was. Unter Liebesschmerzen rennt sie ihnen hinterher. Sie breitet opfernde Mütterlichkeit vor ihnen aus, aber die Knaben wollen die jetzt gar nicht von ihr. Wenigstens nicht so richtig, und Tina ist laufend unglücklich.

Leicht hat sie's sowieso nicht. Ihre Geldüberweisung ist irgendwo auf der Strecke geblieben. Sie borgt sich durch, und dann hängen auch noch ihre Knaben an diesem Geld. Tina hat eine Hütte am Fluß geschenkt bekommen. Die steht an einem Abhang. Um den Eingang zu erreichen, muß man noch einen kleinen steilen Hügel erklimmen. Als der erste Regen kommt, ist der Hügel zur Schlammrutschbahn geworden, und der Weg zur Hütte ähnelt einem Moorbad. Die Wohnsituation wird jetzt unmöglich. Vor allem ist da noch das Kind, und kurzentschlossen zieht Tina um. Sie hat eine Wohnung in Poonas Nachbarort aufgetrieben, und ich staune. Um diese Zeit ist es nämlich ausgesprochen schwierig, noch Wohnraum zu bekommen. Viele Hütten wurden durch den Regen ruiniert, und bei »Prems« sitzen Leute, die morgens noch nicht wissen, wo sie abends schlafen werden. Allerdings hat Tina sich in der Wohnungsangelegenheit mit einer Frau zusammengetan, die Geld hat. Tina hat nichts, die Frau bezahlt. Dafür schleppt sie auch andauernd Typen an, und Tina ist völlig entnervt. Über sowas reden wir bei »Prems«. Wir stecken die Köpfe zusammen wie Schulmädchen und sind uns sehr nahe. Es tut ihr gut, sich ein bißchen das Herz auszuschütten, und mir nötigt die Tina Hochachtung ab. Wie tapfer sie ist! Mit welcher Würde sie dieses Chaos erträgt!

Im Laufe unseres Kennenlernens haben sich die Zeiger auf der persönlichen Stärkeskala ganz schön verschoben. Wuchtig bin ich aufgetreten, stark und ein bißchen herablassend. Lehrerin habe ich gespielt. Was ich nicht wieder alles wußte! Verwirrt ob meiner Größe zog sie ab, und nun sieht das alles gerade umgekehrt aus. Die Tina ist so weich, so liebevoll und mütterlich, daß ich mich wie ein kleines Küken unter ihre flauschigen Flügel kuscheln möchte. Ich tue es auch. Sie nimmt mich jedesmal auf. Als ich Liebeskummer habe, streicheln mir ihre sanften Federn tröstend die Tränen aus dem Gesicht, und ich fühle mich geborgen.

Nur einmal gestattet sie sich, nicht stark zu sein. In der Nacht regnet es wieder. Obwohl das Wasser zentimeterhoch am Eingang steht – es hat auch Aman endgültig vertrieben –, ist mein Bett noch einigermaßen trocken. Ich liege da und höre auf das Klopfen des Regens. Gar nicht traut ist dieses Geräusch, gar nicht lauschig wie sonst. Bedrohlich ist es. Geradezu feindlich. Noch hält das Zeltdach, noch geht es. Aber schon morgen kann meine Hütte unbewohnbar geworden sein. Es ist fast Mitternacht. In den Halbschlaf schiebt sich mein Name. Jemand ruft ihn, einmal, zweimal. Dann kapiere ich, daß da draußen Tina steht. Im gleichen Augenblick ist mein Körper voller Süße. Es hört sich seltsam an, aber ich kann es nicht anders beschreiben. Ein süßes Glücksgefühl hat sich schlagartig ausgebreitet. Ich erkläre ihr, daß die Kette nur locker umgelegt ist. Sie kommt rein und zieht sich im Dunkeln aus. Nicht mal die Kerze kann ich anzünden, in all der Feuchtigkeit funktioniert kein Streichholz mehr. Aber das ist auch nicht nötig, sie kennt sich in meiner Hütte aus und schiebt sich zu mir ins Bett. »Ich bin geflüchtet«, erklärt sie. »Fünf Typen drängeln sich auf meiner Schlafstatt, und die Spannungen dort sind unerträglich. Ich halte das einfach nicht mehr aus... « Anfangs spricht sie noch beherrscht, aber die letzten Worte kann ich kaum noch verstehen. Sie weint. Fast lautlos. Ich lege meine Arme um sie und spüre, daß ihr schmaler Rücken von innerem Schluchzen geschüttelt wird. »Meine Kleine«... ich drücke sie zärtlich an mich. »Das war alles zuviel für dich, deine Nerven machen da nicht mehr mit... « Sie weint nur. Ich sage nichts mehr, was sollte ich jetzt auch sagen? Und in meinen Armen schläft sie schließlich ein wie ein Kind.

Ich kann nicht schlafen. Der Regen trommelt aufs Dach, und ab und zu spritzt ein Tropfen warnend in mein Gesicht. Die Strohwände sind naß, und wo die Matratze anliegt, hat sie bereits Feuchtigkeit aufgesogen. Ich schütze Tina, so gut es geht. Schlafen soll sie wenigstens, um für ein paar Stunden ihre Situation zu vergessen. Sie schnauft ein bißchen und hat sich breit gemacht. Aber jetzt kann ich das ertragen. Ich drücke mich sogar an die feuchte Strohwand, um ihr Raum zu geben – und fühle mich sehr gut dabei. Mütterlich fühle ich mich, voll Zärtlichkeit. Da mag es so drohend regnen, wie es will, die Feuchtigkeit unangenehm sein. In mir ist Licht und Wärme.

Mit der Mütterlichkeit ist das ein bißchen schiefgegangen in meinem Leben. Mit dreiundzwanzig wurde ich noch mal schwanger. Die Natur hatte mir damals ein Schnippchen geschlagen, es passierte völlig außer der Zeit. Eine Ski-Liebe war das. Sieben Tage heftiges Glück, und danach wollte er sich nicht mehr erinnern. Ich eigentlich auch nicht. Und der Gang zum Arzt war dann sehr einsam.

Trotzdem fand ich damals, daß der richtig war. Während dieser zehn Jahre mit Carlos haben wir nie ernsthaft ans Heiraten gedacht. Diese Vorstellung erfahre ich nämlich immer als sehr bedrohlich! Und an ein Kind dachten wir auch nicht. Manchmal keimte da so eine Sehnsucht auf. Ein Baby wollte ich im Arm haben, kuscheln, lieben... aber etwas in mir warnte mich. Deine Sehnsucht ist nur Sentimentalität, warnte mich das Etwas. Du kannst gar nicht lieben. Du willst das Kind als Ventil für deine frustrierten Gefühle benutzen. Du bist selbst so wenig bei dir, bist chaotisch und zerrissen. Willst du das alles dem Kind mitgeben? Das Etwas hatte recht. Ich wollte eigentlich kein Kind. Egoistisch rotierte ich um mich selber, aufmerksam damit beschäftigt, meine Macken zu hätscheln. Und die hätte das Kind nun ganz sicher mitgekriegt! Das weiß ich nämlich aus Erfahrung!!

Hier im Ashram mache ich eine seltsame Feststellung. Krabbeln mir kleine Kinder über den Weg, spült Haß in mir hoch. Na sowas! Ich wundere mich. Aber ich lasse diesen Haß auch zu, ohne Schuldgefühle zu haben. »Kleine Kinder hat man zu lieben, sonst ist man kein guter Mensch.« Okay, dann bin ich eben kein guter Mensch. Und wenn die nächste Haßwoge anrollt, schaue ich sie mir genau an. Mit Tinas Sohn komme ich klar, ich mag ihn. Warum also dieser Haß bei den Kleineren? Eine Erklärung drängt sich mir sofort auf: Weil ich mich selbst als Kind ungeliebt fühlte, räche ich mich jetzt emotional an den anderen. »Wenn ich nicht geliebt wurde, dann sollt ihr es auch nicht besser haben, ätsch!« Oder dieser Haß hat biologische Gründe, sozusagen. Vielleicht ist da doch der tiefe Wunsch nach Mütterlichkeit? Ich habe ihn immer unterdrückt, und nun schlägt er ins Gegenteil um. Ganz nach dem Trauben-Motto: Weil die Trauben zu hoch hängen, weil ich nicht rankomme, sind sie eben zu sauer. Ich will sie gar nicht, basta. Meine Gefühle purzeln durcheinander, ich weiß gar nicht. Ich weiß nur, daß Tina in meinen Armen schläft, ein bißchen schnauft und ich sehr glücklich bin.

41

In dieser Zeit überschneiden sich die Ereignisse. Ich habe Tina kennengelernt, und auch meine letzte Gruppe hat begonnen. Eine große Gruppe, eine Supergruppe. Eine 20-Tage-Gruppe, und obendrein heißt die auch noch »Energy«. Toll muß die sein, ich höre mal wieder Wunderdinge, und einer von den wechselnden Therapeuten ist Somendra. Mein Intimfeind – der mir in der »Leela«-Gruppe so fürchterlich zugesetzt hat. Der Hexenmeister wird für drei Tage seine Energie in die Gruppe geben, und ich habe sie nicht zuletzt seinetwegen gebucht. Bevor ich in den Westen zurückgehe, will ich Somendra noch mal begegnen. Über sechs Monate sind nach der »Leela«-Gruppe vergangen, und ich glaube, daß inzwischen viel mit mir passiert ist. Offener und weicher bin ich geworden, Freunde habe ich, ich werde gern gesehen, oft umarmt und bekomme jede Menge Komplimente. Wie schön ich geworden sei, ein ganz neuer Mensch sei ich jetzt – und eigentlich will ich mir das alles von Somendra bestätigen lassen. Die Wunde war so schmerzhaft damals, und er soll nachträglich seinen Balsam des Liebhabens darüberstreichen. Natürlich ist das wieder ein Ego-Trip, ich sehe das schon... trotzdem.

Kurz vor Gruppenbeginn erfahre ich, daß Somendra in den Westen zurückgehen und als Therapeut nicht mehr auftreten wird. Ich bin mächtig enttäuscht. Dann begegne ich ihm noch mal. Am Hintereingang des Ashrams rennen wir fast ineinander. Ich schaue ihn groß und fragend an – und er lächelt. Die Nachmittagssonne fällt voll in sein Gesicht, die Augen glänzen merkwürdig bernsteinfarben... und er schaut mich liebevoll an. Zärtlich, ermunternd, voller Wärme. Einen Moment dauerte diese Begegnung nur, aber für mich ist sie sehr wichtig. Ich weiß nicht, ob er mich wiedererkannt hat, ob das Lächeln meinen erfreulichen Veränderungen galt. Wahrscheinlich nicht. Sicher galt es dem Mädchen, das in jenem Moment vor ihm stand, das ihm gefallen hat, dessen Ausstrahlung er mochte – und so ist mein Problem mit ihm gelöst. Was ich von ihm wissen wollte, hat er mir in diesen Sekunden gesagt.

Meine Gruppe beginnt... »Energy«... aber irgendwie habe ich heute, nach fünf Monaten, gar keine Lust mehr, das alles aufzuschreiben. Dabei ist doch noch soviel für mich passiert! Und ich wundere mich selbst über die Widerstände. Vielleicht, weil sich die hochgespannten Erwartungen nicht erfüllt haben, vielleicht, weil ich die 20 Tage zu lang fand und im Grunde schon fünf Tage früher ausgestiegen bin. Nicht so richtig, ich war schon noch anwesend, aber in Gedanken eigentlich doch immer woanders. Bei einer großen Hütte am Fluß zum Beispiel. Und bei den beiden Swamis, die dort wohnen. Trotzdem will ich versuchen, das Wesentliche dieser Gruppe zusammenzufassen.

Hmmm... süße Sahne, Cream-Cake... diesmal bin ich glatt durchgerutscht. Die schlimmen Schläge kriegen andere ab. Und ich sitze dabei entspannt in einer Ecke. Nicht hämisch – ich weiß, wie denen zumute ist. Eher voll Dankbarkeit für mein Poona-Jahr bin ich. Ich kuschle mich in viele Arme, fließe von einem zum anderen, und die meisten fließen auch zu mir. Ich habe gelernt, »ja« zu sagen, die anderen anzunehmen. Und vor allem auch jene Swamis, die früher als »zu kleine Fischlein« durch mein Männernetz gerutscht wären. Ich schaue sie nicht mehr als Sexualobjekte an. Menschen sind sie, Freunde, und durch diese veränderte Haltung beschenke ich mich selbst am meisten.

Einmal liege ich halb an die Wand gelehnt, bin nackt und schaue an mir runter. Vielleicht wiege ich jetzt 58 Kilo, ich weiß nicht, aber aus alter Gewohnheit denke ich: »Na ja, 10 Pfund könnten da noch runter... « Ich war nie mit mir zufrieden. Genau im gleichen Augenblick, ohne Zeitverschiebung, sagt da eine deutliche Stimme in mir: »Bist du verrückt, kein Gramm wird mehr abgenommen. Es ist doch alles in Ordnung!« Oh Mann, heiße Freude durchflutet mich. Zum erstenmal in meinem Leben habe ich mich so richtig akzeptiert. *Bei mir ist alles in Ordnung!!!* Glücklich liege ich da und spüre dem Gefühl in mir nach... bei mir ist alles in Ordnung... endlich... alles in Ordnung. »Ja« sagen zu den anderen und zu mir. Ich habe eine neue Qualität in meinem Leben erfahren.

Zum erstenmal kriege ich die Liebe einer Gruppenleiterin. Als dritte Therapeutin kommt sie zu uns. Ein Notnagel sozusagen, weil die planmäßige krank geworden ist. Mit geheimnisvollem Getue wird »the new groupleader« als »Überraschung« angekündigt – so als säße morgen Bhagwan höchstpersönlich in diesem Raum. Er sitzt nicht. Sie sitzt da. Irgendeine junge Frau. Nie gehört, nie gesehen. Aber Bhagwan-Medium ist sie wenigstens. Eine jener Frauen, die beim nächtlichen Energie-Darshan die Sannyasins auf den Trip schicken. Bhagwans Energie fließt dann störungslos durch diese Medien. Aber Medium hin oder her. Ich bin enttäuscht. Als Trost für den entgangenen Somendra und die kranke Therapeutin wollte ich nun wenigstens einen Star bei uns sehen. Ich lasse meinen Unmut an ihr aus. Sie blickt mich aufmerksam an und schlägt mir nach meinem Ausbruch Arbeit vor. Sie will mir helfen, die negativen Gefühle rauszulassen. Wie Somendra hält sie mich jetzt im Arm, drückt an meinen Energiezentren herum, und ich fange wieder an zu schreien. Schön, erleichternd, befreiend. Die anderen machen mit, und schlagartig springt das lahme Energieniveau in neue Höhen. Okay, wenn sie sowas kann, schließe ich Frieden mit ihr. Nicht nur das. Weil sie so natürlich ist, so erdnah, liebe ich sie richtig – und weiß der Kuckuck warum, sie scheint mich auch zu lieben.

Schön findet sie mich, und andauernd bekomme ich Zärtlichkeiten von ihr. Einmal schaut sie mich liebevoll an: »Wie alt bist du eigentlich?« fragt sie. Wir sitzen im Kreis, die Blicke konzentrieren sich auf mich, und ich sage es. Ohne dabei die übliche Spannung im Magen zu haben, die einem schlechten Gewissen ähnelt. Laut und deutlich und frei sage ich es: »Fünfunddreißig«. Sie lächelt, und ich spüre genau eine haarfeine Welle der Ungläubigkeit durch die Gruppe laufen. Später kommt ein junges Mädchen auf mich zu. Sie meint, sich verhört zu haben, und will es noch mal wissen. Ich bestätige die fünfunddreißig. Sie staunt. Höchstens sechsundzwanzig hätte sie mir gegeben – und ich freue mich.

Nach einigen Tagen mit dieser Therapeutin liegen wir uns abschiednehmend im Arm. Ich bedanke mich bei ihr für diese Zeit. Sie drückt mich an sich. »Es war schön mit dir«, flüstert sie. »Wie eine Schwester warst du. Ich danke dir auch.«

Gleich zu Beginn der Gruppe passierte die Sache mit dem Japaner. Schmal, zierlich... auch so ein »kleines Fischlein«. Aber, wie gesagt, über diese selbstgeschaffene Barriere bin ich gesprungen, liege entspannt in seinem Arm... und plötzlich ist da was. Ich erfahre ihn wie René, sanft, völlig aggressionslos, ohne Habenwollen, ohne Nebengedanken. Ich fühle mich so wohl bei ihm. Warum bloß?... Und dann weiß ich es. Er würde nie etwas von mir wollen. Er würde mir nie wehtun. *Nie wehtun!!!* Ich breche in Tränen aus, und weil gerade keine Aktionen laufen, sage ich es auch der Gruppe. Die Tränen kullern mir übers Gesicht, und ich schreie es geradezu raus: »Ich habe Angst vor Sex!!! Angst habe ich vor dem Wehtun. Ich habe Angst!!!« Vor allem die Frauen sind tief betroffen. Ich sage noch dies und das, und die meisten können sich mit mir identifizieren.

Mir scheint diese lautstarke Ehrlichkeit gutgetan zu haben. Geahnt habe ich das schon immer, aber nie gewagt, es auch zuzugeben. Nicht vor den Männern – und vor mir schon gar nicht. Weg damit – damit's bloß keiner merkt. Das gehört sich nämlich nicht. Und jetzt habe ich die Angst rausgeschrien. Vor allen. Vor mir. Und nun ist es fast, als sei der Damm gebrochen. Ich kann der Angst frei begegnen, und sie hat ihre Macht über mich verloren. Jedenfalls ein bißchen. Nur auf diesem Hintergrund ist nämlich für mich zu verstehen, was kurz danach passiert.

Auch diese Gruppe ist nicht »residential«. Meist ist gegen sechs Schluß, und den Abend gestaltet dann jeder auf seine Weise. Ich gehe zur Musikgruppe, sitze bei »Prems«, treffe dort Tina und auch ein paar andere Freunde. Schön ist das. Wie eine Clique. Sowas habe ich früher nie erlebt. Ich verstehe jetzt auch nachträglich meine 16jährigen Schüler, wenn sie von ihrer Clique schwärmten. Ich suche bei »Prems« jemanden zum Reden, und meist ist auch einer da. Wir hocken zusammen. Nach und nach kommen die anderen. Ein trautes Familienglück stellt sich ein. Ein Zusammengehörigkeitsgefühl, eine seltsame Geborgenheit. Obwohl außer fröhlichem Herumblödeln eigentlich gar nichts passiert. Aber das stülpe ich über meine abendliche Einsamkeit, lache mit den anderen und fühle mich sehr jung.

In dieser Nacht bin ich traurig. In meine Hütte ist eingebrochen worden, und außer Kleinkram fehlt der Schlafsack. Den wollte ich noch verkaufen, und die 200 Rupien waren für die letzten Tage schon eingeplant. Pleite bin ich jetzt! Für Mahant habe ich das Geld nur so rausgeschmissen und pfeife jetzt selber auf dem letzten Loch. Ich tröste mich. Na gut, nun gehöre ich wenigstens dazu. Oft klagen Hüttenbesitzer nämlich über Einbrüche, und ich bin vergleichsweise gut dabei weggekommen. Die Aggressionen häufen sich in letzter Zeit ganz schön. Diebstähle, Überfälle – einige Inder wehren sich auf ihre Weise gegen uns. Der Ashram ist eine riesige Provokation für sie, und wir trampeln auch ständig auf den indischen Moralvorstellungen herum. Umarmen und Küssen in der Öffentlichkeit. Frauen tauchen gelegentlich nackt in die Brunnen auf den Feldern, Swamis führen sich wie die ehemaligen Kolonialherren auf. Unsensibilität, Mißverständnisse, und die verschiedenen Kulturen prallen manchmal gewalttätig aufeinander. Trotz allem ist es für mich eher erstaunlich, daß noch so wenig passiert. Ich führe das auf die gleichgültige Langmut der Inder zurück. Die stehen staunend da und wissen nicht recht, wie ihnen geschieht. Aber es brodelt. Und einige teilen uns jetzt schon auf rabiate Weise mit, was sie von den Sannyasins halten.

42

Nun hat's mich also auch erwischt. Ich ärgere mich über den geklauten Schlafsack und will mich bei »Prems« von jemandem trösten lassen. Eine Freundin sitzt da und neben ihr ein Swami. Ganz offen ist er zu mir, strahlt mich an, und ich kriege sehr direkte Vibrationen von ihm. Es ist ganz klar, er will was! Ich spüre genau, falls ich ihm nur den kleinen Finger reiche, frißt er mich mit Haut und Haaren. Vielleicht will ich an diesem Abend auch gefressen werden, ich weiß nicht. Jedenfalls lädt er mich noch zu einem Milkshake in eine andere Bar ein. Ich sage zu – und eigentlich ist die Sache zwischen uns jetzt schon gelaufen. Mein altes Fahrrad bleibt stehen. Zum erstenmal brause ich auf einem Motorrad über die Straßen des Koregaon-Parks, und das ist ein sehr erotisches Gefühl.

Ich mag ihn, den Jacques. Er ist ein Franzose, spricht englisch mit einem starken Akzent, aber den finde ich bezaubernd. Kurze, dunkelblonde Haare, ohne Bart. Ganz ungewohn ist das. Seine Augen haben ein gefährliches Glimmen. Zur Zeit ist es weich und freundlich. Er zeigt sich von der Schokoladenseite, er will ja was. Aber ich kann mir auch vorstellen, daß dieses Glimmen gelegentlich umschlägt. Eiskalt wird es dann sicher sein. Ich spüre, daß er voller Aggressionen steckt, mühsam gebändigt, und manchmal durch seine wilde, disharmonische Klarinettenmusik rausgeschleudert. »Ich habe im Augenblick sehr wenig Zeit zum Spielen«, beklagt er sich. »Ich bin den ganzen Tag nur mit der Hütte beschäftigt. Wir machen sie gerade monsunfest.«

Neben dem Musikventil für seine Aggressionen hat er noch eins. Den Sex. Kaum sind wir in seiner Hütte, kommt er auch gleich zur Sache. Ein bißchen zu schnell geht mir das jetzt doch. Zwar habe ich mich bei »Prems« bewußt auf ihn eingelassen ... Trotzdem. Eine kleine Angst kraucht hoch. Ich erzähle Jacques die Sache mit dem Japaner, und die hört er sich gerade noch an. Als ich ihn sanft streicheln will, als Ouvertüre sozusagen, wird er schon ungeduldig. Und nun sage ich innerlich laut und deutlich »ja«. Die kleine Angst fällt von mir ab, und ich gehe in harten Sex mit ihm. Etwas, das ich sonst gar nicht mag. Heute mag ich es. Ich sage ja, zu dem was da ist – und da ist ganz schön viel. Sowas Verrücktes. Er spinnt! Trotzdem finde ich es herrlich. Harter Sex zum Aus-der-Haut-fahren. Und ganz tief spüre ich diesem Gefühl in mir nach: daß ich es schön finde, daß ich Sex liebe. Genauso laut und deutlich, wie ich in der Gruppe meine Angst rausgeschrien habe, kann ich ihm nun auch das Gegenteil sagen.

Der nächste Morgen ist immer der Prüfstein. Wenn dann noch ein gutes Gefühl da ist, hat die Nacht gestimmt. Es hat gestimmt. In der Hütte rumort es. Frühstücksdüfte wabern zu mir in den ersten Stock. Kaffee, Spiegeleier… vertraut riecht das. Jacques bereitet alles vor, und ich liege mit einem glücklichen Gefühl auf seinem Bett. Stimmen höre ich von unten. In der Nacht ist sein Freund nach Hause gekommen, und wir drei sitzen jetzt da und frühstücken. Ich verrenke mir ein bißchen den Hals, schau mich um: Riesig ist die Hütte, ein richtiges solides Haus aus Holz und Bambus. Rechtwinklig steht sie an einem Abhang, der zum Fluß hinab verläuft. Die Vorderfront des Hauses ist noch offen, und von meinem Platz aus schimmert durch viel grünes Gebüsch das Wasser. Ich fühle mich rundum wohl.

Wir drei plaudern, englisch… französisch… wie's grad kommt. Für den Freund klaube ich meinen verschütteten Sprachschatz zusammen, denn sein Englisch ist ziemlich dürftig. Paritosh heißt er. Dieser Freund ist ein ganz anderer Typ als Jacques. Paritosh hat viele lange, dunkle Haare, einen ebensolchen Bart und helle blaue Augen. Ein klein bißchen schräg stehen die asiatischen Augen in strahlendem Blau. Aber sie schimmern viel sanfter als die Augen von Jacques. Überhaupt wirkt Paritosh sehr ruhig, sehr zurückhaltend, fast scheu – während Jacques wie ein aufgezogener Blechsoldat herumwirbelt. Merkwürdig. Die beiden zusammen! Aber vielleicht brauchen sie sich als Vitalitätsausgleich. Wie auch immer. Es ist ein schöner Morgen. Der Zauber der Umgebung, die Hütte, die letzte Nacht… Alles wird eingebunden in französische Sprachmelodie, und in mir singt ein kleines Lied. Das Lied vom Glück, von der Liebe, vom Leben. Das Lied von der Schönheit des Augenblicks, von Harmonie, von Dankbarkeit. Ich verabschiede mich von beiden und gehe zur Gruppe. Abends werde ich Jacques bei »Prems« wiedersehen.

Wie eine Katze streiche ich zur vereinbarten Zeit die Tischreihen ab. Locker, lässig, und im Bauch ist es sehr warm. Er ist nicht da. Nach außen ziehe ich einen Flunsch, und nach innen weiß ich, daß er kommen wird. Er kommt. Paritosh ist auch dabei. Gemeinsam haben sie was erledigt, und gemeinsam gehen wir drei auch zur Hütte am Fluß. Die Gemeinsamkeit wird dichter. Wir rauchen ein bißchen. Mal streichle ich den einen, mal den anderen, und ich führe jetzt die Regie. Ich mag Paritoshs Ruhe, mag seine Sanftheit, und langsam wird mal wieder alles klar. Ich will was. Von beiden. Die wollen auch, und das große Moskitonetz wird zu einem Schleier, der uns drei einhüllt. Sehr seltsam ist das. Ich erfahre zwei total gegensätzliche Sexenergien auf einmal. Hart, fordernd und stark von Jacques, weich, sanft und zärtlich von Paritosh. Ich kann mit beiden umgehen. Ja, das kann ich, aber trotzdem passiert in dieser Nacht noch was. Ich fühle mich sehr zur Sanftheit gezogen. Der harte Trip von gestern war okay. Gestern. Heute weiß ich wieder, was ich wirklich will. Zartheit, Weichheit. Ich will Paritosh. Morgens verlasse ich die Hütte, gehe zur Gruppe und spüre den Gefühlen in mir nach. Schön war es für uns drei. Trotz aller Gegensätze – aber ich habe mich in Paritosh verliebt. In den Zärtlichen mit den vielen schwarzen Haaren und dem blauen Blick.

Ich freue mich auf den Abend. Um den auch richtig schön zu machen, greife ich tief in die fast leeren Taschen und kaufe eine Flasche Wein. Teuer ist sowas hier. Aber egal. Wenn's mir gut geht, bin ich immer sehr großzügig. Und mir geht's gut, Mann, so ganz richtig gut. Aber ich kriege gleich wieder eins auf den Deckel. Über irgendwelche Kanäle fließen mir die neuesten Nachrichten zu: Paritosh ist heute nicht allein, seine Freundin ist da. Die kennt er schon lange, aber er kommt wohl nicht von ihr los... Mist!!! Mein liebevolles Herzchen krampft sich zusammen vor Schreck. Eine alte Freundin! Was habe ich da noch für Chancen... Oh, warum muß die auch gerade jetzt auftauchen... Klein und traurig sitze ich bei »Prems« herum. Tina streichelt mich mit ihren weichen Gluckenfedern – obwohl sie auch gerade mal wieder unglücklich ist. Wie zwei Schiffbrüchige hocken wir da, geschüttelt von lauter kleinen Unglückswogen. Jetzt kommt Jacques dazu. Meinen Zustand nimmt er nicht recht zur Kenntnis und will dann später sogar noch meine Hütte sehen... Nein, vielen Dank! Ich weiß, was er will, und zu so einer Besichtigung habe ich heute keine Lust. Im Gegenteil, ich sage ihm, daß ich mich in Paritosh verliebt habe. Ziemlich heftig rutscht dann der Stuhl hinter ihm weg, und er geht. Das Glimmen in seinen Augen ist heute gar nicht weich und freundlich. Eiskalt und gefährlich ist es eher. Ich friere ein bißchen.

Drei Tage leide ich vor mich hin. Der Stolz verbietet mir den

Gang zur Hütte am Fluß. Aber Paritosh läßt sich auch nirgends blicken. Er kennt meine Vorliebe für »Prems«, weiß, daß er mich dort finden könnte… Oder sollte er es vergessen haben? An diesem Nachmittag regnet es wieder. Nach Gruppenschluß gehe ich zum Ashram und bin auf dem kurzen Weg bereits total durchgeweicht. Klitschnaß stolpere ich in den Duschraum, sehe mich im Spiegel – und bin ganz betroffen. Meine bauschige Löwenmähne liegt in langen Wellen am Kopf. Wie ein Engelchen sehe ich aus. Die nassen Sachen kleben am Körper... Hey, sexy ist das! So aufregend und sinnlich wie bei all den hübschen Magazin-Mädchen. Mein Busen ist nun aber doch nicht so schön wie bei denen… Ich helfe nach, ziehe ihn höher, und als jetzt das nasse T-Shirt wieder auf den Körper schnellt, sitzt der Busen wie angeklebt. In erträumter Pracht. Ganz jung sieht er aus und ich heute auch. Irgend etwas Zartes ist um mich, etwas Schmales, Ätherisches. Ich weiß nicht, was das ist – aber ich genieße es. Wo ich doch meist zu breit war in meinem Leben… eher eine deutsche Eiche, ein Haflinger Ackergaul... Heute bin ich eine schmale Elfe. Jedenfalls fühle ich mich so, und nun gibt es kein Halten mehr. So soll mich der Paritosh sehen. Auf der Stelle fahre ich zur Hütte, ich will wissen, was los ist!

Wie eine Verrückte trete ich auf mein altes Fahrrad ein. Wasser von oben, Wasser von unten, egal. Zwischendurch kleine Stoßgebete: »Lieber Gott, laß ihn doch bitte dasein, ja? Ich will ganz plötzlich vor ihm stehen, will sein Gesicht sehen, dann weiß ich, was los ist. Bitte, bitte, laß den Paritosh zu Haus sein… wo ich doch heute so schön bin...« Etwa zwanzig Meter vor der Hütte lehne ich das Rad ans Gebüsch, lasse den Atem zur Ruhe kommen und gehe dann zögernd flußwärts. Das Herz klopft bis zum Hals. Die Hütte, die Terrasse, noch ein paar Schritte, und ich stehe da. Schmal, zart, aufgeregt wie ein kleines Mädchen… Beide blicken von ihrer Arbeit auf. Und beide lächeln mich freudig-überrascht an.

Eigentlich reden sie sonst immer nur über die Hütten-Konstruktion. Trotzdem glaube ich aber, daß der Jacques dem Paritosh etwas über meine Herzenswallungen erzählt hat. Meine Zuneigung konzentriert sich auf ihn. Er nimmt sie freundlich-lässig hin. Diese Nacht verbringen wir zu zweit unterm Moskitonetz. Tja, schön ist das schon. Aber nach drei sehnsuchtsvollen Tagen humpelt die Realität den Träumen nun doch mächtig hinterher. Am nächsten Tag weiß ich gar nicht genau, wie ich mich eigentlich fühle. Wahrscheinlich werde ich heute wieder in meiner Hütte schlafen…

Abends ist die Musikgruppe besonders schön. Filmaufnahmen werden gemacht. Irgendwelche westlichen Teams wollen immer mal wissen, was wir denn hier so treiben. Und wir zeigen es ihnen dann auch. Das Toben ist sonst schon verrückt genug, aber an solchen Abenden hebt fast das Dach ab. Im gleißenden Licht der Scheinwerfer finden sich die vielen kleinen und großen Egos besonders toll. Sie drängeln sich vor den Kameras und ziehen sinnlich-entrückte Gesichter. Wow, was sind wir abgefahren! Und die Körper lösen sich auf in Ekstase. Denen zu Hause soll Hören und Sehen vergehen! Früher stand ich bei gleichem Anlaß auch immer da, wo die Lichter am hellsten waren. War die Kamera in der Nähe, hab' ich mich vor Wildheit kaum noch eingekriegt. Heute abend freue ich mich darüber, daß mir sowas nicht mehr wichtig ist. Mit all den anderen, die sich nicht vor den Kameras drängeln, tanze ich ausgelassen herum. Die Stimmung hier in der Buddhahall ist heute wirklich umwerfend. All meine Sinne sind weit offen. Ich sauge die Atmosphäre ein… die anderen… die Musik… alles… alles… Bald bin ich wieder weg, die Tage in Poona sind gezählt. Bald ist alles vorbei… Aber heute, heute tobe ich noch rum. Heute ist es schön. Ich denke an meine beiden Swamis am Fluß, und plötzlich habe ich sie wieder sehr lieb. Die beiden… so gegensätzlich… aber auch in Jacques ist viel Liebe und Zärtlichkeit. Wie er die Vögel im Nest fütterte, seine besorgte Anteilnahme… Mein Herz wird weit vor Zärtlichkeit. Ich will es ihnen sagen. Beiden! Sofort! Auf der Stelle verlasse ich die Buddhahall. Unterwegs kaufe ich zwei Rosen und kann dann gar nicht so schnell radeln, wie ich bei ihnen sein möchte.

Dunkel ist die riesige Hütte. Nur eine Ecke wird vom Kerosinlicht sparsam ausgeleuchtet. Zwei Bambusbänke stehen sich im rechten Winkel gegenüber, davor sind ein paar Steinplatten aufgeschichtet und bilden einen flachen Tisch. Meine beiden Swamis sitzen da, plaudern leise und heben kaum die Köpfe, als ich aus der Dunkelheit trete. Einige Schritte, ich stehe vor ihnen, kniee nieder, sie gucken erstaunt, und dann sage ich es. Sprudelnd, stockend, aufgeregt, englisch, französisch, alles durcheinander. Ich sage, daß ich sie beide sehr mag, daß es wunderschön bei ihnen sei, sage Dankeschön für sonstwas, für alles… ich weiß nicht. Ich will bloß geben. All meine Wärme im Herzen. Mein Glück will ich teilen, mich verschenken, verströmen… Jedem reiche ich über den Tisch seine Rose, hocke dann glühend auf dem Boden und strahle beide an.

Schlagartig hat sich die Stimmung in der Hütte verändert. Als wäre ein Engel durch den Raum gegangen. Ganz offen sind die beiden jetzt und sehen sehr glücklich aus. In langen, zärtlichen Wellen dehnen sich die Stunden dahin. Bierdurst stellt sich ein. Paritosh und ich, wir laufen langsam über das Feld zur anderen Straßenseite. Es ist schon spät. Die bunten Lichter des kleinen indischen Restaurants sind bereits erloschen, aber es gibt doch noch was. Wir setzen uns nebeneinander auf eine Holzbank. Der Mond scheint durchs offene Dach in die Strohwände. In einer dunklen Ecke spielt noch jemand Gitarre, einsam, traurig, schön. Ich lehne mich an Paritosh, schließe die Augen und… ja, ich weiß nicht, die Worte werden knapp… Nachträglich kann ich nur sagen, daß das einer der schönsten Momente meines Lebens war. Ich bin nicht mehr ich. Ich bin im Paritosh verschwunden. Wir beide sind eins geworden.

Dem Jacques bringen wir eine Flasche Bier mit. Unser kleiner Ausflug hat die Dreisamkeit nicht zerstört. Auch nicht mein Erlebnis auf der Bank. Wir fließen weiter miteinander. Ich stehe auf und ziehe mich aus, um ins Bett zu gehen. Es ist so selbstverständlich, daß sich die beiden nun auch erheben. Das Licht wird gelöscht, und die langen, weichen Wellen begleiten uns unters Moskitonetz. Wie die beiden das erleben, weiß ich nicht. Für mich ist das jedenfalls Liebe, was wir drei dort miteinander erfahren. Der Sex wird transzendiert und in eine neue Dimension gehoben. Sex als Ausdruck der Hochachtung voreinander, voller Harmonie, Würde und Dankbarkeit. Ich fühle mich sehr gesegnet.

43

Das war dann wohl die letzte Nacht in meiner Hütte. Das flache Zeltdach hält dem Regen nicht mehr stand, und an vielen Stellen tropft es durch. Das Wasser läuft die Strohwände hinunter. Die lösen sich jetzt langsam auf. Alle bunten Bilder sind zusammengeschrumpft. Fotografien – die von Mahant zum Beispiel – hat der Regen fast unkenntlich gemacht. Auflösung, Zerfall, Zerstörung. Ich sitze grübelnd auf dem Bett, mein Po ist feucht, und schaue mir das an. Etwas Endgültiges vermittelt mir dieser Anblick. Im Regen bin ich gekommen, und im Regen werde ich wieder gehen. Ein Jahr liegt dazwischen. Aber was für ein Jahr! Ich lege meine feuchten Kleider zusammen. Sie riechen muffig. Die Matratze, die Tasche, die Bücher, alles strömt einen fauligen Erdgeruch aus. Ganz wehmütig ist mir. Das ist also das Ende. Das Ende meiner Hütte, die ich mit so viel Liebe eingerichtet habe. Meine erste eigene Wohnung. Wo ich so schön allein sein wollte… und wo dann doch alles anders kam. Fast ist es auch schon das Ende des Poona-Jahres. Nur noch eine Woche. Aber bloß nicht darüber nachdenken… Ich verbiete es mir. Eher bin ich froh, daß ich nun meine Sachen zur Hütte am Fluß tragen kann. Ich baue schließlich noch das Zeltdach ab. Vor »Prems« will ich es verkaufen, jede Rupie ist jetzt wichtig. Nun hat meine Hütte aufgehört zu existieren. Naß und frierend bleiben die Strohwände zurück. Ich verstaue alle Sachen auf dem Fahrrad, schiebe es vorsichtig an, gehe und schaue mich auch nicht mehr um.

Die Gruppe ist zu Ende. Gottseidank! Was außerhalb für mich lief, war alles viel spannender. In den letzten Tagen habe ich mich in der Gruppe oft gelangweilt. So lieb war das immer am Vormittag. Wir kannten uns inzwischen so gut. Wir waren alle so furchtbar nett zueinander. Da knallte nichts mehr, die Leidenschaften lagen in den Ecken rum und streichelten sich gegenseitig träge. Abschließend finde ich, daß der Name »Energy« für diese Gruppe verfehlt war – aber wie immer liegt es an der Zusammensetzung. Andere Sannyasins machen in dieser Gruppe selbstverständlich auch andere Erfahrungen. Heute, am 12. Juni, habe ich Leaving-Darshan. Bevor ich in den Westen zurückgehe, werde ich noch mal in Kontakt mit Bhagwan kommen. Heute abend werde ich in der Reihe stehen, die sich langsam an Bhagwan vorbeibewegt. Er wird mir dann kurz auf die Stirn tippen, auf mein »drittes Auge«, und das wird sein Abschiedsgruß sein.

Wieder wasche ich alles sehr sorgfältig. Mich, meine Mähne, das lange Kleid. Sogar in die Sauna(!) gehe ich um der Geruchlosigkeit willen. Aber es lohnt sich. Fast keimfrei komme ich an und überstehe das Eingangszeremoniell ohne Schwierigkeiten. Es ist mir so wichtig, noch mal in seiner Nähe zu sein. Die Lectures des letzten Monats waren auf Hindi – wie immer hab' ich mich davor gedrückt. Gestern redete Bhagwan wieder englisch. Da ging ich hin, aber nun werde ich noch zusätzlich von ihm berührt werden. Das letzte Mal für lange Zeit. Das Wissen um den Abschied macht mich sensibel. Das letzte Mal... Nur drei Leute nehmen heute abend Sannyas. Das ist außergewöhnlich. Meist sind es acht oder mehr, denen er die Kette mit seinem Bild umlegt. Überhaupt hat schon die große Regenflucht eingesetzt. Obwohl mal gerade wieder die Sonne scheint, ist es doch im Ashram viel leerer als sonst. Das wirkt sich auch heute abend aus. Nur wenige Sannyasins nähern sich ihm, und für die nimmt er sich viel Zeit.

Ich sitze ziemlich weit vorn und kann Bhagwan gut sehen. Wie schön er ist. So zart, so kraftvoll. Ich sauge ihn geradezu ein. Jede Bewegung, jedes Wort. Noch mal in seiner Nähe zu sein... diesen Glückskelch will ich nun auch bis auf den letzten Tropfen leeren. Mein Name wird aufgerufen, aber die Reihe stockt heute. Er nimmt sich, wie gesagt, viel Zeit. Vorn muß ich noch warten, bis ich dann endlich mit geschlossenen Augen vor Bhagwan sitzen darf. Wieder spüre ich seinen Daumen auf meiner Stirn... fange an zu stöhnen. Schluchze. Was ist los? Schluchze stärker, und stärker wird auch sein Daumendruck. Das ist kein Antippen, das ist ein kräftiges Vibrieren, ein gewaltiger Stoß. Ich schreie. Bhagwan ist noch immer da, ausdauernd, intensiv, eindringlich. Dieser Druck auf meiner Stirn... Oh, wenn er doch nie aufhören würde. Die Sekunden dehnen sich. Wie die Ewigkeit. Und er ist da. Bhagwan ist bei mir! Schluchzen, Schreien, kreisender Druck... lange... aber er wird nun doch schwächer. Bhagwan zieht langsam seinen Daumen zurück, und wie magnetisiert folgt ihm meine Stirn. Ich will mehr, kann nicht genug kriegen, es war so schön... Ein Guard hilft mir auf die Füße. Ich hänge in seinen Armen, schaue auf den Boden vor mir und spüre noch mal Bhagwans Blick auf mir ruhen. Ich habe keine Kraft, den Kopf ein bißchen in seine Richtung zu drehen. »Schau ihm noch mal in die Augen«, flüstert etwas in mir. »Tauche in ihn ein…« Aber ich kann nicht. Leere ist in mir, doch Bhagwans Blick umfängt mich wie ein Energie-Schild. Ich fühle ihn am ganzen Körper und gehe sehr langsam durch die Reihen auf meinen Platz zurück.

Da sitze ich jetzt auf dem Steinfußboden und löse mich fast in Tränen auf. Was ist bloß passiert? Er verschwimmt vor meinem Blick, leuchtend, weiß… Oh, Bhagwan. Vielleicht war ich kein guter Sannyasin, hab' deine Lectures geschwänzt, hab' soviel mit mir zu tun gehabt. Ich saß nie in den vorderen Reihen, immer ganz hinten, hab' oft bei deinen Worten geschlafen. Oh, Bhagwan, ich bin nie mit Räucherstäbchen im Mund herumgerannt, nie mit verklärtem Blick. Meditiert habe ich auch nicht viel. Nein, meine Trips habe ich durchgezogen, mein Ego herumjubeln lassen. Du warst da, aber ich war oft ganz woanders. Und trotzdem… nur in deiner Nähe gewesen zu sein… hier in Poona… eben ist etwas passiert mit mir. Die Tränen laufen. Seltsam emotionslose Tränen sind das. Wie Regen, der über die Glasscheibe rinnt und sie blankspült. Ich weine und weine, und in mir ist viel Klarheit. Und Dankbarkeit und Glück und Liebe. Und jetzt weiß ich es: Bhagwan, ich liebe dich.

Nach dem Darshan holt mich Tina ab. Stumm liege ich in ihren Armen – und sie versteht. Fast wortlos laufen wir nebeneinander auf der dunklen Straße zu »Prems«. Ich bin ihr dankbar, daß sie nichts fragt. Tina ist einfach nur da. Ich spüre ihre Nähe, ihre Wärme und brauche keine Sprache, um mich mitzuteilen. Ein kleines Fest ist in der Hütte am Fluß geplant. Bei »Prems« holen wir noch einen Freund ab und gehen dann gemeinsam zu meinen beiden Swamis.

In den letzten Tagen haben sich dort die Beziehungen wieder verschoben. Unsere Dreisamkeit löste sich erneut auf. Jacques hat öfter Jungmädchen-Besuch, und wir beide, Paritosh und ich, spielen Pärchen. Kein leidenschaftliches Pärchen, er ist immer so müde. Im Grunde ist er nur an seiner Arbeit interessiert. Unter seinen Händen wird die Hütte geradezu vollkommen. Er plant, konstruiert und setzt zusammen. Ruhig, gelassen, ausdauernd. Aber da er von morgens bis abends nichts anderes macht, liegt nicht nur die Müdigkeit neben uns auf dem Lager. Tief erschöpft ist er. Manchmal schaue ich ihm eine Weile bei der Arbeit zu. Immer hat er etwas konstruiert in seinem Leben. Ein Sannyasin-Center an der Côte d'Azur, hat Boote gebaut und war viel im Freien. Und man sieht es. Voller Sonne scheint er zu sein. Ich spüre noch den Seewind um ihn. Die viele Arbeit hat den Brustkorb weit und stark gemacht. Schmal sind seine Hüften, braungebrannt der Körper. Die langen schwarzen Haare, der Bart, die blauen leuchtenden Augen... Ein schöner Mann ist Paritosh. Dazu seine Ruhe, seine Zärtlichkeit, seine Erotik. Ein Mann, wie für die Liebe geschaffen – und trotzdem ist er nicht richtig interessiert an ihr. Seltsam. Er liebt seine Arbeit. Er ist bei sich selbst, und was sonst noch kommt – kommt eben. Er nimmt es an. Gelassen, freundlich, aber nicht engagiert. Ich schaue Paritosh zu, sehe ihn körperlich vor mir, und weiß eigentlich gar nichts von ihm. Dreiunddreißig, eine Tochter, geschieden. Ein paar Daten, aber was sagt das schon? Neben seiner natürlichen Schweigsamkeit sind da noch Sprachprobleme. Sein Englisch ist nicht gut, mein Französisch noch schlechter, und die tiefen Gespräche gibt es nicht. Wie zwei Seifenblasen schweben wir durch den Raum. Die Hüllen haben sich berührt, kleben ein bißchen aneinander, und unter der Oberflächenspannung erfahren wir uns als unbekannt. Trotzdem ist das ein interessanter Zustand. Die üblichen Vergangenheitsdarstellungen schaffen auch Vor-Urteile. Aha, so war das also! Demnach ist er dieser und jener Typ. Der Kopf kategorisiert, schablonisiert und bildet sich eine Meinung. Das alles fällt beim Paritosh und mir weg. Seine Probleme kenne ich nicht. Ebensowenig seine Sehnsüchte und Träume. Nur im Jetzt, ganz unmittelbar, erfahre ich Paritosh – und der Kopf schweigt still.

Vielleicht ist es deshalb kein Zufall, daß mir diese tiefe Begegnung auf der Holzbank gerade mit ihm passierte. Zumal da so etwas Ähnliches wieder geschieht. Während der letzten Nächte schlafen wir nicht mehr miteinander. Wir halten uns im Arm, und die Erschöpfung treibt ihn sofort in das Reich seiner eigenen Träume. Bevor wir in dieser Nacht ins Bett gehen, ergibt sich aber doch zum erstenmal ein Gespräch. In der schummrigen Ecke liegen wir uns auf der rechtwinkligen Bambusbank gegenüber, stecken die Köpfe zusammen und reden. Endlich. Ein tiefes Gespräch. Aber interessanterweise kann ich mich an nichts erinnern. Keine Information hat sich mir eingeprägt. Nur das Gefühl der Vertrautheit. Über alle Sprachbarrieren erhebt sich in diesem Augenblick das Miteinander. Und obwohl wir uns intellektuell vielleicht nicht verstanden haben, ist mir diese Nähe schon genug. Er schläft ein. Ich liege neben ihm und höre seinen Atem. Tief und regelmäßig. Vom Fluß her dringen die Geräusche der Nacht. Zahllose Grillen zirpen. Nach kurzer Zeit unterscheide ich Intervalle. Sie rufen sich, sie antworten einander, sie teilen sich mit. Fast ohne Unterbrechung, ihrem eigenen Rhythmus folgend, schicken die Insekten ihr Lied in die Nacht. Die verschiedenen Rhythmen fließen ineinander, überlagern sich, verstärken sich. Kleine Insekten vibrieren. Sie bilden einen Chor, ein Orchester, so als führten sie gemeinsam ein Opus auf. Ein Opus zu Ehren des Lebens. Ich höre, wie ich noch nie zuvor gehört habe. Von allen Seiten kommt es jetzt, hüllt mich ein, summend, beständig, ewig. Mit diesem Geräusch scheint Paritoshs Atem zu verschmelzen... Ohne daß er es weiß, wird er jetzt zu einem Teil dieses gewaltigen Liedes... Und er löst sich dabei auf, für mich. Ich kann es nicht anders beschreiben. Neben mir liegt kein Mann mehr, nicht mal mehr ein Mensch mit allen Assoziationen dieses Begriffs. Die zahllosen Vibrationen der Nacht scheinen sich in seine Körperlichkeit geschoben zu haben und transformieren sie nun in Energie. Neben mir liegt jetzt das Leben selbst. Atmend, seiend. Der zarte Schleier des Moskitonetzes schimmert in der Dunkelheit und wird zu einer schützenden Fruchtblase. Die Geräusche der Nacht haben sich in ihr verdichtet... Und vom Rhythmus seines Atems zart angestoßen, schwebe ich mit Paritosh durch den Raum.

Nun sind schon fast die Stunden gezählt. Mit viel Geld ist das Visum in Ordnung gebracht worden. Mein Fahrrad und das Zeltdach habe ich verkauft. Alles ist klar... Ist wirklich alles klar? Gerade jetzt sagt eine leise Stimme in mir, daß ich noch bleiben müßte. Ein Jahr vielleicht, um die zarten Früchte meiner Veränderungen reifen zu lassen. Wenn jetzt der westliche Frost kommt... Ein bißchen kühl wird mir bereits in der Magengegend. Die hübschen indischen Sachen kaufe ich nämlich bereits wieder auf Zuwachs... prüfe die Nähte der Seidenhosen... werden sie sich auszerren? Ganz tief in mir meldet sich wieder die Angst: »So schön schlank wie du jetzt bist, das wird nicht so bleiben... das kann nicht sein...« Ich verdränge die Angst. Ach was! Ich verdränge die leise Stimme in mir. Ach was! Ich bin jetzt so stark, so gesund, so voller Lebensfreude. Toll wird es wieder werden, im Westen! Einen Job werde ich mir suchen, der mir Spaß macht. Geld will ich verdienen. Eine kleine Wohnung werde ich mir einrichten. So richtig bei mir sein werde ich. Mein Gott, so hübsch, wie ich jetzt aussehe... Ich schaffe alles, alles!! Ich freu' mich auf längstvergangene Großstadtfreuden. Auf ein warmes Vollbad und ein Bett ohne Ameisen. Ich freu' mich auf weiche Teppiche und auf Kino. Vor allem freue ich mich auf meine Mutter und auf Carlos. Mit dem läuft nämlich gerade wieder etwas. Zehn Jahre haben wir zusammengelebt, und es scheint, als hätten mich meine Poona-Erfahrungen ihm näher gebracht als je zuvor. Wir planen sogar eine gemeinsame Griechenlandreise, um zu sehen, was bei uns noch möglich ist. Tränenreicher Abschied von Tina bei »Prems«, gelöst und ein bißchen traurig von meinen beiden Swamis. Wie richtige Freunde haben wir in den letzten Tagen zusammengelebt. Unkompliziert und harmonisch. Meine Matratze, das Moskitonetz, dies und jenes lasse ich in ihrer Hütte zurück. Sie wollen es aufheben für mich... wenn ich wiederkomme... und in mir ist ein kleines Heimatgefühl. Mein »Koffer in Berlin« steht jetzt in Indien.

Mein Abschiedsgeschenk an Paritosh ist eine Massage. Zärtlich und aufmerksam nach Ashramart. Zum letztenmal kann ich dabei seinen Körper bewundern. Die vielen kleinen Muskeln... hart und weich zugleich, durchtrainiert und nirgends verspannt. Der Paritosh ist überall schön. Meine Massage ähnelt einer Hymne an die Ästhetik des menschlichen Körpers. So vollkommen zu sein... wie man sich dabei wohl fühlt? Er will mit mir schlafen. Das heißt, er will eigentlich gar nicht. Mehr Höflichkeit ist das bei ihm. Weil es doch die letzte Nacht ist und es sich dann so gehört... Nein, danke, so ein höfliches Abschiedsgeschenk will ich nicht. Er schläft ein, ich höre seinen Atem, aber heute ist alles so wie sonst. Heute schwebe ich nicht in einer Energieblase mit ihm durch den Raum. Heute liegt neben mir ein Mann. Der atmet. Und ich höre ihm dabei zärtlich zu.

Am nächsten Vormittag stehe ich mit meinen Sachen auf dem Feld. Mit einem leicht verzweifelten Gesichtsausdruck stürzt Paritosh auf mich zu. Leicht verzweifelt, als wäre es ihm schrecklich gewesen, mich zu verpassen. Ich freue mich sehr, daß er doch noch gekommen ist. Morgens verließen die beiden die Hütte, um etwas zu erledigen. Sie wollten pünktlich zurück sein. Sie kamen nicht. Ein letzter Blick auf die Hütte, noch ein paar Gedanken, und ich ging alleine los. Nun ist Paritosh doch da. Wir verabschieden uns. »Tschüß, du, und alles, alles Gute.« Unsere Wege kreuzen sich. Er will zur Hütte, ich zur Straße. Dort kommt gerade eine Rikscha. Vor dem Einsteigen drehe ich mich noch mal um. Dahinten steht Paritosh. Er schaut zu mir, und ich brülle ganz laut übers Feld zu ihm rüber: »Je taime, tu sais!!!«

44

17. Juni, Abflug Indien. 18. Juni, Ankunft Berlin. Nicht schon um acht Uhr abends, sondern erst gegen elf. Mir zu Ehren hat meine Mutter Sekt kaltgestellt. Nicht nur mir zu Ehren sieht die Wohnung wieder aus wie ein Puppenstübchen. Weich, flauschig, kuschelig. So, wie man's heute halt hat... Oft habe ich mir das Wiedersehen ausgemalt. Herzzerreißend? Tränenselig? Das ist es nicht. Ganz locker begegnen wir uns. »Hallo, Mutsch, da bist du ja!« Ganz lokker? Ich greife nicht nur zum Sekt, ich greife auch noch zum Wodka und bin im Nu blau. Fröhlich ist es jetzt. Ich erzähle die unanständigen Bhagwanwitze, mache mich über die Ashram-Hierarchie lustig und grabe lauter Poona-Klamotten aus. Vor Lachen liegen wir fast auf dem Boden, aber reden? Reden können wir bei so viel Heiterkeit natürlich nicht. Können wir das am nächsten Morgen? Brieflich hat meine Mutter mir ein langes, ehrliches Gespräch versprochen. Aber ich spüre genau: Sie will es nicht. Nach wie vor scheint sie sich vor mir zu fürchten. Ich bin ihr ein bißchen unheimlich. Und immer noch ist da dieses haarfeine Schuldgefühl mir gegenüber. Will ich dieses Gespräch? Ist es ein Zufall, daß ich mich gestern so besoffen habe? Nein. Ich will dieses Gespräch auch nicht. Auch in mir spüre ich dieses Schuldgefühl ihr gegenüber. Lebenslang hat dieses Gefühl als hauchdünne Wand zwischen uns gestanden. Und dieses Poona-Jahr hat daran nichts geändert.

Aber irgendwie sind wir doch sehr glücklich über unser Beisammensein. Zärtlich gehen wir miteinander um. Ganz vorsichtig, als bestünden wir aus dünngeschliffenem Glas. Bloß nicht daran rühren. Bloß nicht anfassen, dann kann auch nichts zerbrechen.

Diese Griechenlandreise mit Carlos ist wirklich ein schwerer Brocken. Ich brauche dringend Geld, ich müßte arbeiten gehen. Dann will ich doch auch eine eigene Wohnung haben, für die Selbständigkeit. Will mein Leben nun endlich in die Hand nehmen, will frei und unabhängig sein. Dazu gehört halt Geld, und dazu wiederum gehört Arbeit. In zwei Wochen soll die Reise losgehen. Dann noch mal vier Wochen Griechenlands Sonne und Hitze. Schrecklich! Ich will gar nicht fahren. Andererseits will ich aber doch. Da ist nämlich noch was.

Vor einem Monat kam sie zu mir. Während einer Mondscheinnacht. Ganz plötzlich war sie da. Legte sich auf meine Seele und machte sich später auch im Kopf breit. Sie war da, wie ein Gast, und auf Anhieb habe ich ihr vertraut. Viele Pläne jubelten schon durch mein Leben. Ich habe aufgeregt mit ihnen herumgespielt. Nach und nach schrumpften sie, verloren ihren Glanz und lagen schließlich traurig in einer Ecke. Bei all den anderen Plänen, denen gleiches Schicksal widerfahren war. Diesmal ist das anders. Sie ist als Mondscheingast zu mir gekommen und glänzt noch immer so wie in jener Nacht: Die Idee. Die Idee eines Buches. Über das Poona-Jahr werde ich ein Buch schreiben. Und in Griechenland will ich die Idee verwirklichen. Ich bin so aufgeladen. So überfließend. Ich bin sicher, dieses Buch in diesen vier Wochen rausschleudern zu können. Nur vier Wochen noch, nach dem langen Ferienjahr in Poona. Darauf kommt es doch nun auch nicht mehr an, nicht wahr?

Ich erzähle meiner Mutter von dieser Idee, und ihr ist das schon wieder unheimlich. ›Was da rauskommen könnte!‹ Das sagt sie natürlich nicht, aber ich spüre es. Einerseits paßt ihr die Idee mit dem Buch gar nicht, andererseits sieht sie mich schon in der Talk-Show. Oh Mann, sie kann es wirklich nicht lassen! Aber Talk-Show hin oder her. Sie ist ganz schön sauer, daß ich nun schon wieder weg will. Alle meine eigenen Bedenken sind auch ihre. Aber sie sagt es nicht. Sie sitzt am Tisch, zieht ein beleidigtes Gesicht, und mit jeder Faser ihres Körpers drückt sie Unmut aus. Statt mit der Faust aufzuschlagen, statt ihren Ärger rauszuschreien, statt ihren Standpunkt zu vertreten, sitzt sie nur da und ist beleidigt. So wie früher auch. Nie wurde etwas deutlich ausgesprochen, nie wurden die Dinge bereinigt. Sie sitzt da, ich bin voller Schuldgefühle und mache, daß ich aus der Wohnung komme.

Nach drei Tagen meines Hierseins treffe ich zum erstenmal Carlos wieder. Schon vor meinem Poona-Trip hatte ich ihn verlassen, eines anderen wegen. Dann kam noch einer, und dann erst kam Bhagwan...

Gut sieht er aus. Die dunklen, kurzen Haare, der kurze Vollbart, die markante Brille... groß und stattlich ist er... wie immer. Und doch auch wieder nicht. Früher stand er als Fels in der Landschaft. Stark, gewaltig, total in sich ruhend. Mit gelegentlicher Selbstgefälligkeit. Kein Hämmerlein hat je einen Brocken aus diesem massiven

Gestein geschlagen. In den zwei Jahren scheint nun doch ganz schön rumgeklopft worden zu sein. Seine glatte Oberfläche ist ramponiert. Risse spüre ich – und die gefallen mir. Von seinen Erfahrungen mit Frauen erzählt er. Vor allem von der einen: Monatelang hätte das im Bett geklappt. Aber eben nur da. Dort wäre sie süß gewesen, schön und stark. Kaum raus aus der Heia, knallten ihm andere Saiten um die Ohren. Aggressive, zerrissene, unglückliche. So viel Mühe hätte er sich gegeben, wäre auf sie eingegangen, aber alles umsonst. »Andauernd treffe ich nur kaputte Frauen. Eine riesige Nervenklinik ist dieses Berlin«, beklagt er sich. »So vielen Neurosen und Ängsten bin ich begegnet. Nicht zu fassen! Die meisten sind krank. Ich finde kaum jemand, mit dem ich noch reden könnte. Es ist zum Verzweifeln.« Und Carlos meint es ernst. Ich spüre seine Verzweiflung, spüre seine Einsamkeit. Er leidet an der Welt. Er leidet geradezu existentiell. Das ist nicht wie mein kleines persönliches Leid. Das egoistische, selbstgeschaffene Leid so vieler von uns. Das permanente Schielen auf den eigenen Nabel. Carlos leidet anders, und ich kenne ihn gut genug, um diesen Zustand ernstzunehmen.

Es ist erstaunlich. Wir zwei sind uns wieder so nahe, als wäre inzwischen nichts passiert. Den Ausdruck »siamesische Zwillinge« habe ich benutzt, um unsere Kopf-Identität zu beschreiben. In diesen zehn Jahren bin ich ein Teil von ihm geworden, und daran hat sich auch durch meinen Ausflug nichts geändert. Ist nun ein neuer Anfang wieder möglich? Ist es möglich, den zehnjährigen Weg gemeinsam weiterzugehen? Am nächsten Morgen weiß ich die Antwort. Es ist nicht möglich. Wir haben miteinander geschlafen, und vorher hatte ich durch viele Widerstände zu gehen. Genau wie damals. Damit ist die Sache entschieden. Jahrelang haben wir an diesem Phänomen herumlaboriert. Mit Ethik ist er gekommen, mit »sich Mühe geben«. In langen Diskussionen sollte ich »einsehen«, daß meine Schwierigkeiten nur im Kopf steckten. Ich wollte das ja auch einsehen, wollte, daß das klappt zwischen uns... Aber wollte ich wirklich? War diese Verweigerung nicht meine einzige Möglichkeit, diesem Übervater eins auszuwischen? Mich zu wehren gegen so viel Größe? Ich weiß es bis heute nicht. Ich weiß nicht, warum ich mit dem einzigen Menschen auf der Welt, dem ich wirklich vertraue, nicht auch schlafen kann. Ich liebe ihn auf seltsame Weise. Über all die Jahre habe ich ihn geliebt, irgendwie. Aber – schlafen kann ich nicht mit ihm. Und ich bin auch nicht mehr bereit, mir in dieser Hinsicht »Mühe« zu geben. Entweder will mein Körper, oder er schweigt still. Ich mische mich da nicht mehr ein.

Also, diese Griechenlandreise! Langsam wird aus dem schwarzen Brocken ein massiver Fels. Der wälzt sich auf meine Brust und verschafft mir Alpträume. Nur noch zehn Tage. Die Zeit ist zu kurz, um noch eine Arbeit anzufangen. Aber arbeiten müßte ich dringend. Ich bin pleite. Obendrein habe ich Schulden. Die Reise kostet noch mal tausend Mark. Geld brauche ich, Geld... Diese unentschiedene Situation macht mich ganz krank. Und jetzt passiert was Schreckliches. Mein verehrter Therapeut Rajen hat es mir nach der Samapan-Gruppe mit auf den Weg gegeben: »Bei dir ist Gold mit Müll vermischt. Aber zur Zeit sitzt du leider noch im Müll.« Okay, ich akzeptierte das. Und hatte in den Monaten danach das Gefühl, mich zäh durch diesen Müllberg ans Licht zu wühlen. Am Ende meiner Poonazeit saß ich strahlend auf dem Gipfel und ließ die Beine baumeln. Was jetzt passiert, ähnelt einem gewaltigen Rutsch. Wieder zurück auf den Boden des Müllhaufens, aus dem ich so mühsam gekrochen bin. Diese zerrissene Situation hier! Ich müßte, ich sollte, so geht das doch alles nicht! Wie komme ich zu Geld... und die Angst schlägt voll zu. Ich bin wie gelähmt. Zur Zeit wohne ich bei Carlos. Wieder in dieser Wohnung, die ich so viele Jahre mit ihm teilte. Wieder diese Wohnung, in der ich so unglücklich war. Wo ich als vollgestopftes Ungeheuer meine Freß- und Kotzarien absang. Wo ich in meine Haß- und Selbstzerstörungstrips gegangen bin.

Ruhelos streiche ich durch die Räume. Die Möbel, der weiße Wollteppich alles schaut mich an. Erinnerungen, Gefühle, Abscheu. Damals... damals... und heute ist es wieder genauso. Wer bin ich... was bin ich... nichts... Angst, Angst... Sie läßt mein Herz rasen, würgt mich – und ich würge auch schon wieder. Überm Klo. Ich fresse und kotze wie damals. Es ist entsetzlich. Was war nur dieses Poonajahr? Ein grandioser Irrtum? Ein Jahr lang im orangefarbenen Kindergarten mit Klötzchen gespielt? Türme gebaut, die jetzt mit lautem Krachen zusammenfallen? Habe ich nichts gelernt? Habe ich mich überhaupt nicht verändert? Ich stehe da und möchte wieder sterben. Mich feige davonschleichen wie schon früher so oft. Die Lähmung ist total. Telefonanrufe werden zur schweren Aufgabe, Behördenangelegenheiten türmen sich zu Gebirgsmassiven. Ich bin wie ausgelöscht. Die Angst hat sich wieder in jede Faser meines Körpers geschoben. Sie grinst mich hämisch an. ›Das hast du nun davon‹, raunt die Angst. ›Wegrennen wolltest du vor mir. Vor der Schule, vor deinem Leben. Aber so einfach ist das nicht...‹ Sie kichert ein bißchen, und ich habe nicht mal die Kraft ihr zu sagen, daß sie weggehen soll. Nein, die Angst geht nicht weg. Lebenslang hat sie sich wohl bei mir gefühlt. ›Ein Versager bis du‹, flüstert die Angst. ›Nichts kannst du, nichts bist du. Einen vernünftigen Beruf hättest du lernen sollen, vielleicht Laborantin oder Krankengymnastin oder Arzthelferin. Da hättest du jetzt was. Nicht mal Schreibmaschine kannt du. Hast immer mal angefangen, hast wieder abgebrochen. Wie so vieles.‹ Ich muß mir das alles anhören. Ich kann mich nicht wehren, gegen die Angst. ›Was soll nun werden?‹ fragt sie. ›Jobben mit fünfunddreißig? Meine Liebe, du hast dein Leben vertan, du bist ein Versager… ein Versager.‹ Die Angst geilt sich an dem Wort geradezu auf. Knallt es mir immer und immer wieder um die Ohren. Ich bin ganz erschöpft. ›Geh weg, ich will dich nicht mehr hören, sei still!‹ Aber die Angst feixt in sich rein. Schön ist es bei mir. Sie dehnt sich wohlig aus – und ich hab kaum noch Luft zum Atmen.

Plötzlich ist da noch so ein Gefühl. Ein hämisches. Das meint aber nicht mich, das meint meine Mutter. So als säße meine Mutter in mir, raunt ihr nun die Häme zu: ›Na, siehst du nun was los ist? Die Größte sollte deine Tochter immer sein. Ein Mittelding zwischen Marlene Dietrich und Annemarie Renger. Als Stewardeß den Aga-Khan heiraten. Die Begum und Miß Universum gleichzeitig sein. Das hast du nun von deinen vielen Forderungen. Ein Versager ist sie, ätsch!‹ Oh, Mist!!! Ich muß ein paarmal in mich reinhorchen, ob ich mich auch nicht irre. Nein, ich irre mich nicht. Ein genüßlich-masochistisches Gefühl in mir freut sich, meiner Mutter eins ausgewischt zu haben. ›Es schadet ihr gar nichts, daß ich ein Versager bin.‹ Dieses Gefühl erschüttert mich. Und die Erschütterung zieht Kreise. Mein Mich-Vollstopfen und Dicksein. Das, was sie am meisten gehaßt hat an mir. Auch nur, um ihr eins auszuwischen? Es klingt folgerichtig. Trotzdem bin ich nicht sicher. Mein aktueller Zustand, die Angst, die mich gerade schüttelt… Diese lähmende, verrückte, irrationale Angst… Und wieder platzt ein Erkenntnisballon: Ich habe schlicht und einfach eine panische Existenzangst. Ich fürchte mich vor dem Leben mit all seinen Forderungen. Wie einen Panzer habe ich mir diese Fettschicht zugelegt. Dahinter konnte ich mich dann so gut verstecken. Mit dem Panzer habe ich das Leben abgewehrt. Alles auf die Zukunft verschoben. Morgen werde ich schlank sein, dann fange ich an zu leben. Morgen wird die Welt dann in Ordnung sein. Die Jahre vergingen. Schlank war ich nie. Kein Wunder. Damit hätte ich mich ja auch um die dicke Ausrede gebracht. In Poona war ich schlank. Kurort

»Bad-Bhagwan«! Ein Sanatorium, ein Schonraum, ein Zauberberg. Hier in Berlin habe ich bereits wieder kräftig zugenommen...

Nach zwölf Tagen bin ich total zerrüttet. Meine Lebensenergie ist auf Mikromaße geschrumpft. Wie gelähmt schleiche ich durch die berliner Realität. Sogar die Buch-Idee muß dran glauben. Ihr Glanz ist erloschen, und sie paßte sich den mikroskopischen Dimensionen meines Daseins an. Ich habe keine Lust mehr, zu schreiben. Hier bekomme ich den Eindruck, daß Poona keinen Menschen interessiert. Wir im Ashram denken immer, am Nabel der Welt zu sitzen. Alle starren auf Bhagwan, alle wollen wissen, was los ist. Weit gefehlt! Eine Bekannte sagt es mir auf ihre Weise: Sie sitzt schon seit zwei Stunden neben mir. Ihre Brille liegt auf dem Kneipentisch. Plötzlich beugt sie sich vor, schaut auf meine Mala und fragt: »Sag mal, was hat du denn da für ein Hundchen-Bild um den Hals?« Oh Mann, mein Bhagwan als Cocker-Spaniel! Die vielen Haare haben ihr wohl die Idee gegeben. So witzig dieser Vorfall auch ist, irgendwie finde ich ihn typisch. Warum sollte ich also schreiben? Das will sowieso keiner wissen. – Nun ist auch noch der Hauptgrund der Griechenlandreise in sich zusammengefallen. Was Carlos und ich voneinander wissen wollten, hatte sich bereits nach drei Tagen geklärt. Eine richtige Beziehung wird es für uns nicht mehr geben. Warum sollte ich also mitfahren? Ich sage es ihm. Ich sage, daß ich nie wieder mit ihm schlafen werde, daß ich Existenzängste hätte, daß ich dringend Geld brauchte, um diesen Ängsten zu begegnen. Kurz und gut, daß ich mir diese Reise einfach nicht ›leisten‹ könne. Ich will hierbleiben und arbeiten gehen.

Übers Eck sitzt er da, lächelt fein und sieht sehr weich aus. »Ich habe mir auch meine Gedanken gemacht«, sagt er. »Ich weiß, daß wir keine sexuelle Beziehung mehr haben werden. Aber durch all diese leidvollen Erfahrungen des letzten Jahres ist mir noch mal klargeworden, daß ich vor allem eine Freundin brauche, einen Partner, jemanden zum Reden. Ich verspreche dir hiermit, nie mehr etwas von dir zu wollen. Aber bitte komm doch mit.« Wie er dasitzt... lächelnd, etwas traurig, etwas hilflos, bittend... Ich denke an all die Ereignisse unseres Lebens, als er immer für mich da war. Himmel, was hat er nicht alles mit mir durchgestanden! Mit kaum zu fassender Langmut. Er war immer, immer für mich da... Er bittet mich, fast ein bißchen flehend, doch mitzukommen. Na gut, dann tu' ich ihm halt den Gefallen. Ich werde mitkommen, werde für ihn dasein. Nach dieser Geschichte mit Aman in meiner Hütte habe ich mir karitative Enthaltsamkeit geschworen. Nie mehr wollte ich jemandem einen Gefallen tun, sobald er sich gegen meine eigenen Interessen richtet. Hier ist nun wieder so ein Fall: Ich müßte, ich sollte, ich dürfte eigentlich gar nicht… Aber weil's doch der Carlos ist, springe ich über meine dunklen Schatten, statt sie aufzuhellen. Er wird mir Geld leihen. Die Lösung meiner Probleme schiebe ich auf…

Meine Mutter! Ich drücke sie zärtlich. »Nein, Mutsch, vielen Dank, ich brauche das Geld nicht.« Es ist kaum zu glauben. Obwohl ihr meine Griechenlandreise wie ein Stein im Magen liegt, will sie mir jetzt Geld dazu geben. Und gar nicht wenig! Nachdem ihre Zorneswolken über mich verrauchten, brach sich offensichtlich wieder die Liebe Bahn. Ich bin gerührt. Wie gut gemeint, wie hilflos, wie inkonsequent! Diese Geste erinnert mich an frühere Situationen. Ich wußte nie, woran ich war. Hin und her gezerrt. Entzug und Verwöhnung. Zuviel und zuwenig. Hungern und Überfülle. Gut, ich bin gerade dabei, mit all diesen Geschichten fertigzuwerden. Aber sie? Wie hat sie eigentlich die Jahre mit mir erfahren? Wie fühlt sie heute? Meine Mutter… klein ist sie geworden, schaut prima aus mit ihren 61 Jahren, jung, gepflegt, fast schlank. Vor allem ist jetzt eine Liebe um sie, die ich früher nicht kannte. Ruhe, Demut, Gelassenheit. Sich fügen, mit einer Spur von Resignation. Schön ist es, sie anzuschauen… Aber wer ist sie wirklich? Wer war sie? Was war sie? Heftig vom Leben gebeutelt? Tapfer, stark? – Vor allem aber war sie hilflos, was mich anging. Und heute wieder… mir Geld anzubieten, für ein Unternehmen, das ihr zuwider ist… Sie will ihre Liebe ausdrücken. Geld… wie sonst? Sie weiß es nicht anders, und ihre Hilflosigkeit rührt mich. Sehr großzügig war sie in den letzten Jahren. Zu mir, zu meinem Bruder. Mutterliebe in blauen Scheinen. Und die habe ich gern angenommen. Aber jetzt will ich kein Geld mehr. »Oh, Mutsch… « Ich drücke mich an sie. Mein Herz ist groß und weit vor lauter zärtlichen Gefühlen. Aber in diesen Gefühlen bin ich auch mächtig hin und her gerissen.

45

Griechenland. Hübsches altes Haus an den Klippen. Erster Stock. Riesenterrasse mit Blick aufs Meer und auf Sonnenuntergänge. Ansonsten ziemlich einsam. Unsere Freunde wohnen in den Bergen. Wir treffen sie im Dorf. Viel Wein, viel Fröhlichkeit... und viel Essen. Ich weiß nicht, was los ist, aber andauernd habe ich was im Mund. Melone soll schlank machen, hat mir vor der Reise ein Frauenmagazin versichert. Darum esse ich sie nun gleich kiloweise. Bis mein Magen so rund ist, als hätte ich die Melone auf einmal verschluckt. Also, schlank macht das nicht. Und das andere Zeug auch nicht. Honig und Marmelade zum Beispiel. Ein Freund ist in die untere Wohnung gezogen, und bei dem steht immer sowas rum. Ist er nicht da, nasche ich. Nur mal kosten... und wieder ist das Glas leer. Na sowas! Also viel ist in solchen Gläsern ja nicht drin... Ich kaufe ein neues. Und probiere gleich mal, wie denn wohl dieser Honig schmeckt. Obwohl es eigentlich dieselbe Sorte ist... Meine vielen Fettballons blähen sich freudig auf. Hmm... Süßes das gefällt ihnen, und sie werden richtig prall vor Glück. Glücklichsein verbindet. Sie tun sich zusammen und bilden einen großen Fettballon. Und das bin ich jetzt. Am ersten Tag konnte ich mich noch am Gemeinschaftsstrand aalen. Das lasse ich jetzt ganz schnell bleiben. Ich schütze Liebe zur Einsamkeit vor und drücke mich in die harten Klippen vorm Haus.

Es ist wirklich erstaunlich, wie schnell ich zulegen kann. Schätzungsweise vierzehn Pfund, seit ich aus Poona zurück bin. Jeden Tag eines... Na prächtig! Der Badeanzug klemmt und kneift. Überall quillt was vor, und abends werfe ich einen ponchoartigen Umhang über das Ganze. Jedesmal denselben. Alle meine hübschen indischen Sachen im Zigeunerlook trauern vor sich hin. Sie hatten sich schon so gefreut aufs Ausgehen. Aufs Vorgezeigtwerden. Aufs Rumwirbeln in Discos. Viel zu eng sind all die Sachen jetzt. Wie erloschen hängen sie herum – und ich auch. Oh, Shit! Alles wie gehabt, alles wie gehabt. Mich hassen, verstecken, dumpf daliegen und essen, essen, essen... mechanisch, voller schlechtem Gewissen...

morgen... ab morgen werd' ich dann wieder schlank. Da passe ich auf, da nehme ich mich zusammen, da esse ich nur noch Tomaten. Drohend legen sich die Tomaten auf meine Fantasie. Igittigitt, nur Tomaten – oder Gurken. Na gut, ab morgen. Aber heute hänge ich dafür noch mal über den Gläsern. Und den dicken Butterstullen. Am nächsten Tag habe ich auch keine Lust auf rohes Gemüse. Morgen vielleicht... Ein paar Tage gehen auf diese Weise dahin. Ziemlich unerfreulich ist das Ganze, aber Carlos trägt's wie immer mit Gelassenheit. Ich versteh' das nicht. Ich glaube, er liebt mich wirklich. Auf tiefe, mir unerklärliche Weise.

Am Schreiben hatte ich ja bereits in Berlin die Lust verloren. Ich lese vor mich hin, stopfe Buchstaben in den Kopf, weil in den Magen gerade nichts mehr reinpaßt. Eines Morgens passiert's. Ich lese mich fest. Ein süßes Buch, ein bezauberndes Buch. Die Geschichte eines Mädchens in den Zwanzigerjahren. Pfiffig, witzig, zum Totlachen. Ich bin wie elektrisiert... Schreiben... vielleicht doch... Ich versuch's einfach mal. Ich fange an. Lese dem Carlos vor. Er zieht ein Gesicht. Es gefällt ihm nicht. Es ist langweilig. »Du bist oberflächlich«, sagt er. »Ich will genau wissen, was da in der Gruppe passiert. Zum Beispiel die Sache mit dem Busen. Laß dich seitenlang über den Busen aus.« Ich maule. Nur die großen Bögen liegen mir. Mal so eben aus dem Handgelenk, mit Fingerschnipsen. Und im übrigen: das wird ja viel zu lang, viel zu ausführlich. Dann müßte ich ja noch dies und jenes schreiben. Dann müßte ich ja richtig arbeiten... Carlos zuckt die Schultern. »Ich kann dir nur sagen, wie ich deine Schreiberei finde: uninteressant.« Das ärgert mich. Ein neuer Versuch. Schon besser, trotzdem... ich kriege wieder Tips: »Denk nach, warum findest du gerade das erwähnenswert? Was fühlst du wirklich...?« Na gut, ich versuche also, wirklich zu fühlen... Ich schreibe... und plötzlich geht es. Es ist, als hätte ich mich auf einen störrischen griechischen Esel gesetzt. Der keilte erst mächtig aus, und nun läuft er los. Gleichmäßig trabt er vor sich hin. Bleibt mal stehen, knabbert ein bißchen an trockenen Gräsern, trabt weiter, schnuppernd nach frischem Grün. Er findet einen saftigen Strauch, macht sich entzückt darüber her. Knautscht, schlingt, freut sich. Trabt weiter über Stock und Stein. Ich freu' mich auch. Ein braves Tier. Wir sind Freunde geworden.

Also dieses Schreiben... toll ist das. Die erfundenen Bilder. Ich ringe um Worte, finde sie, bin stolz. Mein Gott, also ich bin wirklich gut, was? Carlos muß mir das andauernd bestätigen. Er muß sich mein Geschriebenes anhören. Und abends beim Wein rede ich auch kaum über etwas anderes. Es gefällt ihm, was ich da so produziere – aber er kann es mir gar nicht oft genug sagen. Diesmal gehe ich nicht mit den anderen ins Dorf zum Abendessen. Ich will noch schreiben, will allein sein… so viele Bilder… wo ich doch jetzt so sensibel bin… Die anderen gucken voller Hochachtung. Jaja, natürlich, sie schreibt. Sie verstehen schon, daß ich da nicht mitkomme. Immer nur Wein und irgendwelche Gespräche… ich will das nicht… ich befinde mich doch gerade in höheren Dimensionen… Kaum sind sie weg, falle ich erst mal über die Honigtöpfe her, die ich in den letzten Tagen gemieden habe. Das leichte Abschwellen meiner Körperformen gleicht sich dadurch wieder aus. – Zur Nacht noch ein halbes Glas Honig! Der helle Wahnsinn ist das!! Schreiben tu' ich in dieser Nacht nicht mehr. Ich liege einsam auf den Klippen und schaue in die Sterne.

Morgens haben wir uns alle verabredet, um zu einem Fest in die Berge zu fahren. Zunächst wird Gottesdienst sein, dann feiern, Wein, vielleicht griechische Folklore, mal sehen. Was ziehe ich bloß an? Mein Poncho ist viel zu warm. Vielleicht die rotgefärbten Jeans? Mal versuchen. Ich zwänge mich rein. Unmöglich, der Reißverschluß geht nicht zu. Ich fädle eine starke Schnur durch die Verschlußlasche. Ziehe den Bauch ein, kräftig, na?… na?… Durch die Schnur gezogen, quält sich der Verschluß langsam hoch. Die Hose ist zu. Sie tut weh. Über dem Bund wabbeln die Fettballons heftig. Ich bin erschöpft und kann mich kaum bewegen. Wie in einem Stahlkorsett fühle ich mich. Mist! In Indien waren die Jeans viel zu weit. Ich habe schlechte Laune. Jetzt kleckere ich auch noch Kaffee über die lange Bluse. Die einzig mögliche. Die, welche sich gnädig über die dicke Mitte legte. »Himmel, Arsch und Zwirn!!« Es ist zum Auswachsen! Was ziehe ich denn nun an? Letztmöglich ist jetzt noch ein langer roter Rock und ein T-Shirt. Und nun sieht man so richtig, was sich in den letzten Tagen darunter angesammelt hat.

Griechisch-orthodoxer Gottesdienst. Die Männer stehen vorn und singen sehr schön. Die Frauen stehen hinten und sind mehr an den Fremden interessiert. Seltsame Vögel schwirren da ein. Sie mustern mich. Das golddurchwirkte Schultertuch – damit man die dikke Mitte vielleicht doch nicht so sieht – alles in Rot. Dazu meine komische Kette… ich spüre die Blicke. Die Atmosphäre in der Kirche gefällt mir. Ich schließe die Augen, stehe nur so da. Nach dem Gottesdienst sitze ich noch draußen, lehne an der Kirchenwand und meditiere. Ich falle auf… ein paar Griechen gucken. Später setze ich mich wieder zu den anderen, zu Carlos. Ich bin so entrückt…

in mir wabert Heiligkeit… mich zieht's zurück in die Kirche. Meditiere auf den Stufen zur Empore. Jemand gibt mir einen kräftigen Schlag auf die Schulter. Erschrocken öffne ich die Augen. Der Kirchendiener. Er grinst mich an. Aus den Gesten entnehme ich: »Willst du schlafen? Dann geh' doch einfach hoch. Oben ist Platz!« Nein, ich will nicht schlafen. Ich meditiere! Nachdrücklich setze ich mich auf einen altersschwachen Stuhl. Schlafen… Frechheit! Ich meditiere hier unten. Zumal da gerade eine Taufe ist. Ein paar Leute gucken zu mir… Ich schließe die Augen, meditiere… so schön traurig ist mir. Tränen fließen. Der nächste Stoß. Eine freundliche Frau steckt mir eine Blume an. Noch halte ich durch. Schließe die Augen, Tränen rinnen, ich meditiere. Jetzt kriege ich einen Stoß, daß ich fast vom Stuhl fliege. Der Kirchendiener. Er grinst noch breiter. Hat etwas Eingewickeltes in der Hand. Wahrscheinlich Brot, mit Weihwasser bespritzt. Er will es mir geben, aber nun reicht's!!! Meine Meditation, meine zarten Gefühle, meine sensible Traurigkeit! Ich bin doch kein Eselsarsch, auf den er wohl sonst immer eindrischt! Empört rausche ich aus der Kirche. Nein, danke, das Eingewickelte will ich auch nicht. Das kann er sich sonstwohin stecken. Also, nun tu' ich mir wirklich leid. Schrecklich, diese gefühllose Welt!

Carlos tröstet mich. Wir laufen gemeinsam auf der heißen, staubigen Straße. Fort von den anderen, in die Berge, in die Einsamkeit. Tränen, Tränen... »Ich bin so berührt«, schluchze ich. »So aufgewühlt. Alles was ich da schreibe… Bilder, Gefühle… « Wir haben ein langes Gespräch. Bhagwan, der Ashram. »Du bist dort nicht gesund geworden«, sagt Carlos, »aber du hast ein Instrument in die Hand bekommen. Etwa wie der Operateur, der sich selber operiert. Jetzt tut's erst richtig weh.« Ja, nicht wahr? Es tut weh! Ein Glück, er versteht mich wenigstens, meinen Schmerz… Er sagt noch vieles. Wichtiges, Philosophisches. Aber ich höre kaum zu. Ich lehne mich an ihn und fühle mich so schön verstanden.

Wir gehen zurück. Folklore gibt es erst heute abend. Die anderen wollen ins Dorf fahren. Sie warten schon im Auto auf uns. Nein, jetzt bin ich durstig. Ich kaufe eine kleine Flasche Wein, trinke etwas und will den Rest mitnehmen. Das geht nicht. Ich soll Flaschenpfand zahlen. Was, spinnt der Wirt? Soviel Geld! Das ist ja fast soviel wie der ganze Inhalt. Ich denk' ja nicht dran. Hin und her. Die anderen warten. Den Wirt behandle ich herablassend wie einen Ochsentreiber. Mich mit sowas zu behelligen. Flaschenpfand! Meine Psyche, meine Aufgewühltheit, mein zartes Leid… Der will aber trotzdem sein Pfand, und schließlich drücke ich ihm verächtlich die halbvolle Flasche in die Hand. Ich will ihn strafen. ›Bitteschön, hier hast du deinen Dreck.‹ – Was ich mir allerdings nur denke. Ich steige ins Auto. Carlos ist sauer. In unseren zehn Jahren hat er mich vielleicht ein- oder zweimal angeschrien. Ich kann mich kaum an sowas erinnern. Aber jetzt schreit er. »Bist du total verrückt geworden?!« erkundigt er sich lautstark. »Wir werfen abends das Geld nur so zum Fenster raus. Es kann alles gar nicht genug kosten, und hier führst du dich auf wie eine hochneurotische Diva!« Haach, auch das noch! Dieses Anschreien, meine Nerven... Mehr als gequält um Ruhe bitten kann ich nicht und flenne dann gekränkt vor mich hin.

Nachmittags bin ich allein. Zum Schreiben habe ich heute keine Lust. Ich lese und kann mich nicht konzentrieren. Irgendwas schiebt sich andauernd zwischen die fremden Worte. Wie Signale. Morsezeichen... kurz, kurz, kurz... lang, lang, lang... kurz, kurz, kurz... SOS... Hilfe... Was ist bloß los??? Und jetzt weiß ich es. Ich bin mal wieder auf einem Ego-Trip, der sich gewaschen hat. – Der Kirchendiener wollt mir etwas schenken, und ich bin beleidigt rausgerauscht. Der Wirt hatte recht. Das Geld stand ihm zu. Richtig peinlich ist mir jetzt, wie ich mich da aufgeführt habe... hochneurotische Diva... Diva?... Star?... Ist es das? Jawoll, das ist es! Das Schreiben ist mir zu Kopf gestiegen. Die neue Größe hat meine Sinne vernebelt. Das Ego jubelt rum. Ein Buch... hurra, ein Buch!!! Ich hab' mal wieder soviel zu sagen. Aber diesmal ganz laut. Nun sollen es alle hören. Das ist wohl jetzt der lauteste Schrei nach Aufmerksamkeit, den ich mir je geleistet habe. Was denn nun? Abbrechen? Weitermachen? Trotz der Ego-Orgien? Was würde Bhagwan dazu sagen? War seine Botschaft an mich nicht die der »Namenlosigkeit«? Und nun brülle ich schon wieder mal los, daß die Wände wackeln. ›Seht mal alle her, hier bin ich, hier, ich, ich...!!!‹ Bäh, mir ist ganz übel.

Ich horche in mich rein, was soll ich tun? Und plötzlich ist da meine Mutter... sie vor allem soll mich hören. Im Grunde war meine Begegnung mit ihr ein Schock. Aus Poona habe ich Briefe geschrieben: 26 Seiten, 15 Seiten, 17 Seiten... die Finger habe ich mir lahmgeschrieben, aber sie hat offensichtlich nichts verstanden. Ich wollte ihr sagen, daß alles in Ordnung ist zwischen uns, daß sie keine »Schuld« hat, daß sie in ihren Geschichten steckte. Daß die Ereignisse entsprechend dem Gesetz von Ursache und Wirkung ihre eigene Dynamik entwickelt haben... Meine Briefe haben sie im

Grunde nicht erreicht. Dieses verdammte Schuldbewußtsein! Aber ich? Mit geht's ja auch nicht besser. Keine ihrer großen Hoffnungen und Erwartungen habe ich erfüllt. Im bürgerlichen Sinn bin ich ein Versager. Daran gibt's gar nichts zu rütteln. Einen erlernten Beruf, den ich vergessen habe, ein langes, nutzloses Studium, weil ich um nichts in der Welt wieder Lehrer sein möchte. Mit 35 Jahren stehe ich da mit leeren Händen. Ich habe sie sehr enttäuscht. Und schleppe dieses verrückte, tiefe Schuldbewußtsein mit mir herum. Und jetzt spüre ich auch, was hier wirklich läuft. Ein grandioses Betteln um Verständnis. Sie soll sehen, daß aus mir eigentlich gar nichts werden konnte. Sie soll mir verzeihen und mich bitteschön doch endlich lieben. Briefe haben da nicht gereicht. Die kann jeder schreiben. Das ist ja nichts Besonderes. Aber ein Buch! Das ist was! Zwar nicht so toll wie Miß Universum zu sein oder die Bundestagspräsidentin… aber immerhin... Und genauso listig, wie ich mir als Kind ihre Zuneigung erschlichen habe, mache ich das jetzt wieder. Ein Buch… und so, wie ich sie kenne, liest sie das. Ihre Tochter hat ein Buch geschrieben, und nun schaut sie vielleicht auch hin. Vielleicht versteht sie etwas. Vielleicht…

46

Ich habe mich entschieden weiterzuschreiben, und nun tue ich es auch. Gegen acht Uhr morgens stehe ich auf und setze mich sofort auf die Terrasse. Noch ist die Sonne hinter dem Haus. Kommt sie rum, gibt es einen Strohbaldachin. In seinem Schatten sitze ich und schreibe und schreibe… mal ein Blick aufs Meer, weiter, Worte, Erinnerungen, Papier, schreiben… Ein kurzes Frühstück mit dem Freund, der unter uns wohnt. Weiterschreiben. Gegen Nachmittag tauche ich mal eben den Zeh ins Wasser, strecke den Körper etwas aus… bloß nicht zu lange, weiterschreiben… Nun steht die Sonne schon tief. Okay, genug für heute.

Dann mache ich noch was. Französisch lernen. Ein Lehrbuch habe ich mir gekauft und dazu zwei passende Cassetten. Von denen lasse ich mich berieseln… Französisch… aah, Paritosh… mein Herz tut ein bißchen weh… Ich hab' mir geschworen: Das nächstemal, wenn ich Paritosh begegne, will ich blendend auf französisch mit ihm parlieren. Das nächstemal? Wann? Ich weiß nicht! Aber zur Zeit ist mir das auch egal. Nur das Schreiben ist jetzt wichtig. Und etwas Seltsames passiert. Nachdem ich durch diesen heftigen Ego-Trip gegangen bin, hat das Schreiben für mich eine neue Qualität angenommen. Ich schreie nicht mehr laut raus, ich horche in mich rein. Die alten, unerledigten Gefühle… Wut, Scham, Trauer… Wie lebendig sie noch sind… noch mal lasse ich mich tief auf sie ein, empfinde sie nach… Sie werden zu Worten, Gedanken, und es ist, als schlössen sich dabei Stromkreise in mir. Lauter feine Drahtenden, die wirr herumgelegen haben und ihre Ladung chaotisch in meine Realität funkten. Sie fügen sich jetzt aneinander. Werden zu Erinnerungen, aber sie senden keine störenden Signale mehr. Aus, vorbei, für immer. Durch das Schreiben habe ich die unerledigten Gefühle beschworen, sie aufs Papier gebannt und mich dadurch von ihnen befreit. Nach so einem Tag bin ich abends sehr glücklich. Was es auch immer ist, dieses Schreiben, es ist die schönste Arbeit meines Lebens. Diszipliniert, freudig, ausdauernd. Langsam stellt sich sowas ein wie der »aufrechte Gang«. Innerlich gehe ich ganz gerade, stolz und frei. Ich tue etwas, ich arbeite! Und obendrein macht mir das auch noch Spaß! Selbstbewußtsein drückt die Schultern durch. Und Fröhlichkeit guckt aus den Augen, wenn ich abends mit den anderen beim Wein sitze. Ich schleich' mich nicht mehr weg, nein, im Gegenteil, ich freue mich auf sie. – Um nach der Schreiberei mit ihnen ein bißchen rumzualbern.

Aber manchmal gehe ich doch nicht mit ihnen ins Dorf. Dann bleibe ich im Haus, lege mich nachts auf die Klippen und schaue in die Sterne. Wie schön die Milchstraße hier ist. Noch viel schöner als in Indien. Eine Bhagwan-Cassette spiele ich ab, und seine Stimme neben mir steigt hoch hinauf in den dunkel-glänzenden Himmel. Nachthimmel, Erde, Klippen, Meer… Verbunden durch seine Worte, schmelzen alle diese Eindrücke für mich zart ineinander. Ich liege da, wie in einem schützenden Kokon und bin sehr glücklich. Bhagwan, ich liebe dich. Erst seit ich weg bin, weiß ich, wie sehr. Ich liebe dich, ich sehne mich… Und manchmal ist da eine rasende Angst in mir. So, als würde er seinen Körper verlassen, ohne daß ich ihn noch mal gesehen habe. ›Bitte, bitte, bleib noch ein bißchen, ja? Bitte, warte auf mich, ich will bald wiederkommen. Nicht mehr so lange, drei Monate vielleicht… Aber, Bhagwan, geh nicht weg, bitte.‹ Ich liege da, schaue in den Sternenhimmel… Ein Zeichen will ich von ihm. Ich weiß selbst, es ist verrückt, trotzdem… Ein kleines Zeichen… Es kommt nicht. Nichts kommt… ich warte… denke zwischendurch an dies und das. An Carlos, der heute nachmittag eine kleine, sehr lustige Geschichte erzählt hat. Ausgeschüttet vor Lachen habe ich mich. Wieder ist diese Fröhlichkeit in mir… breitet sich im ganzen Körper aus. Ich bin voller Lachen. Und jetzt weiß ich… Bhagwans Zeichen… Lachen… seine Botschaft des Lachens! Das ganze Universum ist ein einziges, großes Lachen. Ich habe verstanden. Danke, Bhagwan. Und glücklich gehe ich schlafen.

Erinnerungen, Gefühle, sie sind da. Ich begegne ihnen. Auf dem Bett habe ich mich langgemacht und überprüfe das Geschriebene. Carlos kommt, beugt sich über mich. Da ist ein »gewisses« Lächeln in seinem Gesicht, eine Fahrigkeit der Bewegungen. Oh, die kenne ich gut!… Schreck durchzuckt mich. Er will was! Und plötzlich ist es da. Dieses Bild, dieses Gefühl: mein Körper ist wie eine offene Wunde. Rohe Nervenenden stehen daraus hervor. Wie ein Stab schiebt sich seine Energie darauf zu… und schon der Gedanke einer Berührung verursacht brennenden Schmerz. Verrückten, brennenden Schmerz. Wie betäubt liege ich da… mein Körper… eine offene Wunde… Schmerzen bei der Berührung, Angst… Angst vor Sex... Tief gehe ich in diese Angst, lasse sie zu, schaue sie an, spüre ihr nach. Das ist es also... eine offene Wunde. Ich kann nicht mehr tun, als das Erfahrene zur Kenntnis zu nehmen. Zu akzeptieren. Es ist nun mal so. Was ich in Poona in bezug auf Sex erlebt habe, war Illusion. Frühe Blüten, auf die wieder der Frost fiel. Aber »Akzeptieren« ist Bhagwans Zauberwort. »Alles, was du akzeptierst an dir, wogegen du nicht mehr kämpfst, hat seine Macht über dich verloren.« Ich werde sehen.

Ich schreibe weiter, fleißig, still, ausdauernd. Die Fresserei hat aufgehört, die Ballons schwellen ab, gottseidank, und trotzdem... Dieses Frühstück ist immer die Klippe. Wenn ich es schaffe, an den süßen Gläsern vorbeizuschauen, ist der Tag gerettet. Es passiert aber immer wieder, daß ich nasche. Nur ein bißchen, nur eine Messerspitze voll... und dann kann ich nicht mehr aufhören. Zehn Minuten Honiglust auf Butterbrot – und für den Rest des Tages habe ich schlechte Laune. Ich fühle mich unwohl, spüre das Aufblähen am Körper, denke andauernd daran, hasse mich... Für zehn Minuten zerstöre ich den Tag. Warum tue ich das also immer wieder? Bhagwanrezept Nummer 2: »Immer genau hinschauen, aufmerksam sein.« Okay, ich werde das nächstemal aufmerksam sein. Betreten des Frühstücksraums voller guter Vorsätze. Brot dürfte ich ja eigentlich auch nicht, aber nun ja, mal... Ich lege es unters Spiegelei. Das darf ich. Prima bis jetzt. Ich lobe mich. Vielleicht noch etwas Tomate und Käse. Das geht auch noch. Brotrinde mag ich so gern. Da streiche ich Butter drauf. Es schmeckt gut. Das gleiche noch mal. Aber eigentlich ist das schon zuviel. Ich war bereits satt. Plötzlich ist da so ein unangenehmes Gefühl im Magen. Weil ich das Satt-Signal überhört habe, schlägt es in seltsame Leere um. Ein gieriges Vakuum breitet sich dort aus. Die Lust auf mehr. Auf Süßes. Na gut, nur ein bißchen. Mal kosten... Brotrinde mit Butter und Honig. Toll schmeckt das. Und nun noch eine richtige Stulle, nicht immer bloß diese Rindennascherei. Schrecklich, dieses Naschen. Das Vakuum hat sich inzwischen im Körper ausgebreitet, legt sich auf die Geschmackszellen, aufs Gehirn. Ich befinde mich nun in einem seltsamen Zustand des Nichtseins. Ich esse mechanisch und schmecke nichts. Ich schaue aufs hellgelbe Brot und sehe nichts. Ich atme und lebe nicht. Wie erloschen bin ich, als hätte ich meine Persönlichkeit für diese zehn Minuten an den Garderobenständer gehängt... Ich bin nicht ich. Ich habe mich abgegeben. Ich habe meine Verantwortung abgelegt. Ich beobachte, ich schaue zu, ich bin aufmerksam... und am Abendbrottisch knallt's. Der nächste Erkenntnisballon: »Ich lehne die Verantwortung für mich ab!!!« Auch das habe ich schon immer irgendwie gewußt. Aber *erfahren*, intensiv erspürt, habe ich es erst jetzt. Wie den berühmten Blitz aus heiterem Himmel. Meine arme Mutter, wieder muß sie herhalten, aber es ist nun mal so. Unbewußt habe ich die Verantwortung für meine Fresserei auf sie geschoben. Mein ethisches Wachstum in die Menschwerdung ist offenbar mit elf Jahren zum Stillstand gekommen. Wie ein kleines, verhuscheltes Mädchen bin ich durchs Leben gerannt. An die Mammi geklammert, an den Pappi geklammert, und weil der nicht da war, dann eben an Carlos. Wieder spüre ich dieser Erfahrung in mir nach. Und plötzlich ist da ein Gefühl von Schwere. Ein Gefühl von Festigkeit. So, als hätte sich in meine luftige Mitte ein Anker geschoben. Sein Gewicht drückt erdwärts und später, beim Laufen, trete ich sehr fest auf.

Schöne Tage folgen. Schreiben, wenig essen, keine Süßigkeiten. Wenn ich in die Küche komme, schaue ich verächtlich an den Honiggläsern vorbei. Wie kleine, aufgeregte Rehpinscher zittern sie dort in ihrer Ecke vor Gier. Geifern, kläffen, springen nervös herum. Sie japsen in hohen Tönen und machen auf ihre Köstlichkeit aufmerksam. Ich stehe da. Bei soviel Lärm muß ich einfach hinschauen. Komme näher… das Japsen steigert sich zum schrillen Orkan… Da grummelt etwas hinter mir. Ich drehe mich um. Die Verantwortung steht da, wie ein großer Bernhardiner. Er schaut mich mit tiefem Blick an. Lieb und warm. ›Oh, wie schön du bist.‹ Ich beuge mich runter und kraule ihm zärtlich das Fell. Recht hast du, flüstere ich ihm zu. ›Große Hunde mag ich viel lieber als kleine.‹ Er knurrt wohlig, leckt mir mit nasser Zunge übers Gesicht und trottet befriedigt weg. Ich halte das Gesicht unter den kalten Wasserstrahl und freue mich. ›Es ist schön, die Verantwortung für mich zu übernehmen.‹ Manchmal kommt der Bernhardiner zu spät. Dann überschlagen sich die Pinscher vor Freude, sie haben es geschafft. Der große Hund schaut mich vorwurfsvoll an, und ich tätschle ihm, um Verzeihung bittend, den Kopf. ›Hörst du, alter Junge, so leicht ist das nicht mit der Verantwortung. Hab ein bißchen Geduld mit mir, ja?‹

Schreibend vergehen die Tage, aber ich bin jetzt öfter im Wasser. Seitdem der Badeanzug nicht mehr so kneift, macht mir das wieder mehr Spaß. Dann setze ich mir eine Maske aufs Gesicht, schiebe einen Schnorchel in den Mund und tauche in eine andere Welt. Ein paar Zentimeter nur, aber sofort tun sich Wunder auf. Wie auf einem anderen Planeten fühle ich mich. Seltsam, fremd und bizarr ist das alles. Kleine Quallen treiben an mir vorbei. Unendlich zarte Gebilde. Wenn es die Strömung zuläßt, schaue ich sie lange an. Und staune über die komplizierte Struktur ihrer Körper. So fein, so vollkommen. Winzige Luftblasen steigen an pulsierenden Röhren auf. Silbrig schimmernd. Weiße Schleier des Lebens sind diese Quallen. Wie geheimnisvolle Raumschiffe treiben sie an mir vorbei, und ich schaue ihnen nach, bis sie sich schließlich im dunklen Blau des Wassers aufzulösen scheinen. Wohin treiben sie? Warum? Kaum hebe ich den Kopf ein bißchen, sehe ich wieder die Schönheiten *dieser* Welt. Die Klippen, dahinter die Berge, im zarten Blau des Himmels verschwimmend. Wie wunderbar das alles ist... Zwei Welten, und schreibend tauche ich auch noch in die Welt der Erinnerungen. Sie werden wieder lebendig, ganz real. So lebe ich in drei Welten, die sich durchdringen und ineinander auflösen... Realität... was ist das eigentlich? Gibt es sie überhaupt? Findet nicht *alles* nur in meinem Kopf statt?

Ich erinnere mich an einen Nachmittag in Poona. Damals, vor knapp einem Jahr. Auf der Wiese am Bach. Ein paar Rinder grasen, weit hinten die flachen Tafelberge. Am Horizont zieht ein mächtiges Gewitter auf. Ich schaue mir das an... und plötzlich habe ich das Gefühl, all diese Bilder um mich stecken nur in meinem Kopf. Als dehnte sich der Raum vor mir nun nach »hinten« aus. In meinem Kopf ist der Raum, und da entstehen die Bilder. Von dort aus werfe ich die Bilder wieder auf den Raum vor mir. Mir ist, als säße ich inmitten eines grandiosen Energiemeeres. Die Wellen treffen in unterschiedlichen Frequenzen auf meine Sinne. Erregen sie und werden im Kopf zu Ein-Drücken, zu »Bildern« transformiert. Das heißt, die Erregung der Nerven erfahre ich als Bilder. Es gibt sie eigentlich gar nicht. Und diese Bilder werfe ich jetzt auf die mich umgebenden Energievibrationen. Die »Welt« ist da, ich bin auch da, aber nicht so, wie ich das üblicherweise erfahre. Alles Seiende ist letztlich vibrierende Energie, die nur von meinem Kopf zum Ab-Bild der Welt gedeutet wird. Das Gewitter kommt näher. Es bricht los, und im Nu bin ich klitschnaß. Jetzt ist sowieso alles egal. Ganz langsam laufe ich durch den Regen. Es ist eines jener Nach-Monsungewitter, welche Poona immer wieder unter Wasser setzen. Auf der Straße steht es zentimeterhoch. Es ist schlagartig dunkel geworden. Mühsam quälen sich ein paar Autos durch das Toben. Im Regenschleier schimmert ihr Scheinwerferlicht nur noch wie matte Nebelflecke. Der Regen prasselt auf meine Haut, schmerzhaft, stechend. Windböen, kalt... was ist das eigentlich alles? Wieder gelingt es mir, an die Wiesen-Erfahrung anzuknüpfen. Der schmerzhafte Regen, Kälte, alles, alles nur Erregungen meiner Nervenzellen, die im Gehirn zu Informationen umgedeutet werden. Als Energie bewege ich mich durch Energie. Wo die verschiedenen Energien aufeinandertreffen, gibt es Impulse. Die Welt als ein pulsierender Energieaustausch. Und ich, mein »Ich«, bewegt sich unberührt durch das scheinbare Toben der Elemente. Genauso unberührt könnte »ich« mich durch die Atmosphäre eines anderen Planeten bewegen. Auf der Venus zum Beispiel, deren Atmosphäre meinen Sinnen als giftig erschiene. Aber mit mir, mit dem, was ich »wirklich« bin, hat das alles nichts zu tun. Das Toben um mich ist nicht das Toben, als das es mir erscheint. Ich befinde mich in einer anderen Realität. Maya, Täuschung, Illusion… Für Augenblicke weiß ich, was »Maya« ist.

47

Die vier Wochen sind vorüber. Ich habe das Buch nicht rausgeschleudert. Was als Poona-Buch begonnen wurde, hat eine Mutation erfahren. Schreibend sage ich meiner Mutter nun all das, worüber wir nie reden konnten. Manchmal zögere ich... ist das zu hart? Kann ich das schreiben? Erträgt sie das? Haut sie mir später das Geschriebene empört um die Ohren? Wie auch immer. Vor allem aber befreit mich das Schreiben. Die alten Gespenster... ich starre sie an, und sie scheinen sich aufzulösen. Einerseits. – Andererseits will ich ihr aber auch mein Poona-Jahr erklären. ›Sieh mal‹, will ich ihr sagen, ›deswegen bin ich aus dem Schuldienst gestiegen. Das habe ich alles erlebt. Findest du nicht auch, daß es sich gelohnt hat?‹ Vielleicht findet sie auch, daß es sich gelohnt hat, und dann werde ich sehr erleichtert sein.

Morgen fliege ich allein nach Berlin zurück. Die anderen und Carlos bleiben noch hier. Er hat so wenig Urlaub gehabt in den letzten Jahren, hat auch geschrieben. Drehbücher, Komödien. Hat Filme gedreht, war erfolgreich... trotzdem. Es geht ihm nicht gut, an diesem letzen Abend. Er leidet. Warum? Wir haben ein langes Gespräch, und es wird nun klar, was in diesen Wochen eigentlich gelaufen ist. Auch nach meinem heftigen Ego-Trip zu Beginn des Schreibens, habe ich ihn mit Beschlag belegt. Ihm vorgelesen, mit ihm geredet... und wie immer war er für mich da. Carlos ist auf mich eingegangen. Hat mich auf meinem Eselsritt begleitet. Und wenn der Esel mal wieder störrisch auskeilte, stand Carlos da und hat mich aufgefangen. Dabei war er selber gerade in einer Krise, hat sich Gedanken gemacht über seinen Weg. Aber ich habe nichts bemerkt. Mein Ritt, so schön, so schwierig! Nicht nach links oder rechts habe ich geschaut, starrte nur in meine Richtung. Fast angefleht hat er mich vor der Reise, doch bitte mitzukommen. Einen Partner wollte er haben zum Reden. Und geredet habe am Ende eigentlich nur ich. Mein »Gefallen« für ihn ist ins Gegenteil umgeschlagen. Statt Carlos zu helfen, habe ich ihn noch zusätzlich absorbiert. Ich bin betroffen. Es tut mir leid... zu spät...

In Berlin bin ich jetzt allein. Das heißt, ich bin nicht allein, ich bin einsam. Da ist Unruhe in mir. Telefonanrufe, Freundinnen, Gesellschaft will ich. Und vielleicht auch mal wieder einen Mann. Seit dieser Annäherung in Griechenland ist Carlos konsequent bei seinem Versprechen geblieben. Er hat nie wieder »etwas« gewollt. Aber jetzt? In eine Kneipe gehen, »was aufreißen«? Einen Mann auf meine Einsamkeit legen? Eigentlich fühle ich mich ja dick. Dann mag ich mich gar nicht anfassen lassen. Bin ich dick, weil ich nicht angefaßt werden will? Verstecke ich mich wieder hinter einem Panzer? Will ich einsam sein? Die Zeit der Spiele ist vorbei. Des Sich-Anlügens. Ehrlich will ich sein, und darum spüre ich genau: Ich will niemanden. Keine Gespräche, keine Freundinnen – und Männer schon gar nicht. Ich will einsam sein. Okay, wenn ich das will, dann ist es eben so. Ich akzeptiere mich und mache die Schotten dicht. Jetzt gehe ich konsequent in die Einsamkeit – bin auch äußerlich genauso, wie ich mich innerlich fühle. Die kleine Hinterhofwohnung wird zu meiner Insel. Nichts erreicht mich. Ich gestatte mir, so zu sein, wie ich wirklich bin. Ich kämpfe nicht mehr gegen mich. »Du hast dir dein Leben lang das Messer ins Herz gerannt. Hör auf damit«, sagte Rajen nach der Samapan-Gruppe zu mir. Ich war hilflos. Wie aufhören? Was aufhören? Jetzt, nach knapp zwei Monaten, weiß ich es. Aufhören zu kämpfen bedeutet, mich wirklich zu akzeptieren. Genauso wie ich bin. Was ist, ist!

Mein Akzeptieren in diesen Tagen ist umfassend. In tiefem Surrender bin ich mir selbst unterworfen. Ich habe mich mir ergeben. Die Zeit der Täuschungen ist vorbei. Ich begegne meiner Einsamkeit, und sie erscheint mir nicht mehr feindlich. Nicht mehr als etwas, vor dem ich wegrennen müßte. Sie ist da, sie ist mein Partner, wir sind gemeinsam durchs Leben gegangen. Auch wenn ich nicht gut zu ihr war. Andauernd habe ich etwas über sie gelegt, sie zugestopft, wollte sie töten. In diesen Tagen begegne ich der Einsamkeit freundlich. Ich reiche ihr die Hand, bitte sie um Verzeihung – und da geschieht etwas Seltsames. Grau und gequält stand die Einsamkeit vor mir. Jetzt lächelt sie dankbar, blüht auf, schillert wie ein herrlicher Regenbogen: Vor meinen Augen verändert sie ihren Zustand und wird zu Alleinsein. Wie schön sie jetzt ist! Ich umarme sie zärtlich, und wir beide gehen in eine neue Partnerschaft. Zum erstenmal in meinem Leben erfahre ich das tiefe Glück des Alleinseins. Das umfassende Gefühl des Bei-mir-Seins. Jetzt verstehe ich Bhagwan: »Im Alleinsein feierst du dich. Du feierst deine eigene Existenz. Voller Würde, Demut und tiefer Dankbarkeit.«

Nichts passiert eigentlich. Ich lebe wie ein Einsiedler in dieser stillen Hinterhofwohnung, schreibe... schreibe... und trotzdem. Diese Tage sind die glücklichsten meines Lebens. Ich bin mir begegnet. Nach all dem Suchen. Nach Chaos und Zerrissenheit bin ich heimgekommen. Zurück zu mir. In einem weiten Lebenszirkel, der einen Teil dieser Welt umspannte. Suchend, getrieben, unruhig, bin ich jetzt heimgekommen – und war eigentlich immer schon da. Ich wußte es nur nicht. In diesen stillen Tagen erfahre ich, was Glück ist. Glück ist Bei-sich-Sein. Und mehr gibt es nicht.

Für Einkäufe verlasse ich die Wohnung dann doch hin und wieder. Und die banalsten Dinge haben einen seltsamen Glanz. Der Hinterhof, die Straßen in Charlottenburg, die häßliche Kreuzung... alles, wogegen ich mich früher aufgelehnt habe. Ich lächle Kinder an, laufe beschwingt, genieße den Lärm... Ich bin das Lächeln selbst. Voll tiefen Friedens und Heiterkeit. Schreibend vergehen die Tage. Carlos kommt zurück. Er hat sich von mir erholt und trägt mir auch nichts nach. Jetzt belebt sich meine Insel – und auch das ist gut so. Kino, Theater, Freunde, leben, schreiben... schreiben...

Carlos und ich. Seltsam ist das. Nachdem wir den sexuellen Aspekt unserer Beziehung geklärt haben, leben wir wie Geschwister miteinander. Ich habe keine Schuldgefühle mehr, so wie früher. Wie ein drohender Schatten stand meine Frigidität doch immer zwischen uns. Ich kam mir so minderwertig vor. Nun brauche ich mich nicht mehr schuldig zu fühlen und kann ihm deshalb auf neuer Ebene unbefangen begegnen.

Schön sind diese Begegnungen. Voller Wärme, Freundschaft und Hochachtung voreinander. Wie ein zärtlich sich liebendes Geschwisterpaar turteln wir miteinander. Und manchmal ist da wieder so ein Hauch von Verliebtheit. Ist nun alles gut? Nein. Ich bin nicht auf wundersame Weise gesund geworden. Die Ängste sind noch da. Die Angst vor dem Leben und die Angst vor dem Sex. Wenn diese Unterscheidung überhaupt zulässig ist. Bhagwan sagt, daß es nur eine Angst gibt. Die Todesangst. Alle anderen Ängste seien Ableitungen dieser einzigen Urangst. Noch habe ich die Wahrheit dieser Aussage nicht erfahren. Noch weiß ich nicht, ob das stimmt.

Ich erlebe jetzt eine Zeit äußerster Enthaltsamkeit. Meine Sexualität lebt sich nur in Träumen aus, und dabei spielen vor allem Frauen eine höchst angenehme Rolle. Ich bin ein bißchen verwirrt. Was bedeuten diese Signale aus dem Unbewußten? Meinen sie Frauen an sich, als mögliche Sexualpartner? Oder sind »Frauen« mein sehnsüchtiges Symbol für Weichheit und Zärtlichkeit, für etwas, das mir nie wehtäte? Ich werde es rausfinden. Aber wie auch immer, diese Zeit der Enthaltsamkeit tut mir gut. Meine überstrapazierte Sexualität holt Luft, ruht aus, sammelt sich. Jetzt, nach mehr als einem Jahr, fällt mir ein, was Teertha während der Encounter-Gruppe noch zu mir sagte: »Du hast nur eine Rupie auf der Bank, aber du schreibst Schecks aus über Millionen.« Okay, meine Rupie hat jetzt ihre Ruhe, und langsam spüre ich, wie sie Zinsen trägt. Und träumend erfahre ich bereits ein stattliches Konto.

Der Brief ist geschrieben. Knapp vier Monate liegen zwischen seinem Beginn und diesen Zeilen hier. Mit einem Betteln um Verständnis begann es, und dann war da plötzlich noch mehr. Meinem Ärger bin ich begegnet, meiner Wut – und sogar meinem Haß. »Alle Kinder sind ärgerlich über ihre Eltern«, meint Bhagwan. Und er findet: »Zu recht, denn sie haben sehr viel falsch gemacht. Aber das Leid ihrer Kinder haben sie nicht vorsätzlich verursacht, sondern sie waren nur unbewußt. Die Eltern selbst sind Opfer ihrer eigenen Erziehung. Und so dehnt sich das Unheil über die Generationen.« An uns sei es jetzt, diese Zusammenhänge zu sehen. Bewußt und mutig sollten wir in den Ärger gehen. Mutig, weil sich sowas ja »eigentlich nicht gehört«. Weil wir alle lernen mußten, den Ärger höflich zu verdrängen. »Lebe deinen Ärger aus, denn dadurch befreist du dich von ihm. Jetzt kannst du deinen Eltern verzeihen, und erst jetzt kannst du sie auch wirklich lieben.«

Nachträglich begegnen mir diese Bhagwanworte auf Cassette[1], und ich stelle erstaunt fest, daß ich schreibend wohl genau durch diesen Prozeß gegangen bin. Ich bin uns beiden begegnet und habe überraschende Wiederholungen entdeckt. »Das Unheil, das sich über die Generationen dehnt...« Oder nicht ganz so tragisch formuliert: Ich bin der Apfel, der nicht weit vom Stamm gefallen ist. Schreibend hat der Apfel aber nun doch einen Schubs bekommen... er fliegt gerade. Wohin? Ich weiß noch nicht. Ich weiß nur, daß sich die Beziehung zu meiner Mutter auf liebevolle Weise geklärt hat. Es ist mir nun auch gleichgültig, ob sie den Brief versteht oder nicht. Ob wir uns als Schwestern vergnügt in die Arme nehmen können, lachend über all den Unsinn unseres Lebens. Oder ob diese hauchfeine Mauer zwischen uns beständiger ist als alle Mauern der Welt. Dieses angenehme Gefühl der Gleich-Gültigkeit gegenüber mütterlichen Reaktionen macht mich frei. Der lange Brief hat mich schließlich zu mir selbst geführt... nach 35 Jahren.

[1] Lecture vom 13. Juni 1980

Carlos findet, daß ich mich nach Poona »doch ganz schön verändert« hätte. Es freut mich, das zu hören, denn wer könnte es besser beurteilen als er? Die Poona-Erfahrungen und mein Schreiben. Die Geschehnisse durchdringen einander und bedingen einander.

Poona… was dieses Jahr wirklich für mich war, kann ich wohl jetzt noch gar nicht wissen. Mir ist, als hätte ich dort das Meer gesehen, nachdem ich aus den selbstbezogenen Wirbeln meines kleinen Brunnens gesprungen bin. Dem Leben bin ich begegnet und der Liebe und mir selbst. Vielleicht haben all diese Begegnungen nur Sekunden gedauert, aber ich habe sie *erfahren*, und darauf kommt es an. Wie Licht am Ende des Tunnels kommen mir all diese Erfahrungen vor. Und ich weiß auch, daß mein Weg jetzt erst richtig beginnt. Da mag ich immer noch im »Müll« sitzen, mich unwert fühlen, Ängste haben… Das Licht ist da, ich sehe es. Ich kenne die Richtung, um weiterzulaufen. Sollte ich je im vollen Licht stehen, weiß ich aber jetzt schon: Auch dort werde ich wieder nur mir selbst begegnen.

Und wenn ich das Licht nicht erreiche, ist es auch egal. Ich erinnere mich an Bhagwans Worte: »Nur der Weg ist wichtig, nicht das Ziel.«

Auch diese Wahrheit habe ich erfahren.

Valérie Valère

Das Haus der verrückten Kinder

Ein Bericht
Aus dem Französischen von Uli Aumüller
245 Seiten, broschiert DM 19,80

»›Das Haus der verrückten Kinder‹ ist die Geschichte einer Dreizehnjährigen, die wegen ihrer Pubertätsmagersucht in eine psychiatrische Klinik in Paris eingeliefert werden muß, ins Haus der verrückten Kinder. Zwei Jahre später, mit 15, hat sie ihre Erfahrungen und Erlebnisse dann niedergeschrieben...
Geradezu erschreckend ist die Hellsichtigkeit dieser Fünfzehnjährigen. Sie hat Angst vor der Welt der Erwachsenen. Und mit Recht! Denn sie weiß besser als die meisten Älteren, was da so abläuft... Wie sie die vermeintliche Normalität beschreibt, da kann einem ganz bange werden. Das trifft so unerbittlich ins Schwarze, daß man selbst ins Schleudern gerät. Wer ist da eigentlich verrückt? Die Patienten? Oder die Ärzte, die Schwestern und Besucher? Aus der Sicht der Halbwüchsigen sind die Erwachsenen die Verrückten mit ihren Sexmanien, ihren Lügereien, ihrem Geheuchel. Damit will die kleine Valérie nichts zu tun haben. Sie verweigert die Nahrung, unbewußt in der Sehnsucht, sich selbst zu zerstören... Ihr Buch ist ein erschütterndes Dokument.« *Süddeutscher Rundfunk*

»Ein Bericht voll Wut und Haß. Eine erbitterte Abrechnung mit allen Menschen, die vorgaben, dem Kind helfen zu wollen. Auf der Anklagebank sitzen die geschiedenen Eltern, die eitle, selbstgerechte Mutter, der egoistische Vater, die Krankenschwestern, die Psychiater. Das Kind Valérie Valère durchschaut mit fataler Hellsichtigkeit die Methoden der Erwachsenen. Sie kanzelt die Seelenärzte ab wie dumme Jungen. Für ihre Fragestunden hat sie nichts als Verachtung und Zynismus übrig. Wie ein Leitmotiv zieht sich durch diesen zornigen Bericht aus einer geschlossenen Anstalt der Satz: ›Ihr kriegt mich nicht.‹« *Hannoversche Allgemeine*

Rainer Wunderlich Verlag Tübingen

Valérie Valère

Malika
oder
Komm mit in meinen Traum

Roman
Aus dem Französischen von Thomas Pötzl
350 Seiten, broschiert DM 19,80

Mit »Das Haus der verrückten Kinder«, ihrem Erfahrungsberi aus einer psychiatrischen Unheil-Anstalt, erregte Valérie Valère 15jährig eine Sensation. Jetzt legt sie, als Werk einer 17jährigen, einen Romanerstling vor, mit dem sie ihren Ruf als außergewöhnlich begabte Schriftstellerin noch weiter festigt. »Malika« zeigt, wa passieren könnte, wenn die Kinder sich ihre »Verrücktheit« nicht mehr nehmen lassen, wenn sie in ihrer eigenen Sprache das Wort ergreifen, sich das Recht zum Träumen nehmen und die Freiheit, ihren Traum zu leben.
Die Geschichte ist vordergründig einfach: der Schul- und Freizeit-Alltag zweier Geschwister – Wilfried (15 J.) und Malika (10 J.) – im Paris von heute, aus wechselnder Perspektive im inneren Monolog der beiden Hauptfiguren vorgetragen. Der wahre Inhalt un die eigentlichen Protagonisten des Buches sind jedoch die Sprache und das Lebensgefühl der heranwachsenden Generation, ihre Verzweiflung über die Verständnislosigkeit und krude Gewalt, mit der die Erwachsenen wie Kolonisatoren in ihre Welt einbrechen, und ihre Bemühungen, sich mit Ausdauer und List die eigene Lebens-, Liebes- und Wahrnehmungsfähigkeit zu erhalten.
Das Resümee des Buches, die traurig-frohe Botschaft der Autorin an alle, lautet: Die Erwachsenen haben die Liebe verlernt; wer wirklich lieben und die Liebe leben will, muß Kind bleiben ode wieder werden.

Rainer Wunderlich Verlag Tübingen